KB159655

굿모닝북스 투자의 고전 12

투자의 네 기둥
The Four Pillars of Investing

투자의 네 기둥
The Four Pillars of Investing

1판1쇄 펴낸날 2009년　7월 15일
1판9쇄 펴낸날 2024년　10월 15일

지은이 윌리엄 번스타인
옮긴이 박정태
펴낸이 서정예
표지디자인 디자인 이유
펴낸곳 굿모닝북스

등록 제2002-27호
주소 (10364) 경기도 고양시 일산동구 호수로 672 804호
전화 031-819-2569
FAX　031-819-2568
e-mail goodbook2002@daum.net

가격　14,800원
ISBN 978-89-91378-19-3 03320

*이 책의 전부 또는 일부를 재사용하려면 사전에
　서면으로 굿모닝북스의 동의를 받아야 합니다.

굿모닝북스 투자의 고전 12

투자의 네 기둥

The Four Pillars of Investing

윌리엄 번스타인 지음 | 박정태 옮김

굿모닝북스

세 번째 기둥 • 투자 심리

네 번째 기둥 • 투자 비즈니스

서문

나는 원래 금융 전문가의 길을 걸을 생각이 아니었다. 대학에서는 화학을 전공했고 의학대학원을 졸업했다. 나 자신도 현직 의사이기는 하지만 투자자로서 의사들의 실력을 평가하자면 아주 형편없는 수준이다. 많은 사람들은 그 이유로, 의사라는 직업이 워낙 바쁘고 힘든 일이어서 투자하는 데 따로 시간을 내기 어렵다거나, 아니면 자의식이 워낙 강해 전문가들의 조언을 받지 않기 때문이라고 이야기한다.

그런데 실은 두 가지 다 틀렸다. 적절한 투자 기술을 배우는 데는 그리 많은 시간이 소요되지도 않거니와, 내 주변의 의사들을 살펴보면 자의식이 그렇게 강한 편이 아니다. 의사란 겸손해야 하는 직업이고 지적으로 올바른 자세를 가져야 한다. 훌륭한 의사라면 누구나, 더 많이 알아갈수록 배울 게 더 많아진다는 사실을 잘 알고 있다. 금융 분야에서도 이와 똑같다.

의사들의 투자 실력이 형편없는 진짜 이유는 투자가 의학처럼 과학으로 와 닿지 않기 때문이다. 그들이 매일매일 다루는 의학이야말로 진정한 과학이라고 할 수 있다. 모든 의학정보는 방대한 양의 연구실험에 의해 뒷받침된 것들이다. 요즘 나오는 신약이나 수술 기법들은 기존의 처방전과 비교할 수 있도록 까다로운 임상실험을 거친 다음에야 비로소 빛을 본 것들이다. 한마디로 의사들이란 간단한 감기약조차도 충분한 임상실험이나 통계적 증거에 의해 뒷받침되지 않는 한 새로이 처방하지 않는다.

대부분의 중요한 임상실험 결과는 〈뉴잉글랜드 의학저널The New England Journal of Medicine〉처럼 그 내용을 철저히 검증하기로 유명한 정기간행물에 발표된다. 여기서 중요한 점은 "철저히 검증한다"는 것이다. 권위 있는 의학 잡지에서는 해당 분야의 최고 전문가들이 먼저 정밀 조사한 내용이 아니면 싣지 않는다. 이중 삼중의 심층조사가 이루어지는 것은 예사다. 아마도 당신이 얼마 전에 치료받은 의사 선생님 역시 이런 훌륭한 의학 잡지를 정기 구독하면서 자기 분야와 관련된 새로운 소식을 접하고 있을 것이다.

하지만 안타깝게도 의사들이 투자를 할 때면 이런 과학적 훈련 방식을 깡그리 잊고 만다. 사실 금융 분야에도 과학적으로 "통하는" 유익한 읽을거리들이 무척이나 많다. 물론 통하지 않는 것들도 많다. 그런데 이를 전부 무시해버리는 것이다. 〈저널 오브 파이낸스Journal of Finance〉(투자 분야에서는 〈뉴잉글랜드 의학저널〉에 비견될 만하다)를 읽는 대신 〈USA 투데이USA Today〉같은 데 나오는 얘기나 증권 브로커가 들려주는 정보에 귀를 기울인다.

내가 의사를 예로 든 것은 재미있게 설명하기 위한 것이지만 사실 변호사든 엔지니어든 마찬가지다. 정말로 기가 막히는 사실은 금융 전문가라는 사람들조차도 대부분 투자의 과학적 기초, 다름아닌 이 책에서 다룰 투자의 네 기둥을 도외시한다는 것이다.

첫 번째 기둥: 투자 이론

투자의 가장 기본적인 전제는 수익과 리스크가 반드시 함께 한다는 것이다. 최근 몇 년 사이 많은 투자자들이 뼈저리게 배웠듯이 단기간에 두 배로 오르면 단기간에 반토막날 수 있다. 900% 상승한 주식은 90% 하락할 수 있는 것이다. 만약 증권 브로커가 당신에게 전화를 걸어 어느 종목이 곧 급등할 것이라고 말해준다면 그것은 그 증권 브로커가 당신의 지적 능력을 대단하게 생각하지 않는다는 뜻이다. 물론 어느 종목이 급등할 것이라는 사실을 그 증권 브로커가 진짜로 알았을 수도 있다. 실제로 그렇다면 그 증권 브로커는 당신은 물론 자기 어머니한테도 그 사실을 알려주지 않을 것이다. 그 증권 브로커는 당장 회사를 그만둔 뒤 돈을 최대한 빌려 해당 종목을 매수한 다음 휴양지로 떠나버릴지 모른다.

이 책에서 가장 중요한 부분이라고 할 수 있는 제1부에서는 매일매일의 투자와 관련된 이론과 데이터의 진실을 샅샅이 파헤쳐볼 것이다. 그렇다고 너무 겁먹을 필요는 없다; 내가 이 책을 쓴 목적은 독자들에게 최대한 흥미있고 이해하기 쉽게 이런 정보를 전달하기 위한 것이니 말이다. 제1부에서 배울 내용은 이런 것이다:

- 주식에 투자하든 아니면 채권이나 부동산 혹은 어떤 자산에 투자하든 당신의 수익률은 리스크에 얼마나 노출돼 있느냐에 따라 결정된다. 따라서

이 책에서는 리스크를 어떻게 계산하는지, 또 리스크와 수익률은 서로 어떻게 연관돼 움직이는지 알려줄 것이다.

- 장기적으로 보면 여러 종류의 주식과 채권들의 잠재 수익률을 측정하기란 그리 어려운 일이 아니다; 하지만 아주 뛰어나다고 평가 받는 전문가들조차 이 문제를 제대로 다루지 못한다.

- 자산을 운용하는 머니매니저들의 수익률이 좋고 나쁜 것은 거의 전적으로 운에 따른 것이지 기술 때문이 아니다; 따라서 최고의 수익률을 올려줄 종목이나 뮤추얼펀드, 헤지펀드, 혹은 증권 브로커를 찾아내려고 애써 봐야 전혀 도움이 되지 않는다.

- 가장 큰 투자 리스크는 적절하게 분산 투자를 하지 않는 리스크다.

- 무엇보다 중요한 것은 포트폴리오 전체의 흐름이지 투자한 개별 자산 각각의 등락이 아니다. 포트폴리오 전체와 개별 자산은 서로 다른 방향으로 움직일 수 있고, 이 점을 유리하게 활용할 수 있다. 다양한 유형의 투자상품을 효과적으로 혼합하는 과학적 배분을 일컬어 "포트폴리오 이론"이라고 하며, 이 포트폴리오 이론은 투자의 세계에서 가장 중요한 자리를 차지한다.

두 번째 기둥: 투자 역사

시장과 투자자들이 가끔씩 미친 듯이 휩쓸려 다닐 때가 있다. 물론 이런 광기는 지나고 나서야 확실해진다. 그러나 앞서 발생했던 투기 광풍과 시장 붕괴를 공부한다면 적어도 현 시점이 어처구니 없을 정도로 자산의 가격이 비싸고 리스크도 높은 시기인지 아니면 너무 침체돼 그냥 지나치기에는 아까울 정도로 가격이 싼 시기인지 판단하는 데 귀중한 지침을 얻을 수 있다. 닷컴 열풍에 휩싸여 아까운 돈만 날려버린 많은 기업가들이 진작에 1929년의 시장 붕괴 사례를 충분히 공부했더라면 그런 우를 범하지 않았을 것이다.

안타깝게도 투자는 자연과학이 아니다. 사회과학이다. 그 차이점은 이렇다: 교량이나 전기회로, 항공기는 일정한 조건 아래서는 반드시 똑같은 방식으로 반응해야 한다. 물리학이나 전자공학, 우주항공공학 같은 자연과학에서는 전부 그렇다. 그런데 투자의 세계나 사회학, 정치학 같은 사회과학에서는 똑같아 보이는 시스템이 시대나 상황에 따라 전혀 다르게 움직인다.

달리 설명하면 의사나 물리학자, 화학자의 경우 자기 분야의 역사를 모르더라도 크게 염려할 필요가 없다; 하지만 투자의 역사를 모르는 투자자는 돌이킬 수 없는 상처를 입을 수 있다. 바로 그렇기 때문에 투자의 역사를 이해하는 게 꼭 필요한 하나의 전문 영역이 되는 것이다. 투자의 역사를 공부하는 장에서는 최대한 넓은 시각으로 다음과 같은 내용을 조망할 것이다:

- 수 세기에 걸친 투자의 역사에서 읽어낼 수 있는 각종 투자상품들의 장단기 흐름은 무엇인가.
- 투자 대중들은 언제, 그리고 어떻게 심리적인 풍요감에 빠져들었으며, 반대로 끝없는 침체의 심연으로 가라앉았는가.
- 현대적인 투자 공학으로 인해 투자자들은 얼마나 더 새로운 리스크에 노출되었는가.

세 번째 기둥: 투자 심리

우리가 흔히 "인간 본성"이라고 부르는 특성들이 제어되지 않은 채 투자의 세계로 들어오면 치명적일 수 있는 전혀 엉뚱한 행동을 불러온다. 간단한 예를 들어보자: 사람들은 이길 확률은 아주 낮지만 큰 상금이 걸린 게임에 기꺼이 돈을 건다. 복권의 평균 기대수익은 1달러 당 50센트에 불과한데도 매일 수백만 명의 사람들이 복권에 "투자"한다. 복권이야 아무것도 아닐 수 있지만 만일 주식시장에서 이런 식의 투자 전략을 쓴다면 패가망신할 수 있다. 주식투자로 가장 빠른 시일 안에 가진 돈을 전부 날릴 수 있는 방법 가운데 하나는 "대박"을 터뜨릴 종목만 골라 집중 투자하는 것이다.

　투자업계와 학계에서 개별 투자자들의 심리 상태가 의사결정에 어떤 영향을 미치는지 진지하게 연구하기 시작한 것은 최근의 일이다; 이 책에서는 이 같은 연구의 성과물인 "행동금융론(Behavioral Finance)"의 아주 흥미로운 주제를 살펴볼 것이다. 투자 의사결정에서 가장 자주 저지르는 실수를 어떻게 피할 것이며, 모순되는 투자 행동을 하지 않으려면 어떻게 해야 할 것인지도 배울 것이다. 예를 들면 대부분의 투자자들이 이런 행태를 보인다는 점을 알게 될 것이다:

- 아주 강한 자기확신을 갖는 경향이 있다.
- 의도적으로 특정 부류의 주식에 과도한 주의를 기울인다.
- 비싼 비용을 지불하면서 너무 자주 거래한다.
- 매우 규칙적으로 비합리적인 매매 의사결정을 내린다.

네 번째 기둥: 투자 비즈니스

대다수 투자자들이 증권회사나 뮤추얼펀드 회사에 대해서는 아무것도 모른 채 투자를 시작한다: 사실 증권 브로커는 당신의 친구가 아니며, 뮤추얼펀드 회사와 당신의 이해관계는 전혀 다르다. 당신은 사실상 거대한 투자업계와 제로섬 게임을 벌이고 있는 것이다; 이 싸움에서 패하면 당신의 귀중한 자산을 잃을 확률은 더 높아진다. 반면 투자비즈니스의 첫째 목표가 무엇이며 어떻게 운영되는지에 대해 많이 알면 알수록 그만큼 투자업계와의 싸움에서 당당해질 수 있다.

증권회사와 뮤추얼펀드 회사는 당신의 경제적 삶은 물론 정치적, 문화적 삶까지 규정짓는 공룡 같은 존재가 돼버렸다.(텔레비전을 틀면 쏟아져 나오는 이들 기업의 광고를 보면 쉽게 이해할 수 있을 것이다.) 이 책의 제4부에서는 금융서비스 산업의 운영방식을 살펴보고, 이 산업이 오로지 자신들을 위해서만 존재한다는 점을 지적할 것이다:

- 투자회사의 존재 목적은 단 한 가지다: 투자자들로부터 수수료와 각종 보수를 최대한 많이 받는 것이다. 결국 우리는 이들 거대한 야수와 제로섬 게임을 벌이는 셈이다.
- 다른 전문 분야 같으면 용납되지 않을 교육적, 도덕적, 윤리적 규범 아래서 영업한다. 가령 변호사나 은행원, 회계사들은 모두 법적으로 고객들에게 신의성실의 책임을 진다. 그러나 증권 브로커는 그런 책임을 지지 않는다.

이들 네 가지 영역을 전부 마스터했다면 비로소 전체적인 투자전략을 세울 수 있다. 또 투자 자산 각각의 특징과 투자 비중을 진지하게 고려하면서 짠 투자 프로그램을 완성한 다음에야 성공의 기회를 잡을 수 있다. 네 가지 기둥 가운데 어느 하나라도 부실하다면 투자 프로그램 자체에 심각한 문제를 일으킬 것이다.

제아무리 고도의 투자전략으로 무장했다 하더라도 네 가지 기둥을 마스터하지 않았을 경우 어떤 결과를 낳게 되는지 두 가지 사례만 들어보겠다:

우선 막강한 "큰손 투자자"다. 높은 레버리지로 투기를 벌이다가 1998년에 전세계 금융시스템을 휘청거리게 만들었던 롱텀 캐피탈 매니지먼트(LTCM)의 주요 인물들을 보면 첫 번째 기둥인 투자 이론에 관한 한 확실해 보인다. 노벨 경제학상 수상자가 두 명씩이나 참여했을 정도니 말이다. 세 번째와 네 번째 기둥, 즉 투자 심리와 투자 비즈니스에 관해서도 충분히 이해하고 있었을 것이다. 그런데 불행히도 회사 이름과는 달리 두 번째 기둥, 즉 자본시장의 오랜 역사에 관한 지식은 아무도 제대로 갖추지 않았다. 불과 몇 년 정도의 금융관련 데이터에 집중했을 뿐 시장이 때로는 정상적인 궤도에서 이탈하며, 이전에는 전혀 보지 못했던 상황이 벌어지기도 한다는 사실을 망각했다. 서구 금융시장의 역사에 관한 현장 지식을 갖고 있었더라면 자신들의 투자전략이 자멸할 수도 있다는 사실을 미리 알아차렸을 것이다.

다음으로 "개미 투자자"들의 사례를 보자. LTCM의 경우와는 달리 개인 투자자들은 첫 번째와 세 번째 기둥, 즉 투자 이론과 심리에서 약점을 안고 있다. 이로 인해 매일매일의 투자에서 리스크와 수익률 간의 상관관계를 제대로 이해하지 못하고, 특히 시장이 크게 흔들릴 때면 중심을 잡지 못한다.

여기서 든 두 가지 사례는 단지 개략적인 것일 뿐이다: 개인 투자자들이 실패하는 과정을 들여다 보면 개인들의 성격만큼이나 다양하다. 이 책에서 제시하는 네 가지 기둥은 실패를 피해갈 수 있는 아주 소중한 안내자가 되어줄 것이다. 특히 이 책에서는 놀라울 정도로 규칙적으로 반복되는, 그래서 그 자체로 경고의 등불이 되는 자본시장의 역사를 보여줄 것이다.

지금처럼 금융시장의 움직임에 누구나 촉각을 곤두세우는 경우는 역사적으로 전례가 없었을 것이다. 그러나 금융시장의 동향에 귀 기울이는 것은 경제적 가치와는 별개로 경쟁력 있는 개인으로서 당연히 갖춰야 할 덕목이 돼버렸다.

네 가지 기둥을 활용하기

네 가지 기둥을 마스터했다면 이제 투자의 최우선 목표, 즉 "경제적 독립을 달성하고 그것을 유지하며 편하게 잠자리에 든다"는 모든 투자자들의 꿈을 이룰 수 있는 최적의 투자전략을 짜야 한다. 효율적인 투자 포트폴리오를 운영하는 데 필요한 요소들은 다음과 같다:

- 앞으로 저축할 수 있는 금액은 얼마이며, 언제 은퇴할 것인지 계산한다.
- 여러 종류의 주식과 채권에 자신의 재산을 얼마씩 분산 투자할지 결정한다.
- 투자할 뮤추얼펀드와 유가증권을 선택한다.

- 이제 백지 위에서 자신의 포트폴리오를 구축하라.
- 포트폴리오를 장기적인 관점에서 유지하고 조정하라.

결론

나는 이 책에서 투자 이론과 역사, 심리, 전략에 관한 내 생각을 최선을 다해 전달하고자 했다. 하지만 저자로서 내가 가진 재주가 부족함을 통감했다. 또한 이 책이 스릴러 소설류가 아닌 만큼 대단히 흥미진진하지도 않을 것이다. 더구나 투자라는 게 어떤 부분에서는 전문가들에게조차 애매한 구석이 있다. 그런 점에서 이 책은 처음부터 끝까지 한꺼번에 읽기 보다는 10~20쪽씩, 그것도 조용한 아침 시간에 펼쳐보라고 권하고 싶다.

끝으로 나는 이 책에 깊이 있고 유익한 내용을 가능한 한 전부 담고 싶었지만 한 권의 책으로 투자에 관한 모든 것을 배울 수는 없을 것이다. 따라서 투자의 지평을 열어줄 지침서 정도로 활용될 수 있다면 더 이상 바랄 게 없다. 우리 삶의 다른 부분과 마찬가지로 개인의 투자활동 역시 끝이 없는 여정이다. 현명한 투자자는 절대로 배우는 일을 멈추지 않는다. 이런 이유로 제11장 말미에 적어놓은 도서 목록은 투자의 여정에서 길잡이가 되어줄 것이며, 경제적으로 자립할 수 있는 강인한 두 발을 갖게 해줄 것이다.

야수의 본성

1798년 나폴레옹(Napoleon Bonaparte)이 직접 지휘한 프랑스군 원정
대가 이집트를 침공했다. 프랑스군은 아주 개략적인 지도 한 장만 달
랑 들고 갔을 뿐, 이집트의 기후나 지형에 대해서는 자세히 알지 못했
다. 나폴레옹의 이집트 원정은 처음부터 대실패로 돌아갈 운명이었
다. 3년간의 전쟁이 끝났을 때 프랑스군의 사기는 땅에 떨어졌으며,
굶주리고 병든 군사들은 지휘계통에서 이탈해 결국 영국군과 터키군
에게 궤멸 당했다.

　안타깝게도 대부분의 투자자들 역시 이 정도 수준에서 벗어나지 못

한다. 이들은 투자의 세계가 어떤 곳인지 전혀 생각하지도 않고 무작정 길을 나선다. 수익률은 어떻게 계산하는지, 리스크와 수익률은 무슨 관계가 있는지, 포트폴리오는 어떤 메커니즘에 따라 설계하는지, 다른 투자자들과의 상호 작용은 어떻게 이루어지는지, 이런 내용조차 이해하지 못한 채 투자에 나선다면 나폴레옹의 이집트 원정처럼 참담한 실패로 끝날 수밖에 없다. 지금 언급한 각각의 주제들이야말로 투자의 세계로 나서기 전에 반드시 마스터해야 할 내용이자 이 책에서 차근차근 설명할 것들이다.

우선 제1장에서는 미국과 유럽 금융시장에서 나타난 수익률과 리스크의 역사를 들여다 볼 것이다. 중요한 점은 여기서 다룰 역사의 범위가 수천 년에 걸친 장구한 기간이라는 것인데, 이는 우리가 역사에 대해 많이 알면 알수록 미래에 대해 더 많이 준비할 수 있기 때문이다.

1 용기가 없으면 영광도 없다
No Guts, No Glory

아주 순진한 친구에게는 말로든 그림으로든 도저히 설명할 수 없는 게 있다. 마찬가지로 실제로 당해보지 않은 사람에게는 자기가 가졌던 돈을 잃는다는 게 어떤 느낌인지 대충만이라도 알려줄 수 없다.

프레드 슈웨드(Fred Schwed), 《고객의 요트는 다 어디로 갔는가? Where Are the Customer's Yachts?》가운데

이런 질문을 가끔 받는다. "주식시장은 합리적으로 움직입니까?" 그 답은 전적으로 시간의 지평을 얼마로 하느냐에 달려 있다. 평일 아침 주식시장이 개장하자마자 텔레비전을 틀어 CNBC로 채널을 돌려보면 주가가 그야말로 순간적으로 올라갔다가 내려갔다가 하는 게 결코 제정신을 가진 움직임으로 보이지 않을 것이다. 그러나 한 걸음 물러나서 관찰해보면 어떤 흐름이나 규칙적인 움직임이 눈에 들어올 것이다. 또 수십 년간의 시장 흐름을 분석해보면 뉴욕 양키즈와 보스턴 레드삭스의 야구경기처럼 어느 정도 예측 가능하다는 느낌마저 들 것이다. 여기서 무엇보다 중요한 것은 수익률과 리스크의 관계다. 더 높은 수익률을 가진 자산은 그만큼 배짱이 필요한 리스크를 수반한다. 반

면 안전한 자산은 십중팔구 낮은 수익률에 만족해야 한다. 리스크와 수익률 간의 관계를 정확히 공부할 수 있는 최선의 방법은 주식시장과 채권시장이 지난 수 세기 동안 어떤 흐름을 보였는지 조사해보는 것이다.

누구도 누려보지 못한 꿈 같은 수익률

어린 시절로 되돌아가 1950년대를 회상해본다. 그 무렵 나는 한 달에 한 번 이발소에 갔는데, 25센트짜리 동전 하나를 내면 동네 아저씨들과 함께 널찍한 의자에 앉아 15분 정도는 어른들의 화제거리에 푹 빠질 수 있었다. 그날그날의 대화주제는 큼직한 장식장에 조그만 브라운관이 달린 텔레비전에서 어떤 프로그램이 방영되느냐에 따라 정해졌다. 코미디 연속극이나 게임 쇼가 나올 때가 많았고 가끔 운이 좋으면 주간 야구경기를 볼 수 있었다. 금융시장과 관련된 프로그램이 방영되는 것은 단 한 번도 본 적이 없었다. 주식시장이나 경제지표, 연방준비제도이사회(FRB)의 정책 결정, 심지어 정부 지출 확대 따위는 당시 우리동네 이발소 세계로 한 발짝도 들어오지 못했다.

요즘 우리는 금융 정보의 바다에 푹 빠져서 산다. 주식 정보가 파도 치듯 몰려오고, 시장이 좀 심하게 출렁거린 날이면 주가가 왜 그렇게 요동을 쳤는지, 그래서 앞으로 어떻게 될 것인지를 전하는 뉴스와 해설이 넘쳐난다. 심지어 시장이 그냥 조용히 움직이는 날에도 텔레비전 화면 하단으로 끊임없이 종목별 주가가 흘러가는 모습을 지켜봐야 한다.

주식이 최고의 장기 투자수단이라는 사실은 이제 보통사람들도 상식처럼 알고 있다. 그림 1-1에서 보여주는 주식 부자의 꿈은 누구나 한 번쯤 가져봤을 것이다. 1790년에 1달러를 미국 주식시장에 투자했다면 2000년에는 2300만 달러 이상으로 불어났을 테니 말이다.

그러나 안타깝게도 이런 수익률은 아무도, 어느 가문이나 기관조차도 누려보지 못했다. 여기에는 몇 가지 이유가 있다. 우선 우리가 지금 투자하는 이유는 나중에 소비하기 위해서다. 실은 이게 바로 투자의 핵심이다: 현재의 소비를 유보해 미래의 소득과 교환하는 것이다. 복리의 마술이 작용하면 현재의 지출을 조금만 늘려도 장기적으로 최종 자산의 규모에 큰 영향을 미칠 수 있다. 지난 200년 동안 매년 지출을 1%씩 더 늘렸다면 최종 자산은 8분의 1로 줄어들게 된다. 가령 그림 1-1의 예에서 수익률을 1%포인트 낮추면 2000년에 손에 쥐는 금액은

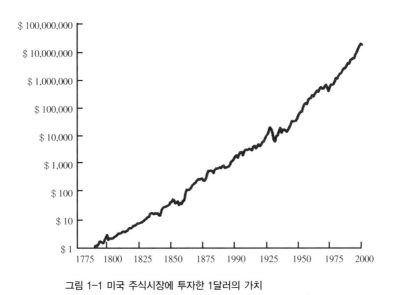

그림 1-1 미국 주식시장에 투자한 1달러의 가치

300만 달러로 줄어들고, 2%포인트 낮추면 40만 달러로 쪼그라든다. 자기가 애써 번 돈을 이렇게 오랫동안 손도 대지 않고 그냥 놔두는 경우는 거의 없을 것이다. 또 씀씀이 헤픈 후손들이 순식간에 유산을 다 써버릴지 모른다.

하지만 이런 점을 인정한다 하더라도 그림 1-1은 진실과는 거리가 한참 멀다. 우선 수수료와 세금을 감안하지 않았다. 만약 수수료와 세금이 1~2%만 돼도 2000년에는 300만~40만 달러로 불어나는 데 그친다. 이보다 더 중요한 것은 "생존자 편향(survivorship bias)"을 무시했다는 점이다. 생존자 편향이란 최고의 결과만 역사에 기록된다는 것을 의미한다; 실패한 금융시장은 기록에서 사라져버리는 것이다. 지난 2세기 동안 미국 경제와 미국 금융시장이 일궈낸 엄청난 부에 투자자들이 주목하는 것은 우연이 아니다; 미국 주식시장은 챔피언답게 누구든 쉽게 발견할 수 있지만, 그렇지 않고 실패한 나라들은 우리 시야에서 금방 자취를 감춰버리기 때문이다.

더구나 1790년 당시 글로벌 투자자들에게 과연 미국 주식시장의 성공 가능성이 와 닿기나 했을지도 의문이다. 그 무렵 미국은 신생 독립국으로 금융시장은 공백 상태나 다름없었다. 19세기 들어 은행부문은 더 불안정해졌고 투기가 판을 쳤으며 남북전쟁까지 벌어져 글로벌 투자자의 신뢰와는 거리가 멀었다. 19세기 말에는 미국 재정이 거의 파탄 직전까지 갔지만 J.P. 모건(J.P. Morgan)의 능력과 수완 덕분에 겨우 위기를 넘길 수 있었다. 게다가 지난 200년 기간 중 보통사람들이 주식시장에 참여할 수 있었던 시기는 극히 일부에 불과했다. 1925년 이전까지는 부유한 미국인들조차도 공정한 거래방식으로는 주식을 매매할 수 없었다.

결정적으로 문제가 되는 것은 2002년에 쏟아져 나온 "역사적으로 볼 때 주식의 투자 수익률이 매우 높다"는 뉴스였다. 이러저러한 이유로 많은 금융학자들이 미국 주식시장의 수익률을 1871년 자료부터 연구했다. 그런데 1871년은 남북전쟁이 끝난 지 7년밖에 지나지 않았을 때다. 그러다 보니 산업주 대부분이 주가수익비율(PER) 3~4배 수준의 어림도 없는 헐값에 팔렸다. 요즘 주가에 비하면 거의 10분의 1수준인데, 이를 감안하면 지난 130년간의 수익률이 재연되기는 어려울 것 같다.

마지막으로 그림 1-1만 보면 리스크 문제는 거의 없는 것처럼 생각된다. 세로축의 달러금액 단위가 축약돼 있기 때문이다. 이로 인해 주가가 80%이상 폭락했던 대공황 시기조차 그림 1-1에서는 겨우 눈에 뜨일 정도다. 인플레이션을 감안할 경우 주가가 절반 이상 날아가버렸던 1973~74년의 약세장은 거의 표시도 안 난다. 다우존스 평균주가가 하루에 20%이상 급락했던 1987년 10월의 "블랙 먼데이"는 아예 보이지도 않는다. 지금 지적한 세 차례의 사건은 수백만 명의 투자자들로 하여금 주식시장을 영원히 떠나게 만들었을 만큼 충격적이었는데도 말이다. 1929년 시장 붕괴 이후에는 대다수 투자 대중이 한 세대 동안이나 주식시장을 쳐다보지도 않았다.

시장이 상승세를 타면 투자자 모두가 장기적인 투자 가치를 보고 주식을 매수하며 시장이 출렁거린다 해도 팔지 않을 것이라고 생각한다. 강세장일 때는 늘 그렇다. 그러나 시간이 지나 주식시장이 하락세로 돌아서면 투자자들은 이런 생각을 스스로 저버린다. 약세장은 주식시장이 정기적으로 겪는 불가피한 조정인데도 말이다. 그렇게 또 하나의 새로운 사이클이 시작되는 것이다.

이런 점을 염두에 두고 전세계적인 주식 및 채권 수익률의 역사를 살펴본다면 앞으로 주식 및 채권 수익률이 어떻게 움직일지 단서를 얻을 수 있을 것이다.

이 책의 기본적인 목적은 어떻게 하면 투자 포트폴리오를 지혜롭게, 또 효율적으로 구축할 수 있을지 모색하는 것이다. 그런 점에서 보면 집을 짓는 과정이 좋은 비유가 될 것이다. 현명한 건축주라면 집을 지을 때 가장 먼저 해야 하는 일이 있다. 청사진을 그리고, 터파기를 하고, 시멘트와 벽돌을 주문하기 전에 우선 집을 짓는 데 필요한 건축자재들에 대해 배워야 한다.

투자 포트폴리오에서 건축자재는 주식과 채권이다. 그렇다고 공부하는 데 너무 시간을 허비해서는 안 된다. 여기서는 수백 년간에 걸친 투자의 역사를 공부할 것이다. 혹시 이 책의 기본적인 목적과 다소 배치된다고 생각하는 독자가 있을지 모르겠지만 나중에 공부한 보람이 있을 것이다. 집을 짓는 건축자재의 성질과 쓰임새, 그간의 변천사를 이해한다면 우리가 짓는 집도 더 강건해질 것이다.

금융의 역사는 모든 투자자가 반드시 배워야 할 과목이다. 미래를 정확히 예측한다는 것은 불가능하다. 하지만 과거에 대한 지식을 갖고 있으면 현재의 투자 리스크를 알아내는 데 도움이 된다. 수익률은 불확실한 영역이다. 그러나 리스크만은 컨트롤할 수 있다. 많은 사람들이 주식시장과 채권시장의 역사는 짧을 것이라고 생각하는데 그렇지 않다. 돈을 빌리고 빌려주는 신용시장의 역사는 인류 문명과 함께 시작됐다. 국가가 발행하는 채권 역시 수백 년 전부터 있어왔다. 중요한 사실은 이들 채권이 일단 발행된 다음에는 정치적, 경제적, 군사적 상황이 변함에 따라 가격이 변동한다는 것이고, 이 점은 오늘날에도 마찬가지다.

역사가인 조지 산타야나(George Santayana)가 남긴 유명한 금언을 새겨둘 필요가 있다: "과거를 기억하지 않는 자는 다시 똑같이 되풀이 할 수밖에 없다." 금융시장만큼 이 말이 완벽하게 들어맞는 곳도 없다. 금융의 역사를 공부함으로써 우리는 자본시장의 본질과 다양한 유가증권의 수익률에 대해 아주 귀중한 지혜를 배울 수 있다. 현명한 투자자라면 어떤 경우에도 이 점을 잊지 않을 것이다.

인류 역사와 함께 한 리스크와 수익률

작은 은銀 구슬 모양의 화폐가 등장하지도 않았던 5000년 전부터 신용 시장은 존재해왔다. 선사시대에 이미 사람들은 곡식과 가축을 빌려주고 이자를 받았다; 겨울에 밀 한 통이나 돼지 한 마리를 빌려간 사람이 다음 수확기가 되면 이자까지 쳐서 밀 두 통이나 돼지 두 마리로 갚았을 것이다. 지금도 원시부족들이 사는 사회에서는 이런 관행을 발견할 수 있다.(금화나 은화가 처음 쓰였을 때 그 가치는 가축의 마리 수로 계산했다.) 그런데 화폐가 통용되기 시작하자 투자의 역사에서 가장 핵심적이며 가장 오래된 의문이 더욱 커졌다: 돈을 빌려간 사람은 돈을 빌려준 사람에게 얼마를 돌려줘야 할 것인가?

우리가 신용시장의 초기 역사를 살펴봐야 하는 이유는 간단하다. 두 명의 노벨상 수상자인 프랑코 모딜리아니(Franco Modigliani)와 머튼

밀러(Merton Miller)는 자본의 총비용과 수익은 리스크를 감안할 경우 그것이 주식이든 채권이든 동일하다는 사실을 이미 40여 년 전에 발견했다. 다시 말해 만약 우리 선조들이 대출 형식이 아니라 주식을 발행해 필요한 돈을 융통했다 하더라도 투자 수익률은 똑같았을 것이라는 얘기다. 지난 수천 년 동안 투자 수익률이 어떤 모습이었는지 공부하는 이유는 바로 여기에 있다.

고대 신용시장의 역사는 아주 장구하다. 비옥한 초승달 지대(Fertile Crescent)라고 불리는 수메리아와 바빌론, 아시리아의 초기 기록을 보면 대차(貸借)거래에 관한 것이 가장 많다. 인류 최초의 법전이라고 하는 함무라비 법전의 주된 내용도 상거래에 관한 것이다.

실제 사례를 하나 들면 충분할 것이다. 고대 그리스에서는 "선박 저당 차입(bottomry loan)"이라는 사업이 성행했는데, 항해하는 선박을 상대로 돈을 빌려주되 만약 배가 침몰하면 돈을 떼이게 되는 것이다. 이와 관련된 자료를 보면 보스포러스 해협까지 다녀오는 선박에 대한 이자율이 평화시에는 22.5%, 전시에는 30%였다. 당시 항해 중에 침몰하는 선박은 10% 미만이었으므로 이 정도면 이윤이 상당한 사업이었다. 물론 한 건 한 건의 개별 사업으로 따지자면 매우 큰 리스크가 따랐다. 어쨌든 선박 저당 차입은 리스크와 수익률 간의 관계를 보여주는 최초의 역사 자료다. 22.5%의 이자율은 시대를 감안한다 하더라도 꽤 높은 편이지만 항해하는 선박과 무역거래의 불확실성을 반영한 것이었다. 전시에는 침몰 가능성이 더 높아지므로 이에 대한 보상으로 더 높은 이자율을 받았다.

고대 금융의 역사를 돌아보면 이자율이 그 사회의 안정성에 따라 결정된다는 사실을 금방 알 수 있다; 불확실한 시대에는 대중의 신뢰가 떨어지고 그 사회가 계속 존재할 것인가에 대해서도 의문이 들기 때문에 이자율은 더 높아진다. 주요 고대 국가들의 이자율 패턴을 보면 하나같이 "U자형"을 그린다. 초창기에는 이자율이 높았다가 사회가 점차 성숙해지고 안정을 찾으면서 이자율은 천천히 떨어져 문화적 수준이 최고조에 달했을 때 이자율은 최저점을 기록하고, 문명의 쇠퇴와 함께 이자율이 다시 상승하는 것이다. 예를 들면 로마제국이 전성기를 맞았던 서기 1~2세기 무렵 로마의 이자율은 4% 수준까지 내려왔다.

사료에 기록된 고대 사회의 투자 수익률은 전반적으로 아주 훌륭했다. 하지만 이건 어디까지나 번영을 누리면서 살아남은 사회에 대한 것일 뿐이다. 성공한 국가가 아니라면 기록조차 남기기 어려웠을 테니 말이다. 바빌로니아와 그리스, 로마의 투자자들은 그들이 정복한 나라의 투자자들보다 월등히 높은 수익률을 거뒀을 것이다. 반면 유대나 카르타고 시민들은 자신들의 포트폴리오 가치가 떨어질 것을 훨씬 더 염려했을 것이다.

이건 사소한 문제가 아니다. 처음 시작 단계부터 "생존자 편향", 즉 역사책에서는 최고의 결과만 보여주는 경향이 있다는 사실과 마주친 것이다. 20세기에도 미국과 캐나다, 스웨덴, 스위스 투자자들은 아주 양호한 성과를 거뒀는데, 이는 다른 나라들을 초토화시켰던 군사적, 정치적 소용돌이에서 멀리 떨어져 있었던 덕분이다. 반면 혼돈의 한가운데 서 있었던 독일과 일본, 인도, 아르헨티나 투자자들이 거둔 수익률은 훨씬 낮았다.

따라서 역사상 가장 성공적이었던 나라의 투자 수익률을 미래 수익률의 준거로 삼는다면 상당히 잘못된 것이다.

우선 방금 살펴본 승전국과 패전국 간의 수익률 차이는 앞서 설명한 리스크와 수익률 간의 관계와 모순이 된다. 결국 이것은 "사후 해석 편향(hindsight bias)"의 전형적인 예라고 할 수 있다; 1913년 당시에는 미국이나 캐나다, 스웨덴, 스위스가 가장 높은 수익률을 기록하고, 독일과 일본, 인도, 아르헨티나의 수익률이 가장 낮을 것이라고는 전혀 생각할 수 없었다. 한 걸음 더 나아가 1650년 무렵 유럽에서 군사, 경제적으로 최강대국은 프랑스와 스페인이었으며, 영국은 내전을 막 끝내고 새로이 부상하려는 신흥강국에 불과했다.

로마의 금리가 최저 수준으로 떨어진 게 4%라는 사실은 오늘날에도 시사하는 바가 크다. 로마가 최고의 전성기를 구가하던 시대만큼 그 나라 백성들이 문화적, 정치적 영속성을 확신했던 경우는 그 이전에는 물론 그 이후에도 없었다. 따라서 로마가 최전성기에 기록한 4%의 수익률은 최강대국 자리에 오른 (혹은 그렇다고 자신하는) 나라에서만 누릴 수 있는 최저 수준의 투자 수익률일 것이다.

오스트리아의 경제학자 유진 폰 뵘-바르크(Eugen von Bohm-Bawerk)는 한 나라의 문화적, 정치적 수준은 그 나라의 금리로 구분할 수 있다고 설명했다: 선진국일수록 대출금리는 낮다. 금융사가이자 경제학자인 리처드 실라(Richard Sylla)는 금리 변동 그래프를 통해 그 나라의 위기 상황을 진단할 수 있다고 주장했다. 금리가 치솟는 현상은 그 나라의 군사적, 정치적, 경제적 위기를 반영하는 것이고, 금리가 오랫동안 낮은 수준을 유지한다면 그만큼 국가 전반이 안정적이라는 말이다.

사실 로마 시대의 4% 금리는 20세기 미국의 전체 자본(주식과 채권을 합친) 수익률과 비슷하고, 아마도 21세기의 전체 자본 수익률보다는 약간 더 높을 것이다.(왜냐하면 로마 시대는 금본위제였으므로 투자 수익률이 명목 수익률이 아닌 실질 수익률이었을 것이기 때문이다.)

　유럽에서도 이와 똑같은 현상을 발견할 수 있다. 르네상스 이전의 불안정했던 중세 암흑시대에는 금리가 매우 높았지만 르네상스와 계몽주의 시대가 열리면서 금리는 점차 떨어졌다. 그림 1-2는 13세기부터 18세기까지 유럽 각국의 금리 변화를 나타낸 것이다.

　유럽에서 발명된 가장 중요한 금융상품 가운데 하나가 "연금채권(annuity)"일 것이다. 연금채권은 이자는 영원히 지급하지만 원금은 돌려주는 않는 채권이다. 요즘 보험회사들이 판매하는 종신연금의 경

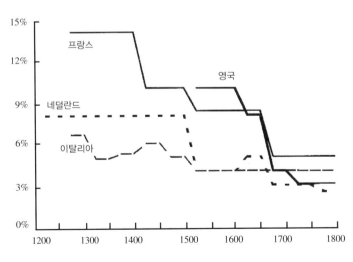

그림 1-2 유럽 각국의 금리(1200~1800년)

우 피보험자가 사망하면 연금 지급도 끝난다는 점에서 유럽의 연금채권과 다르다. 이 채권은 대개 유럽 각국 정부가 전비 조달을 위해 발행했는데 만기일이 없었다; 대신 상속할 수 있고 거래할 수도 있었다. 이자만 지급하고 원금은 되돌려주지 않는다니까 좀 낯설게 느껴질지도 모르겠다. 하지만 연금채권은 대출금이나 채권의 가격을 산정하는 데 아주 유용한 수단을 제공해준다. 바로 이 점에서 연금채권은 현대 금융의 한쪽 토대를 형성했으며, 여기서 비중 있게 다루는 이유도 이 때문이다.

영원히 이자만 지급하고 원금은 돌려주지 않는 대출 형태를 도저히 이해할 수 없다면 30년 만기 국채를 생각해보자. 이 채권은 반 년에 한 번씩 모두 60차례 이자를 지급한 뒤 원금을 상환한다. 지난 30년간 물가상승률은 연 평균 5%가 조금 넘었다; 즉 30년 전 1달러의 구매력이 77%나 떨어져 23센트 수준이 됐다는 말이다. 따라서 이 채권의 가치는 사실상 이자 지급에서 결정되며 원금 상환은 큰 영향을 미치지 못한다. 이제 만기를 100년으로 늘려보자. 그러면 물가상승률을 감안한 원금 상환액의 현재가치는 달러당 1센트도 되지 않을 것이다.

유럽의 연금채권이 오늘날에도 의미 있는 이유는 무엇보다 그 가치를 아주 간단하게 계산할 수 있다는 점 때문이다: 매년 지급하는 연금을 현재의 시장 금리로 나누면 된다. 가령 매년 100달러의 연금을 지급하는 연금채권이 있다고 하자. 시장 금리가 5%일 경우 이 연금채권의 가치는 2000달러가 된다.(100달러/0.05=2000달러) 만약 시장 금리가 5%일 때 이 연금채권을 매수했는데, 시장 금리가 10%로 상승했다면 연금채권의 가치는 절반으로 떨어진 1000달러가 된다.(100달러

/0.1=1000달러)

따라서 장기 채권이나 장기 대출금의 가치는 금리와 역의 관계임을 알 수 있다. 금리가 오르면 채권 가격은 떨어지고, 금리가 떨어지면 채권 가격은 오른다. 만기가 아주 긴 채권은 거의가 이런 식으로 가격이 결정된다: 채권 수익률이 1% 상승하면, 즉 5.00%에서 5.05%가 되면 채권 가격은 1% 떨어진다.

초기 연금채권 가운데 가장 유명한 것으로는 베네치아 공화국이 전비 조달을 위해 발행한 베네치안 프레스티티(Venetian prestiti)였다. 프레스티티는 베네치아 공화국의 부유한 시민들에게 강제로 할당했는데, 등기소에서는 프레스티티 보유자에게 정기적으로 이자를 지급했다. 지급이자는 판매대금의 5%에 불과했다. 당시 베네치아의 시장 금리는 이보다 훨씬 높았기 때문에 프레스티티를 액면가대로 사야 했던 "매수자"는 일종의 세금을 내는 셈이었다. 다만 베네치아 정부에서는 프레스티티를 다른 사람에게 팔 수 있도록 허용해, 프레스티티를 거래한 뒤 등기소에서 명의 변경을 할 수 있게 했다. 프레스티티는 곧 베네치아 귀족들 사이에 훌륭한 투자 및 투기 수단으로 자리잡았고, 유럽 전역의 투자자들이 이를 보유하기에 이르렀다. 프레스티티는 수 세기 동안 "2차 시장"에서 아주 활발하게 거래됐고, 경제사가들은 이를 통해 중세 채권시장의 생생한 모습을 읽을 수 있다.

베네치아의 부유한 시민에게 1000더컷을 받고 매각한 프레스티티는 매년 50더컷, 즉 5%의 수익을 올린다. 만약 2차 시장의 금리가 6.7%라면 이 프레스티티를 매수한 시민은 시장에서 팔 때 액면가의 75%, 즉 750더컷밖에 받지 못한다.(50더컷/0.067=750더컷)

그림 1-3은 14~15세기 사이의 프레스티티 가격을 나타낸 것이다.(여기서 채권의 액면가는 100으로 했다.) 이제 우리는 자본 수익률의 역사를 공부하면서 처음으로 리스크라는 요소를 만나게 됐다. 리스크를 한마디로 정의하자면 손실을 볼 가능성이다.

그림 1-3을 보면 프레스티티 보유자가 이런 위험에 노출돼 있음을 금방 알 수 있다. 가령 아주 평화로웠던 1375년의 경우 프레스티티의 가격은 92.50에 달했다. 그러나 불과 2년 뒤 제노아 공화국과의 전쟁으로 인해 이자 지급이 일시 중단되고 막대한 금액의 신규 프레스티티가 발행되자 가격은 19까지 떨어졌다; 프레스티티 가치의 손실폭은 80%에 달했다. 베네치아 공화국의 재정상태는 곧 회복됐지만, 이때의 손실로 인해 상처 난 투자자들의 신뢰는 한 세기 이상 아물지 않았고, 프레스티티 가격 역시 베네치아 정부가 채무를 갚기 시작한 1482년이 되어서야 겨우 회복됐다.

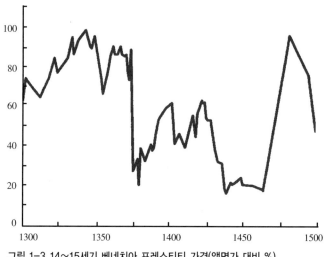

그림 1-3 14~15세기 베네치아 프레스티티 가격(액면가 대비 %)

이런 점을 감안하더라도 중세 유럽과 르네상스 시대의 투자자들은 나름대로 괜찮은 수익률을 올렸다고 할 수 있다. 하지만 이런 수익률은 냉혹한 리스크를 기꺼이 짊어진 사람에게만 돌아갔다. 앞으로 설명하겠지만 유럽과 미국의 다음 세대 투자자들 가운데도 이와 비슷한 높은 수익률을 거둔 경우가 있었다. 하지만 동서고금을 막론하고 분명한 사실은, 수익이 있는 곳에는 리스크 역시 반드시 숨어있다는 것이다.

리스크와 수익률은 불가분의 관계로 얽혀있다. 이게 바로 금융의 역사에서 배워야 할 가장 중요한 연결고리다. 높은 수익률을 얻고 싶다면 반드시 높은 리스크를 부담해야 한다. 투자자산의 안전을 바란다면 미미한 수익률에도 만족해야 한다. 다음 3개 연도의 프레스티티 가격을 살펴보자:

연도	가격
1375	92.50
1381	24.00
1389	44.50

베네치아 공화국이 확고해 보였던 1375년에 프레스티티를 매수한 투자자들은 상당히 큰 손실을 입었다. 이와는 반대로 모두가 베네치아 공화국에 대한 신뢰를 잃었던 1381년에 용기 있게 프레스티티를 매수한 투자자는 높은 수익률을 올렸다. 높은 수익률은 쌀 때 사서 비쌀 때 팔아야 얻을 수 있다; 비쌀 때 사서 쌀 때 팔면 낮은 수익률로 이어진다. 만약 당신이 어떤 주식이나 채권을 20년 후에 팔 생각을 갖고 매수했다고 하자. 20년 후에 가격이 얼마나 될지는 전혀 예상할 수 없

다. 하지만 그 주식이나 채권을 발행한 회사가 망하지 않는 한 당신이 매수한 가격이 낮을수록 미래의 수익률은 높을 것이고, 매수한 가격이 높을수록 미래의 수익률은 낮을 것이라는 점은 확실히 말해둘 수 있다.

대부분의 개인 투자자들이 바로 이 점을 놓치고 있다. 심지어 내로라하는 금융 전문가들조차 미래의 수익률을 실현된 수익률과 혼동하곤 한다. 간단히 말해 미래와 과거를 착각하는 것이다. 반드시 혹은 항상 그런 것은 아니지만 요점은 분명하다: 과거의 높은 수익률은 대개 미래의 낮은 수익률로 이어지고, 과거의 낮은 수익률은 미래의 높은 수익률을 의미하는 경우가 많다.

여기서 문제는 가격이 쌀 때 매수한다는 게 언제나 겁나는 일이라는 점이다. 높은 수익률을 가져다 주는 싼 가격은 엄청난 리스크를 동반하지 않고는 그냥 오지 않는다. 요즘 투자자들은 이렇게 생각해야 한다: 20세기 후반 미국 주식시장의 수익률이 아주 높았던 이유는 19세기의 혼돈과 1930년대 대공황의 여파로 오랫동안 주가가 하락했기 때문이다. 역으로 이야기하자면 2001년 9.11 테러 사태 이전 미국의 정치, 경제, 사회는 장기적인 안정 분위기를 이어갔고, 덕분에 높은 주가가 가능했다; 이 같은 저리스크의 세계가 사라지자 (주가가 떨어지며) 고수익률의 세계가 열린 것이다.

크레디트 리스크와 금리 리스크

지금까지 채권과 대출시장의 수익률 역사를 개관하듯이 살펴봤다. 이제 채권의 리스크가 정확히 무엇이며, 시대별로 어떻게 변화했는지 규명할 차례다. 우선 당신이 베네치아의 부유한 상인이라고 가정해보자. 당신은 지금 와인 한잔을 마시며 지난 몇 세대에 걸쳐 가문의 유산으로 전해져 온 프레스티티의 가치를 생각해보고 있다. 당신의 경험이나 아버지와 할아버지 시대에 비춰볼 때 프레스티티 가격은 두 가지 요인에 의해 결정됐다. 먼저 얼마나 안전한가 하는 점이다. 이것은 베네치아 공화국 자체가 살아남을 것이냐의 여부에 달려있다. 외부의 침략이 있다면 금리가 급등하면서 가격은 가파르게 떨어질 것이다. 물론 이런 위험을 무사히 넘기면 금리는 다시 하락하고 당신의 프레스티티 가격은 상승할 것이다. 결국 리스크는 채권 발행자, 즉 베네치아 공화국이 살아남지 못할 가능성이다. 현대인이라면 채권 발행국의 전쟁보다는 채권 발행 기업의 파산을 더 걱정하겠지만 말이다.

그런데 걱정할 게 하나 더 있다: 아무리 평화로운 시기라 하더라도 신용이 위축되면 금리는 올라갈 것이고 프레스티티 가격은 떨어질 것이다. 반대로 신용이 팽창하면 금리는 떨어질 것이고 프레스티티 가격은 상승할 것이다. 연금채권 가격의 변동은 금리와 정확히 반비례하는데, 금리가 두 배로 오르면 연금채권의 가격은 절반으로 떨어진다.

당신은 신용시장의 추이에 따라 재산이 늘었다 줄었다 하는 게 영 편치 않다; 그래서 이런 리스크를 줄이거나 아예 없애는 방법은 없는지 생각해보기에 이르렀다. 그리고 마침내 답을 찾아냈다.

그런데 먼저 구분할 것이 있다. 먼저 "크레디트 리스크"라는 게 있는데, 이는 투르크족이 베네치아를 침략해오는 것이다. 이건 공화국의 생존 여부가 달린 문제로, 당신은 연금채권의 전부 혹은 일부를 받지 못할 수 있다. 두 번째로는 "금리 리스크"가 있는데, 이건 금리의 등락으로 인한 것이다. 현대인들에게 금리 리스크는 사실상 인플레이션 리스크와 동일하다. 만약 30년 만기 국채를 매수했다면 가장 큰 리스크는 인플레이션으로 인해 미래의 이자 수령액과 원금 상환액이 크게 줄어들 가능성일 것이기 때문이다.

금리 리스크의 해결책은 채권에 투자하는 기간을 짧게 하는 것이다. 가령 채권이나 대출금의 만기를 한 달로 하면 금리 리스크나 인플레이션 리스크를 거의 없앨 수 있다. 30일 뒤에 수령한 원금을 새로이 더 높아진 이자율로 재투자하면 되기 때문이다. 바빌론에서 처음으로 대출채권의 2차 거래시장이 만들어진 이래 투자자들은 단기 채권 혹은 단기 대출을 통해 금리 리스크를 피해왔다. 안타깝게도 단기 채권이나 단기 대출 역시 그 자체의 위험을 안고 있지만 말이다.

여기서 한 가지 짚고 넘어가야 할 게 있다. "단기 국채(bills)"는 만기가 통상 1년 미만인 것을, "장기 국채(bonds)"는 1년 이상인 것을 지칭한다는 점이다. 이들 두 가지 채권이 구분된 것은 영란은행(Bank of England)이 활동하기 시작해 곧 영국 신용시장을 확실히 지배하게 된 1694년부터다.

1749년 영국 재무장관 헨리 펠햄(Henry Pelham)은 정부의 장기채무를 한데 합쳤는데, 이게 바로 그 유명한 "콘솔(consols)"이 된다. 콘솔은 프레스티티와 마찬가지로 원금을 상환하지 않는 연금채권이었다. 그래서 최초 발행 250년이 지난 오늘날까지도 거래된다. 경제사가들에게는 프레스티티와 함께 수 세기에 걸친 채권 가격 및 금리 기록의 보고로 활용되고 있다.

반면 단기 국채는 액면가치에 비해 할인된 가격으로 거래되는 어음과 비슷했다. 가령 영란은행은 만기 1년에 액면가치 10파운드짜리 단기 국채를 발행했는데, 시장에서는 이 단기 국채를 처음에 할인된 가격인 9.50파운드로 매입해 1년 후 10파운드를 상환 받았다. 연 5.26%의 이자를 받은 셈이다.

그림 1-4에서는 19세기 영국의 단기 국채(및 은행예금)와 장기 국채(콘솔)의 금리 변화를 보여준다. 요즘 투자자들이라면 단기 국채가 금리 리스크, 즉 인플레이션 위험에 노출돼 있지 않으므로 금리가 더 낮았을 것이라고 생각할 것이다. 하지만 실제로는 19세기 내내 단기 국채의 금리가 장기 국채보다 더 높았다. 두 가지 이유 때문이었다. 우선 높은 인플레이션이 기승을 부리기 시작한 것은 20세기로 접어든 다음부터다; 금본위제 아래서는 투자자들이 화폐가치의 하락을 전혀 걱정하지 않았다. 두 번째로는 영국의 부자들이 콘솔을 안정적인 소득원

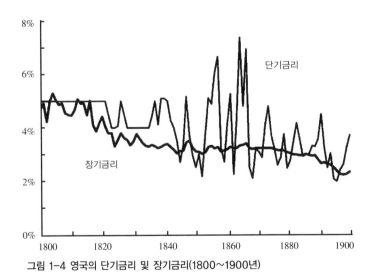

그림 1-4 영국의 단기금리 및 장기금리(1800~1900년)

으로 여겼다는 점이다. 단기 국채의 수익률은 변동성이 높았고, 늘 품위 있는 생활수준을 유지하고 싶었던 부유층에게는 맞지 않았다.

부자들 입장에서 보면 단기 국채의 금리는 장기 국채에 비해 훨씬 불확실하다. 따라서 단기 국채 투자자들은 이 같은 불확실성을 보상해줄 수 있도록 더 높은 금리를 원했다. 사실 그림 1-4는 이보다 더 중요한 사실을 전해주고 있는데, 영국 사회가 안정되고 영국의 세계 지배력이 강화되면서 금리가 점차 하락했다는 점이다. 콘솔 금리는 1897년에 2.21%로 사상 최저치를 기록했고, 이 같은 금리는 그 이후 다시 볼 수 없었다. 바로 이 시기에 영국 제국은 정치적으로나 군사적으로 최정점에 도달해 있었다.

단기 국채의 금리 변동성과 콘솔의 금리 리스크 간의 상관관계는 20세기 들어 역전된다. 제1차 세계대전 이후 금본위제가 폐지되고 인플레이션이 맹위를 떨치기 시작하면서 현대 투자자들은 장기 국채나 연금채권에 대해서는 단기 국채보다 더 높은 수익률을 요구한다. 장기 국채나 연금채권이 화폐가치의 하락(인플레이션)에 따른 타격이 훨씬 더 크기 때문이다. 그러다 보니 최근에는 장기금리가 단기금리보다 높은 게 일반적이다. 투자자 입장에서는 그래야 인플레이션으로 인한 장기 채권의 리스크를 보상받을 수 있는 것이다.

영국의 금리 추이를 역사적으로 살펴보면 높은 수익률에는 높은 리스크가 따른다는 점이 더욱 명확해진다. 영국의 일부 지방이 무정부 상태에 빠져 있던 1789년부터 1814년 사이 주요 투자자들은 계속해서 더 높은 수익률을 요구했다. 이들은 결국 가장 안전한 콘솔의 이자율에 더해 5.5%의 추가 금리를 받아냈다.(당시 인플레이션이 없었다는 점을 상기하라.) 이와는 반대로 영국의 황금기였던 빅토리아 시대 말기에는 정부의 안정성과 지속성이 최고조에 달해 자연히 낮은 수익률이 뒤따랐다. 1900년 이후는 영국 투자자들에게 그야말로 잔인한 시절인데, 주식과 채권 수익률 모두 매우 낮았다.

현대 투자자들이 여기서 배워야 할 점은 분명하다. 2001년 9.11 사태 이전 수많은 투자자들이 폭발적인 경제 성장세와 냉전 종식에 따른 평화 무드에 고조돼 있었다. 하지만 시장의 논리와 장구한 역사가 알려주듯이 햇볕이 따사로울 때는 투자 수익률이 낮다. 그럴 수밖에 없다: 안정과 번영은 곧 높은 자산가격을 의미하고, 가격과 수익률이 역의 관계라는 점을 떠올려보면 결국 낮은 미래 수익률로 귀결되는 것이다. 거꾸로 최고의 수익률은 모든 게 두려워 보이는 시기에 신중하게 리스크를 부담함으로써 얻어지는 것이다. 이 주제는 앞으로 계속해서 논의할 것이다.

20세기의 채권 수익률

20세기 채권의 역사는 아주 이례적이다. 금융사에 정통한 투자자였다 하더라도 1900년 이후 전세계 채권시장을 강타한 허리케인을 피해갈 수는 없었을 것이다.

무슨 일이 벌어졌는지 이해하기 위해서는 우선 20세기 초 금본위제에서 관리통화제도로 이행한 과정을 간단히 살펴볼 필요가 있다. 알다시피 제1차 세계대전 이후 금본위제가 폐기될 때까지는 금이 곧 돈이었다. 당시 미국에서는 2.50달러짜리 금화부터 5달러, 10달러, 20달러짜리 금화가 유통됐다. 이들 금화는 지금도 합법적으로 쓸 수 있다. 그러나 액면가치보다 금화에 함유된 금의 가치가 더 높기 때문에 지금은 전부 수집가의 손에 들어가 하나도 유통되지 않는다. 예를 들면 2.50달러짜리 금화에는 8분의 1온스 분량의 금이 들어있는데, 현재 금 시세로 따지면 35달러가 넘는다; 바보가 아닌 다음에야 35달러 상당의 금을 액면가치 2.50달러로 교환하지는 않을 것이다.

금의 가치는 다른 상품이나 서비스와 비교했을 때 시간이 흘러도 거의 비슷한 수준을 유지한다: 단테(Dante Alighieri)가 활동하던 시대 남성 정장 한 벌 가격이 금 1온스 정도 했는데, 지금도 괜찮은 남성복을 한 벌 사려면 금 1온스 가격을 줘야 한다. 먼 옛날 소아시아의 리디아 왕국에서 금화를 처음으로 주조한 이래 뿌리내렸던 금본위제는 제1차 세계대전 이후 인플레이션의 여파로 금괴의 국제적인 흐름이 불안정해지면서 영원히 자취를 감춰버렸다.

각국 정부는 지폐를 금으로 교환해줄 의무에서 해방되자 때로는 무책임할 정도로 통화 발행을 늘리기 시작했다. 그 대표적인 예가 1920년대의 독일이었고, 그 여파는 전세계적인 인플레이션으로 돌아왔다. 인플레이션의 파고는 점점 더 커져 마침내 1980년대 무렵 정점에 달했고, 결국 각국 중앙은행과 재무당국은 금리 인상과 함께 통화량 증가의 속도 조절에 나서야 했다.

그러나 투자자들의 신뢰는 이미 큰 상처를 입은 뒤였다. 20세기 이전까지 채권을 매수하는 사람들은 세월이 흘러도 달러나 파운드, 프랑의 가치는 계속 그대로 유지될 것이라고 생각했다. 그래서 1900년 무렵의 투자자들은 당시 1달러나 1파운드, 1프랑의 돈으로 50년 후에도 똑같은 가치의 재화나 서비스를 구입할 수 있을 것이라고 믿었다. 그런데 관리통화제도로 이행하고 몇 십 년이 지나자 만기에 금이 아닌 지폐로 상환해주기로 한 장기 국채의 가치가 예상에 훨씬 못 미친다는 사실을 깨닫기 시작했다; 그 결과 그림 1-5와 1-6에서 보는 것처럼 금리는 상승했고, 채권 보유자들은 상당한 손실을 입게 됐다.

한마디로 20세기의 채권 보유자들은 금융경제학자들이 말하는 "천년에 한 번 있을 홍수"에 휩쓸린 셈이 됐다: 언제든 금으로 교환할 수 있는, 그래서 안정적인 가치를 갖는 화폐가 사라져버린 것이다. 20세기 이전에도 몇몇 나라에서 금 교환을 일시적으로, 대개는 전시 기간 중 정지시킨 적이 있었다. 하지만 제1차 세계대전 직후처럼 전세계적으로 금본위제를 폐기한 경우는 없었다. 더구나 이번에 이뤄진 변화는 영원히 되돌릴 수 없는 것이었다.

투자의 세계 전반에 걸쳐 엄청난 지각변동이 일어났고, 채권 보유자

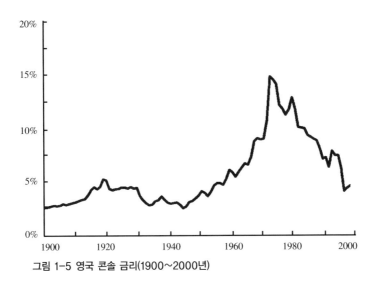

그림 1-5 영국 콘솔 금리(1900~2000년)

그림 1-6 미국 장기 채권 금리 (1900~2000년)

가 입은 손실은 과거 혁명이나 전쟁이 닥쳤을 때와 비슷한 수준이었다. 심지어 20세기 중 외부의 침략이나 정부 전복 같은 일을 한 차례도 당하지 않았던 미국에서조차 채권 보유자들은 막대한 손실을 입었다.

1913년 무렵 미국의 주식 보유자와 채권 보유자들은 각각 연 5%의 배당수익과 이자수익을 얻었다. 채권 보유자들은 이 5%의 이자수익이 실질 수익률이라고 믿어 의심치 않았다. 즉 자신들이 수령하는 이자의 가치는 앞으로도 계속 유지될 것이라고 생각했던 것이다. 반면 주식 보유자들은 앞으로 배당금이 조금씩 증가할 것이라는 긍정적인 전망과 함께 주식이 안고 있는 더 높은 리스크를 감수해야 했다. 그런데 금본위제가 막을 내리자 갑자기 모든 게 바뀌어버렸다. 채권 보유자의 장래 이자소득은 높아진 인플레이션으로 인해 그 가치가 현저히 떨어졌다. 반면 주식 보유자들의 소득 흐름은 인플레이션에 따라 기업 이익과 배당금이 늘어난 덕분에 오히려 더 나아졌다. 투자자들이 이런 사실을 깨닫는 데는 족히 한 세대 이상이 걸렸다. 이 사이 주가는 극적으로 상승했고 채권 가격은 하락했다.

그렇다고 해서 무조건 관리통화제도를 비난할 필요는 없다. 금본위제도는 케인즈가 "야만의 잔재(barbarous relic)"라고 불렀을 정도로 더 나빴기 때문이다. 금본위제 아래서는 통화 공급을 조절할 수가 없다. 정부는 오로지 국민의 의사에 따라 금을 화폐로, 화폐를 금으로 교환해줄 수 있었다. 따라서 통화 공급을 마음대로 늘릴 수 없었다; 자칫하다 통화 공급을 늘렸다가는 화폐 유통 물량이 늘어난 것을 눈치챈 사람들이 화폐를 금으로 교환해달라고 요구해 금 보유고가 바닥날 수 있었다. 마찬가지로 통화 공급을 마음대로 줄일 수도 없었다. 화폐 유통 물량이 줄어든 것을 눈치챈 사람들이 금을 화폐로 교환해달라고 요구할 것이기 때문이다.

문제는 한 나라 경제가 늘 호황과 불황의 사이클을 오간다는 데 있다. 불황기에는 화폐를 추가로 발행하고, 호황기에는 통화량을 줄이면 충격을 어느 정도 완화할 수 있다. 이렇게 할 수 있다는 관리통화 시스템의 장점이 관리통화제도의 인플레이션 효과보다 더 우선하는 것이다.

금본위제가 폐기되면서 20세기 채권의 역사는 어려운 길로 접어들게 됐다. 1900년 이후 영국의 콘솔 금리를 나타낸 그림 1-5를 다시 보자. 이 모습은 마치 그림 1-4를 거울에 비친 것처럼 20세기 대부분의 기간 중 금리가 오른 것으로 나타나 있다. 영국의 채권 보유자들은 상당한 경제적 손실을 입었다는 말이다. 1900년에서 1974년 사이 콘솔의 평균 금리는 2.54%에서 14.95%로 상승했는데, 이 말은 콘솔의 평균가격이 83%나 폭락했음을 의미한다.

그러나 이보다 더 나쁜 소식이 있다. 이 기간 중 인플레이션으로 인해 파운드화의 가치는 87%나 하락해 콘솔 원금의 실질가치는 결국 98%나 떨어진 셈이 됐다. 미국의 채권 보유자 역시 20세기 들어 편치 않았다. 그림 1-6은 1900년 이후 미국의 금리 추이를 보여준다. 인플레이션이 채권 수익률을 잠식했음을 다시 한번 확인할 수 있다. 미국 정부가 발행한 장기 국채의 20세기 중 수익률은 연 2%에 불과했다.

미래를 예측한다는 것은 어려운 일이지만 가까운 시일 내에는 20세기처럼 형편없는 채권 수익률의 역사가 되풀이되지 않을 것 같다. 그 이유는 첫째 20세기 이전의 채권 수익률이 매우 좋았기 때문이다.

둘째 이유는 인플레이션 보전 국채가 등장해 인플레이션 리스크를 없앨 수 있게 됐다는 점이다. 미국 재무부가 발행하는 TIPS(Treasury Inflation Protected Security)의 현재 수익률은 연 3.45%다. 이 채권을 매수하면 인플레이션이 아무리 기승을 부린다 해도 실질구매력 기준으로 액면가의 3.45%를 이자로 받을 수 있고, 원금 역시 만기에 인플레이션을 감안해 상환 받을 수 있다.(마치 19세기 이전에 발행됐던 금본위 채권과 흡사하다.)

셋째 이유는, 인플레이션은 채권 보유자에게 무척 고통스럽고 깊은 상처를 남기기 때문에 그 경험이 쉽게 잊혀지지 않는다는 점이다. 1920년대 독일의 초(超) 인플레이션 당시 화폐가치는 불과 몇 달 만에 100% 날아가버렸다. 독일 투자자들은 "절대로 다시는 당하지 않을 거야"라고 다짐했고, 그로부터 80년이 지난 현재까지도 독일 중앙은행은 그 어느 나라보다 통화 공급량을 억제해 인플레이션을 철저히 통제하고 있다. 미국 투자자들 역시 1965~85년의 심각한 인플레이션에 데인 터라 장기 채권을 매수할 때는 "인플레이션 프리미엄"을 요구한다. 가령 최근의 장기 우량 회사채 금리는 6%가 넘는데, 이는 물가상승률보다도 4%포인트 가까이 높은 것이다.

마지막 이유로는 좀 설득력이 약하기는 하지만, 어쨌든 각국 중앙은행이 인플레이션이라는 야수를 길들이는 방법을 배웠을 것이라는 점이다.

하지만 여기서 중요한 점은 20세기의 채권 수익률이 미래의 채권 수익률을 예측하는 수단이 될 수 없다는 것이다. 채권 고유의 리스크에 대해서는 앞서 충분히 설명했다. 금본위제의 폐기가 몰고 온 20세기의 충격은 사상 유례없는 것이었다. 인플레이션 보전 채권의 수익률을 전망하자면 사실상 0%에 불과했던 20세기의 국채 수익률보다는 19세기 이전의 채권 수익률 3~4%에 더 가까울 것이다.

주식 수익률의 역사

주식 수익률의 역사는 채권에 비해 훨씬 짧다. 물론 영국과 프랑스, 네덜란드에서는 300년 전부터 주식을 거래해왔지만, 장기적인 주식 수익률에 관한 자료는 미국에서 주식 거래가 시작된 다음부터 구할 수 있기 때문이다. 더구나 세계 각국의 주가 수익률은 최근 수십 년치 자료밖에 구할 수 없다.

그런 점에서 채권과 주식의 차이를 명확히 하는 게 좋을 것 같다. 채권은 한마디로 돈을 빌려주는 것이다. 그래서 채권에 투자해 얻을 수 있는 한계는 분명하다: 최선의 결과는 꼬박꼬박 이자수입을 올리고 만기에 원금을 돌려받는 것이다. 반면 주식은 기업의 미래 순이익을 얻을 수 있는 권리다. 따라서 주식 투자의 잠재력은 무한대라고 할 수 있다.

물론 투자한 돈을 100% 전부 날려버릴 수도 있다. 투자한 회사가 파산해버리면 그 회사의 채권이나 주식은 휴지조각이 돼버릴 수 있다. 다만 채권 보유자는 파산한 회사의 잔여재산에 대해 최우선 권리를 갖는다. 그러나 주식과 채권의 가장 큰 차이는 인플레이션 시기에 드러난다. 채권 이자와 상환금액은 고정돼 있기 때문에 인플레이션 시기에는 그 가치가 줄어든다; 인플레이션이 심할 경우 채권의 가치는 형편없이 쪼그라들 수 있다. 주식 역시 인플레이션으로 인한 손실을 피해갈 수 없지만 기업은 판매하는 상품이나 서비스의 가격을 올릴 수 있으므로 순이익, 즉 주식의 가치는 인플레이션과 함께 어느 정도 올라가게 된다.

그렇다고 해서 주식이 항상 채권보다 우수하다는 것은 아니다. 주식은 수익 잠재력이 무한하고 인플레이션 방어 효과까지 있어 더 높은 수익률을 가져다 주는 경우가 많지만, 채권이 빛을 발할 때도 얼마든지 있을 수 있기 때문이다.

주식과 장기 국채, 단기 국채의 수익률 비교

그림 1-7은 1900년 이후 미국의 주식과 장기 국채 및 단기 국채 수익률을 나타낸 것이다. 무슨 내용인지는 한눈에 파악할 수 있을 것이다. 주

식 수익률이 연 9.89%로 가장 높고, 그 다음이 4.85%의 장기 국채, "안전한" 단기 국채가 3.86%로 가장 낮았다. 여기서 수익률은 모두 인플레이션을 감안하지 않은 명목 수익률인데, 이 기간 중 물가상승률은 연평균 3.6%였다. 따라서 인플레이션을 감안한 실질 수익률은 주식이 6%, 장기 국채와 단기 국채가 각각 1%, 0% 수준이다.

그림의 세로축은 금액 차이에 따른 간격이 일정하게 표시돼 있는데, 이로 인해 20세기 전반의 주식과 장기 국채 및 단기 국채의 수익률 차이가 거의 구분되지 않는다.

금융전문가들은 이 문제를 해결하기 위해 그림 1-8에서 보여주는 "세미로그(semilog)" 방식을 고안해냈다. 세로축에 표시하는 금액을 로그화함으로써 1달러와 10달러, 10달러와 100달러, 100달러와 1000달러 간의 간격을 똑같이 한 것이다. 증권회사나 투자자문가들이 소

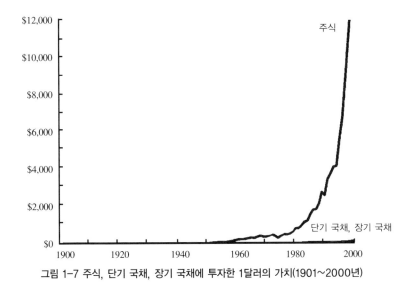

그림 1-7 주식, 단기 국채, 장기 국채에 투자한 1달러의 가치(1901~2000년)

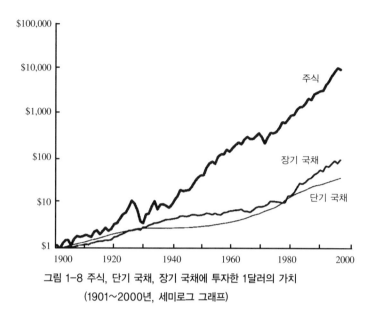

그림 1-8 주식, 단기 국채, 장기 국채에 투자한 1달러의 가치
(1901~2000년, 세미로그 그래프)

액 투자자들에게 투자의 이점을 설명할 때 바로 이런 그래프를 사용한
다. 사실 앞서 보여준 그림 1-1도 세미로그 방식으로 표시한 것인데,
이 그림의 문제점은 자칫 리스크를 무시해버릴 수도 있다는 것이다.

리스크-제2의 영역

투자 수익률을 공부했으니 이제 절반을 마친 셈이다. 핵심을 이야기
하자면, 투자란 리스크를 부담하는 대가로 수익을 얻는 것이다. 지금
까지 설명한 수익률 부분은 가장 쉬운 내용이다. 수익률이란 그림 1-7
과 1-8에서 보여주듯이 총수익률이 됐든 연도별 수익률이 됐든 어쨌
든 당신이 최종적으로 얻는 가치라는 점에서 계산하기도 편하고 정의
하기도 용이하다.

반면 리스크는 계산하기도 까다롭고 정의하기도 훨씬 어렵다. 리스크에는 단기 리스크와 장기 리스크가 있다. 단기 리스크가 다루기에는 좀더 쉽다. 우선 그림 1-9와 1-10, 1-11을 보면 단기 국채와 장기 국채, 주식의 연도별 수익률이 나타나 있다. 단기 국채는 마이너스 수익률을 기록한 해가 단 한 차례도 없을 만큼 "완벽하게" 안전했다. 이에 비해 장기 국채는 손실을 기록한 해가 가끔 있었고, 1999년의 경우 -13%의 수익률을 냈다. 마지막으로 주식은 3년에 한 번 꼴로 손실을 기록했고, 심각한 타격을 입은 경우도 심심치 않게 있었다.

주식은 때로 몇 년씩이나 처참한 수익률을 기록하기도 한다. 가령 1973~74년의 경우 주식 수익률은 -40%에 달했는데, 이 기간 중 물가 상승률이 20%에 가까웠다는 점을 감안하면 인플레이션 조정 후로는 반토막이 난 셈이다. 또 주식시장이 천정을 쳤던 1929년 9월부터 바닥을 친 1932년 7월까지 주가는 무려 83%나 폭락했다. 다만 이 기간 중

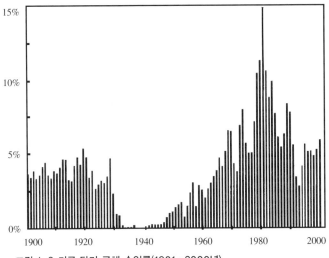

그림 1-9 미국 단기 국채 수익률(1901~2000년)

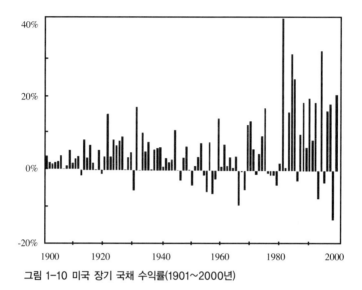

그림 1-10 미국 장기 국채 수익률(1901~2000년)

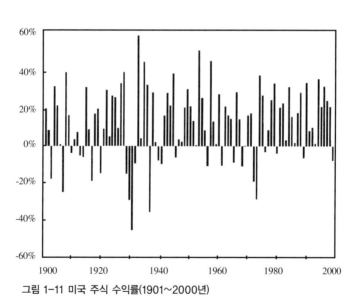

그림 1-11 미국 주식 수익률(1901~2000년)

소비자물가가 20% 가량 하락한 덕분에 그나마 실질 손실폭은 약간 줄었다. 주식시장은 1932년에 강하게 반등했지만 1937년에 다시 50%나 급락했다.(그림 1-12는 미국 주식시장의 연간 수익률 빈도와 통계적 법칙에 따라 예측한 "이론적" 확률 분포를 비교해서 나타낸 것인데, 종 모양의 분포곡선이 실제 빈도와 매우 근사하다는 사실을 한 눈에 알 수 있을 것이다.)

그림 1-11은 또 하나의 흥미로운 사실을 알려준다. 많은 투자자들은 정확한 시장정보를 얻거나 똑똑한 전문가의 말을 듣는다면 약세장을 피하고 리스크를 줄일 수 있을 것이라는 철썩 같은 믿음을 갖고 있다. 그런데 연도별 수익률에서 어떤 패턴을 발견할 수 있는가? 만약 발견할 수 있다면 하늘 위를 떠다니는 구름에서 북미 대륙과 똑같은 모양을 찾아내는 것이나 마찬가지다. 연도별 주식 수익률의 패턴은 무작

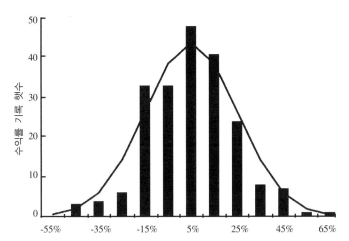

그림 1-12 미국 주식의 실제 연간 수익률(막대 그래프)과 정규분포에 따라 예측한 수익률 비교(1790~2000년)

위적이고 전혀 예측할 수 없다. 전년도의 수익률, 혹은 지난 5년간의 수익률은 다음해의 수익률을 예측하는 데 아무런 힌트도 주지 않는다. 그야말로 "랜덤 워크(random walk)"다. 나중에 자세히 설명하겠지만 대형 증권회사의 노련한 전문가든, 시장 소식지의 고참 필자든, 뮤추얼펀드 매니저든, 아니면 바로 당신이 거래하는 증권회사 직원이든, 누구도 내일 혹은 내년에 주식시장이 어떻게 될지 예측할 수 없다.

20세기를 통틀어 주식시장이 폭락했던 경우는 세 차례 있었고, 그 중 한 번은 아주 참담한 손실을 기록했다. 개미 투자자들이 반드시 가슴 속에 새겨두어야 할 것이 있다: "당신의 투자 생애기간 중 최소한 한 번, 어쩌면 두 번은 정말로 심각한 약세장을 겪을 것이다."

장기 리스크–수십 년간에 걸쳐 돈이 없어질 가능성–는 이와는 전혀 다른 문제다. 그런데 이상하게도 사람들은 장기 리스크에 대해 단기 리스크만큼 감정적으로 흔들리지 않는다. 사실 단기적으로 마이너스 수익률을 기록하는 것보다 장기적인 수익률이 얼마인가 하는 게 훨씬 더 중요한데도 말이다.

역설적인 이야기 같지만 장기적으로 보면 채권의 리스크는 주식에 비해 결코 작은 편이 아니다. 이는 주식 수익률이 "평균으로 회귀하는 (mean reverting)" 성향이 있기 때문이다. 즉 주식은 몇 년 계속해서 좋지 않은 수익률을 기록하게 되면 그 뒤 몇 년간은 계속해서 괜찮은 수익률을 기록해 손실을 치유할 가능성이 높다. 물론 이건 양날을 가진 칼이기도 하다. 몇 년간 아주 괜찮은 수익률이 이어진 다음에는 형편없는 수익률이 몇 년간 뒤따를 수 있기 때문이다. 많은 투자자들이 2000년대 초에 뼈저린 고통과 함께 이 말의 의미를 새겼을 것이다. 그림 1-13에서는 30년 평균 주식 수익률을 연도별(인플레이션을 감안한 실질 수익률)로 나타냈다. 이렇게 나타내면 명목 수익률이든 실질 수익률이든 마이너스를 기록한 경우가 한 차례도 없게 된다. 그래서 주식이 장기적으로 "리스크가 적다"는 점을 강조할 때 이런 그래프를 보여주곤 한다.

하지만 앞서 지적한 것처럼 그래프는 거짓말을 잘 한다. 주목해야 할 대목은 이 그래프에서 최저 수익률과 최고 수익률 간의 차이가 5%에 달한다는 사실이다. 30년간 복리로 연 5%씩 차이가 난다면 최종적으로는 4배나 격차가 벌어진다. 장기 리스크를 가늠하겠다면 단순히 30년 평균 수익률이 아니라 30년 후에 재산이 얼마가 되느냐를 따져봐야 한다.

그림 1-14에서는 20세기 들어 매 30년마다 최초 투자원금 1달러가

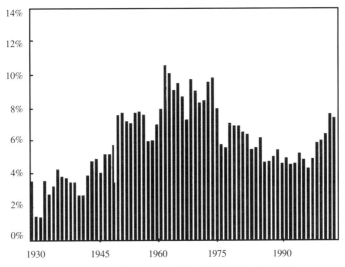

그림 1-13 미국 주식의 연도별 30년 평균 수익률(1901~2000년)

인플레이션을 감안한 실질구매력 기준으로 얼마가 되는지 나타냈다. 30년 후의 가치가 얼마나 큰 차이를 보이는지 확연하게 드러날 것이다. 이 정도 차이라면 30년 후 최선의 경우 안락한 노년을 보낼 수도 있고, 최악의 경우 궁핍한 신세를 면치 못할 수도 있다.

은퇴 이후를 설계하는 문제는 무척 복잡하므로 다음 장에서 따로 자세히 설명할 것이다. 물론 개인적으로 어떤 여건이냐가 가장 중요한 전제가 되겠지만 한 가지는 분명히 짚고 넘어가야 한다: 주식 수익률의 역사를 살펴보면 주식시장은 최악의 경우 15~20년간이나 계속해서 실망스러운 수익률을 안겨줄 수 있다. 예를 들어 1966년부터 1982년까지 17년 동안 주식 수익률은 물가상승률을 겨우 웃도는 데 그쳤고, 1973~74년은 최악의 약세장이었다. 당신이 만약 1966년에 은퇴했다면 인플레이션을 감안했을 때 거의 수익을 올리지 못했을 뿐만 아니

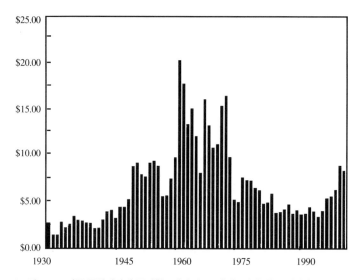

그림 1-14 미국 주식시장에 투자한 1달러의 30년 후 실질 최종 자산 (1901~2000년)

라 약세장에도 어쩔 수 없이 생활비를 써야 했을 것이므로 원금마저 크게 줄어들었을 것이다. 결국 나중에 주식 수익률이 높아졌을 때는 그 과실을 맛볼 만한 투자자금조차 남아있지 않았을 것이다.

채권은 더 나쁠 수 있다. 왜냐하면 채권 수익률은 평균 회귀 성향이 없기 때문이다. 형편없는 수익률이 몇 년간 계속되다가 뒤이어 더욱 형편없는 수익률이 몇 년 더 이어지기도 한다. 1970년대에 그랬던 것처럼 말이다. 제레미 시겔(Jeremy Siegel) 교수가 그의 탁월한 저서 《장기투자 바이블Stocks For The Long Run》에서 밝힌 것처럼 1802년 이후 주식 수익률이 채권 수익률보다 앞선 것은 햇수로 따질 경우 전체의 61%에 불과하지만, 10년 평균 수익률로 따지면 80%에 달하고, 30년 평균 수익률로 계산하면 99%에 이른다.

그러면 다른 시각으로 한번 바라보자. 1952년부터 1981년까지 30년간 주식 수익률은 연 9.9%였던 반면 채권 수익률은 2.3%에 그쳤다. 이 기간 중 물가상승률은 연 4.3%였다. 결국 인플레이션을 감안한 실질 수익률은 주식이 연 5.6%였지만 채권은 –2%를 기록했다. 이 기간 중 후반 15년간은 물가상승률이 상당히 높았다. 따라서 인플레이션을 방어하는 데도 주식이 채권보다 우수하다고 말할 수 있다.

단기 리스크는 몇 년에 걸친 것이 아니라 며칠 혹은 몇 달 안에 시장에서 발생하는 것이다. 그래서 단기 리스크는 우리 피부에 와 닿고 밤이면 이로 인해 잠을 못 이루기도 한다. 이보다 더 중요한 것은 투자자들이 주식을 전부 팔아치우는 게 바로 단기 리스크 때문이라는 점이다. 대개는 급락세 뒤에, 그것도 시장이 바닥을 쳤을 때 주식을 처분해 버린다. 하지만 장기적으로 보면 단기 리스크는 사소한 문제에 불과하다. 당신이 장기적으로 높은 수익률을 올릴 수 있다면, 그 과정에서 원금의 50~80%를 일시적으로 잃는다 해도 그게 무슨 대수란 말인가?

물론 이렇게 말하기는 쉬워도 실제로 행동에 옮기기는 어렵다. 산전 수전 다 겪은 투자자들도 1930년대에 주식시장을 떠난 뒤 다시는 돌아오지 않았다. 단기적인 데 집착하는 건 인간의 본성이다; 이런 충동을 무시하기란 불가능하다. 단기적인 투자 충동이 있다는 점을 인정하고 보다 냉정하게 대응해야 한다. 앞서 설명한 수익률 자료를 봤으니 이제 아무리 어려운 시기가 닥쳐도 주식시장을 떠나지 않을 것이라고 자신해봐야 헛일이다. 막상 그런 일이 벌어지면 전혀 다르게 행동할 것이기 때문이다.

주식 수익률의 역사를 되돌아보며 투자원금의 50~80%를 날려버린다 해도 이를 감수할 수 있을 것이라고 상상하는 것은 항공기 조종 시뮬레이션으로 추락 연습을 하는 것이나 마찬가지다. 시뮬레이션으로 하는 행동과 실제 상황에서 하는 행동에는 엄청난 차이가 존재한다. 강세장이 되면 누구나 자신은 장기 투자를 할 것이라고 자신한다. 하지만 안타깝게도 역사가 말해주듯이 약세장이 되면 모두가 주식을 가만 놔두지 못한다. 강세장 시기에 100% 주식에만 투자했던 대부분의 투자자들은 출렁이는 시장의 변화를 견뎌내지 못한다.

그림 1-9에서 1-14까지 보여준 미국 시장의 수익률과 리스크를 요약한 것이 표 1-1이다. 이 표에는 수익률과 리스크의 관계가 아주 분명하게 나타나 있다. 추가적인 리스크를 부담할 때만 더 높은 수익률을 누릴 수 있는 것이다. 더 높은 수익률을 원한다면 이따금 상당한 손실을 입을 것을 각오해야 한다. 무조건 안전하기를 원한다면 낮은 수익률

표 1-1 20세기 중 미국 주식과 채권의 역사적 수익률과 리스크

	연간 수익률	가장 부진했던 3년간 누적 손실률
단기 국채	4%	0%
장기 국채	5%	− 25%
대형주	10%	−60%
소형주	12%	−70%

에도 만족해야 한다. 그런 점에서 가장 영리한 투자 사기극은 안전성과 높은 수익률을 함께 약속하는 것이다. 만약 누가 당신에게 그런 식으로 말한다면 뒤도 돌아보지 말고 도망치기 바란다. 내가 앞으로 수없이 되풀이해서 강조할 내용은 바로 이것이다:

추가적인 리스크를 부담하지 않고서는 더 높은 수익률을 얻을 수 없다.
안전한 투자는 낮은 수익률을 수반한다.

리스크와 수익률의 관계에 대해서는 앞으로 좀더 자세히 살펴보겠지만, 우선 여기서 한 가지 일반적인 사례를 소개하는 게 좋을 것 같다. 요즘 대부분의 투자자들은 자산운용회사에서 판매하는 머니마켓펀드(MMF) 계좌를 하나 정도 갖고 있을 것이다. MMF가 은행 보통예금보다 수익률이 더 높기 때문이다. 그런데 MMF가 은행 보통예금보다 수익률이 높은 이유는 리스크를 좀더 부담하기 때문이다. 당신이 가입하고 있는 MMF는 대기업이 발행한 "상업어음"을 매수했을 것이다. 이 어음은 무보증인 데다 언제든 부도가 날 수 있다. 반면 은행 보통예금은 정부에서 일정액을 보증해준다. 따라서 MMF 투자자 입장에서는 그만큼 추가적인 리스크를 부담하고 더 높은 수익률을 얻는 셈이다.

물론 자산운용업계에서는 투자자들이 이런 점을 걱정하지 않도록 최선의 방책을 마련해두고 있다. 지금까지 어떤 자산운용회사도 MMF 가 큰 손실을 입도록 방치하지 않았다. 많은 상업어음들이 부도가 났는데도 말이다. 1990년에는 상당수의 대형 MMF에서 투자하고 있던 모기지 앤드 리얼티 트러스트(Mortgage and Realty Trust)의 상업어음이 부도를 냈다. 그런데 이 손실을 MMF 투자자들에게 떠안겼다가는 신뢰가 추락할 우려가 있었다. 결국 자산운용회사들은 MMF 계좌의 손실을 자신들이 떠안았다. T. 로우 프라이스(T. Rowe Price) 한 회사가 입은 손실만 4000만 달러에 달했다. 하지만 자산운용회사가 늘 이렇게 손실을 떠안을 것이라는 보장은 없다. 더구나 은행은 예금잔액의 일정액을 준비금으로 갖고 있어야 하는 반면 자산운용회사는 전부 투자할 수 있으므로 자연히 수익률이 더 높을 수밖에 없다.

선진국과 이머징마켓

지금까지 투자의 세계에서, 또 사회적인 측면에서 리스크와 수익률 간의 상호관계를 재미있게 서술하려고 노력했다. 리스크가 높은 나라는 소멸되지만 않는다면 높은 수익률을 가져다 준다.(안정된 나라지만 위기에 처해있을 때도 마찬가지다.) 앞서 베네치아 프레스티티의 사례에서 본 것처럼 가장 높은 수익률은 고(高) 리스크 상황에서 저(低) 리스크 상황으로 이행할 때 얻을 수 있다. 지난 200년 동안 미국 주식 시장이 높은 수익률을 안겨 주었을 때가 언제였는지 살펴봐도 똑같은 사실을 발견할 것이다.

사실 지난 200년간의 미국 주식시장은 최고의 시나리오였다. 비교를 위해 다른 여러 나라들의 주식 수익률을 살펴볼 필요가 있다. 그림 1-15는 세계 각국의 1900년대 주식 수익률을 나타낸 것으로, 다소 복잡해 보이지만 의미 있는 내용을 전해준다.

우선 가로축은 각국의 주식시장이 얼마나 오래 전부터 개설돼 있었는지 그 햇수를 표시한 것이다. 오른쪽 끝에 있는 나라 거의 대부분이 서구 선진국들이다. 주식시장이 경제발전을 수반한다는 점에서 서구 선진국들이 가장 먼저 주식시장을 개설했다는 사실은 당연한 일이다. 또 이들 나라 대부분–미국과 캐나다, 스웨덴, 스위스, 노르웨이, 덴마크, 칠레, 영국–은 주식 수익률도 높았다.(세로축은 인플레이션을 감안한 실질 수익률로 배당금 수입은 제외한 것이다.)

이제 그림의 왼쪽 편을 보자. 이들 나라는 주식시장을 개설한 지 얼마 되지 않은 "이머징마켓"들이다. 오른쪽 끝에 있는 나라들이 위쪽에

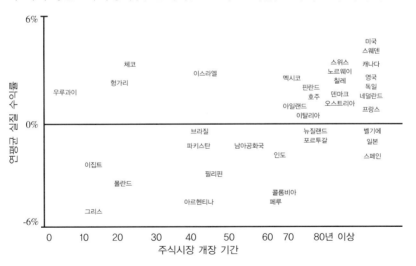

그림 1-15 주식시장 개장 기간과 주식 수익률 비교

몰려있는 반면 왼쪽 편에 있는 나라들은 주로 아래 편에 흩어져 있다.

이 그림을 보고서 이머징마켓에는 투자해서는 안 되겠다고 생각할지도 모르겠다. 그건 절대로 그렇지 않다. 한 세기 전만 해도 미국 역시 이머징마켓이었다. 두 세기 전에는 영국과 프랑스, 네덜란드가 그랬다. 오히려 이 그림은 최고의 수익률을 보인 나라는 살아남고, 최악의 수익률을 기록한 나라는 사라져버리는 "생존자 편향" 현상을 다시 한번 입증한 것이다.

이 그림이 전해주는 메시지는 이렇다. 가장 성공적인 나라가 최고의 (과거) 주식 수익률을 보여주었으며, 가장 큰 주식시장을 갖게 되었고, "전형적인" 주식시장으로 여겨진다는 것이다. 하지만 승자만 바라본다면 주식 수익률에 대해 잘못된 시각을 가질 수 있다. 3세기 전 지구상에서 경제규모가 가장 큰 나라는 프랑스였고, 150년 전에는 영국이었다는 사실을 기억하라.

모건스탠리 캐피탈 인터내셔널(MSCI)이 발표하는 유럽, 호주, 극동 지역(EAFE) 지수는 미국 이외의 선진국 주식 수익률을 정확히 보여준다. 그림 1-16은 이 지수가 처음 발표된 1969년에 미국의 S&P 500 지수와 EAFE 지수에 각각 1달러를 투자했다면 얼마로 불어났는지를 나타낸 것이다. 두 지수의 수익률은 거의 같았다: EAFE 지수가 11.89%였고 S&P 500 지수는 12.17%였다. 결국 2000년에는 각각 36.44달러와 39.43달러로 불어났다.

클릭 한 번으로 수십 억 달러의 자본이 이동하는 요즘 세상에서 이건 어쩌면 당연한 일인지도 모르겠다. 자기 나라 주식시장의 수익률이 형편없는데도 굳이 해외투자를 외면할 이유는 없을 것이다. 벨기에보다 호주의 주식 수익률이 더 높다면 벨기에 주식에 투자했던 자본이 호주 주식으로 흘러갈 것이다. 이렇게 자본이 빠져나가면 벨기에 주식이 싸질 것이고, 그러면 벨기에의 미래 주식 수익률이 높아질 것이다. 호주에서는 이와 정반대의 일이 벌어질 것이다. 주가는 결국 두 나라의 리스크를 감안한 기대수익률이 같아지는 지점까지 조정 받을 것이다. 두 나라의 리스크가 똑같다면 어느 나라의 미래 수익률이 다른 나라보다 더 높을 이유는 없다. 또 리스크가 더 높은 나라일수록 더 높은 미래 수익률을 가져다 줄 것이다. 추가적인 리스크에 대한 보상이다.

제2차 세계대전 이래 미국 주식시장의 장기적인 실질 수익률은 연 8%(배당금과 인플레이션을 감안한 것이다)정도로 채권을 앞선다. 하지만 전세계 투자의 역사를 되돌아보면 앞으로도 미국 주식시장의 수익률이 마냥 좋기만 할 것이라고 낙관할 수만은 없다. 사실 과거의 수익률은 미래 수익률을 예측하는 데 한계가 있다. 수익률 역사의 진정

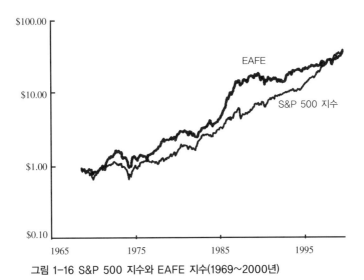

그림 1-16 S&P 500 지수와 EAFE 지수(1969~2000년)

한 가치는 수익률이 아니라 리스크를 가늠할 때 발견된다.

대형주와 소형주

20세기 말부터 주식 수익률에 대한 연구가 봇물을 이루고 있다. 최근에는 금융경제학자들이 주식 수익률에 영향을 미치는 기업의 특성들에 대해 주목하기 시작했다.

그 첫 번째가 기업의 규모다. 기업의 "규모"를 재단하는 데는 여러 가지 분류기준이 있다. 임직원의 숫자, 매출액이나 순이익 규모, 보유하고 있는 유형자산 등이다. 그러나 가장 쉽게 계산할 수 있고, 또 투자자들이 가장 중시하는 분류기준은 전체 발행주식의 시장가치인 "시가총액"이다. 시가총액이 중요한 한 가지 이유는 대부분의 주가지수가 각 종목의 시가총액을 그대로 반영하고 있기 때문이다. 가령 이 글을 쓰고 있는 현재 S&P 500 지수에서 비중이 가장 큰 제너럴 일렉트릭(General Electric)의 시가총액은 4600억 달러인데, 비중이 가장 작은 아메리칸 그리팅스(American Greetings)는 7억 달러다. 따라서 S&P 500 지수에서 GE가 차지하는 비중은 아메리칸 그리팅스의 600배가 넘는다.

그러면 소형주와 대형주 간에 수익률 차이가 존재할까? 그렇다. 소형주가 대형주보다 수익률이 좀더 높아 보인다. 그림 1-17은 1925년 7월부터 2000년 6월까지 미국 주식시장의 소형주와 대형주의 수익률을 나타낸 것이다. 이 자료를 만든 MIT의 케네스 프랜치(Kenneth French) 교수는 원래 소형주, 중형주, 대형주로 구분했는데, 여기서는

중형주를 생략했다. 이 자료를 요약하면 다음과 같다:

소형주와 대형주 비교(1925년 7월~2000년 6월)

	최종 자산	연간 수익률	29년9월~32년6월	72년12월~74년
소형주	5522달러	12.35%	-90.78%	-53.15%
대형주	2128달러	10.91%	-84.44%	-43.47%

　소형주가 대형주보다 수익률이 높지만 리스크 역시 더 높다는 점에
주목하기 바란다. 1930년대의 대공황 시기와 1970년대의 약세장에서
소형주는 대형주보다 더 큰 손실을 기록했다. 더구나 소형주의 수익
률 우위 역시 기껏해야 연 1.5%포인트 정도로 매우 미미한 수준이고
대형주가 소형주보다 높은 수익률을 기록한 경우도 햇수로 30년이 넘
는다. 이런 점을 고려할 때 소형주가 무조건 더 낫다고는 말할 수 없
다. 다만 해외 주식에서는 오랜 기간에 걸쳐 소형주 우위 현상이 더욱

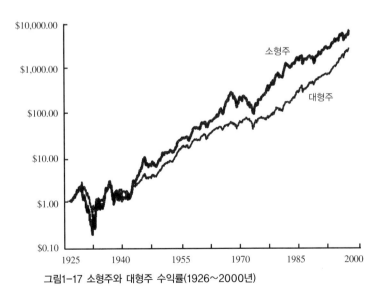

그림1-17 소형주와 대형주 수익률(1926~2000년)

뚜렷하게 나타나고 있다. 가령 지난 46년간 영국의 소형주 수익률은 대형주보다 연 2.66%포인트 앞섰다. 일본에서는 지난 31년간 소형주가 대형주보다 수익률이 연 1.78%포인트 더 높았다. 물론 해외 시장에서도 소형주는 리스크가 더 높다. 다시 한번 리스크와 수익률의 관계를 확인할 수 있는 셈이다. 그렇다. 당신은 더 높은 수익률을 얻을 수 있다. 하지만 더 높은 리스크를 감수할 때만 가능하다.

성장주와 가치주

마지막으로 기업의 질이라는 주제를 살펴보자. 이 세상에는 "좋은(good)" 기업과 "나쁜(bad)" 기업이 존재한다. 하지만 주식시장이 이들 기업을 어떻게 대우하는지, 그 결과 이들 기업의 리스크와 수익률에 어떤 영향을 미치는지 정확히 이해해야 한다.

　이를 위해 우선 투자전문가들이 어떻게 하는지 생각해보자. 대개의 경우 투자전문가들은 좋은 기업을 "성장주"라고 부른다. 반면 나쁜 기업은 "가치주"로 불린다. 월마트(Wal-Mart)와 K마트(Kmart)를 예로 들어보자. 월마트는 우량한 재무상태와 뛰어난 경영진을 가졌고, 순이익이 꾸준히 성장하고 있을 뿐만 아니라 비상시 동원 가능한 엄청난 현금과 세계적인 명성까지 보유하고 있다. 반면 K마트는 활력을 잃은 지 오래고 경영 부실과 재무상태 악화로 최근에는 파산까지 선언한 상태다. 그러다 보니 K마트는 경기 호황기에도 기업 실적이 들쭉날쭉이다. 월마트는 좋은 기업, 성장주의 대표주자다. K마트는 나쁜 기업, 가치주의 대명사다; K마트는 한마디로 개 같은 기업이라고 불러도 할 말이 없을 것이다.

이보다 더 중요한 사실은 월마트가 단지 더 좋은 기업일 뿐만 아니라 더 안전한 기업이라는 것이다. 월마트는 순이익과 자산이 꾸준히 성장하고 있다는 점에서 경제위기가 닥쳐도 무너지지 않을 것이다. 그러나 K마트는 경기가 아주 좋을 때조차 재무구조가 한계상황에 가깝다 보니 침체 국면으로 접어들면 견뎌내지 못하고 사망에 이를 수 있는 것이다.

이제 금융 분야에서 우리의 직관과 가장 어긋나는 결론을 내릴 때가 됐다. 소위 전문가들조차 제대로 이해하지 못하는 문제다. K마트는 월마트보다 리스크가 높은 기업이므로 투자자들은 월마트보다 K마트에 대해 더 높은 수익률을 기대한다. 이렇게 생각해보자. 만약 K마트의 기대수익률이 월마트와 똑같다면 아무도 K마트 주식을 사지 않을 것이다! 따라서 K마트 주가는 기대수익률이 월마트를 훨씬 능가할 정도로 충분히 낮아져야 비로소 매수할 욕심이 생길 것이다. 여기서 핵심은 기대수익률인데, 보장수익률과 반대되는 개념이다. K마트의 기대수익률은 월마트보다 높은데, 이는 K마트가 월마트보다 리스크가 높기 때문이다. K마트는 최근 파산을 선언함으로써 이 주식은 이제 복권과 다름없는 신세가 됐다. K마트가 생존할 가능성은 희박하지만, 만약 생존한다면 주가는 수십 배로 뛸 것이다. 가령 K마트의 생존 확률이 25% 정도고, 생존했을 경우 주가가 8배 오를 것으로 예상된다면 K마트의 기대가치는 현재 주가의 2배다. 물론 이런 위험한 주식 한 종목에 "몰빵"하는 건 무모한 일이다. 하지만 이런 종목 수십 개로 포트폴리오를 구성한다면 살아남는 몇 개 기업의 주가는 몇 배로 뛸 것이고 덕분에 투자자들은 꽤 괜찮은 수익률을 거둘 수 있을 것이다.

여기서 드러나는 시장의 논리를 정리해보면:

좋은 기업은 일반적으로 나쁜 주식인 반면 나쁜 기업은 일반적으로 좋은 주식이다.

이게 정말 맞는 말인가? 분명히 그렇다. 성장주와 가치주에 관한 문제는 여러 나라에서 아주 오랫동안 많은 학자들이 연구해왔다. 이들이 내린 결론은 한결같다: 형편없는 기업 실적에 리스크가 높고 아무도 주목하지 않는 가치주가 훌륭한 기업 실적에 모두가 찬사를 보내는 성장주보다 수익률이 더 높다.

시카고 대학교의 유진 파마(Eugene Fama) 교수와 MIT의 케네스 프랜치 교수가 발표한 논문이 이 분야에서 가장 깊이 있는 연구일 것이다. 두 교수는 성장주와 가치주의 흐름을 면밀히 조사한 결과 소형주와 대형주 모두 가치주가 성장주보다 수익률이 더 높다는 사실을 밝혀냈다.

그림 1-18과 아래의 표는 이들의 연구 결과를 요약한 것이다:

구분	연간 수익률(1926~2000년)
대형 가치주	12.87%
대형 성장주	10.77%
소형 가치주	14.87%
소형 성장주	9.92%

가치주 효과에 관한 파마와 프랜치의 연구 결과가 발표되자 투자의 세계에는 상당한 파문이 일었다. 획기적인 논문이 발표되면 늘 따라

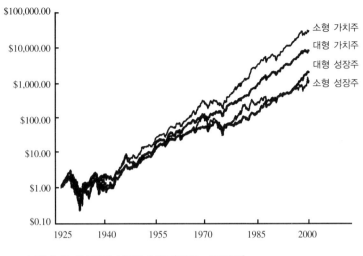

$100,000.00

$10,000.00

$1,000.00

$100.00

$10.00

$1.00

$0.10

1925   1940   1955   1970   1985   2000

소형 가치주
대형 가치주
대형 성장주
소형 성장주

그림 1-18 가치주와 성장주 수익률(1926~2000년)

다니는 비판의 화살도 만만치 않았다. 꾸준히 제기된 비판론은 이 논
문이 처음 발표될 당시 1963~90년 사이의 미국 주식시장만을 대상으
로 해 일반적인 현상으로 볼 수 없다는 것이었다. 두 교수는 예의 정공
법으로 이 비판을 이겨냈다. 굳이 길게 논쟁할 필요 없이 조사대상 기
간을 1926년 이후로 늘린 것이다.

　다음으로는 조사대상도 넓혀 표 1-2에서 보여주는 것처럼 1975~96
년 사이의 해외 주식시장을 포함시켰다. 한 나라를 제외하고는 가치주
가 성장주보다 수익률이 높았으며, 그것도 연평균 5%포인트가 넘는다
는 사실에 주목하기 바란다. 이 점은 이머징마켓에서도 확인할 수 있
다: 조사대상 기간(1987~95년)이 짧기는 하지만 16개국 가운데 12개국
에서 가치주의 수익률이 성장주보다 연평균 10%포인트나 앞섰다.

　듀크 대학교의 캠벨 하비(Campbell Harvey) 교수는 최근 조사대상
을 기업이 아니라 나라로 바꿔 똑같은 연구를 시도했다. 투자의 세계

표 1-2 각국의 가치주와 성장주 비교(1975~96년)

	성장주	가치주	차이
일본	7.55%	14.55%	7.00%
영국	13.25%	17.87%	4.62%
프랑스	9.46%	17.10%	7.64%
독일	10.01%	12.77%	2.76%
이탈리아	11.44%	5.45%	−5.99%
네덜란드	13.47%	15.77%	2.30%
벨기에	10.51%	14.90%	4.39%
스위스	10.34%	13.84%	3.50%
스웨덴	12.59%	20.61%	8.02%
오스트리아	5.30%	17.62%	12.32%
홍콩	19.35%	26.51%	7.16%
싱가포르	11.96%	21.63%	9.67%
평균	**11.27%**	**16.55%**	**5.28%**

에는 좋은 기업과 나쁜 기업이 있듯이 좋은 나라와 나쁜 나라가 있다. 벌써 눈치챘겠지만 수익률은 나쁜 나라가 앞선다. 금융시스템이 취약하고 리스크가 높기 때문에 수익률이 높은 것이다. 그러면 다시 한번 주문을 외워보기 바란다: 리스크가 높다 보니 주가가 낮고, 주가가 낮다 보니 미래 수익률이 높은 것이다.

따라서 실적이 부진하고 주목도 받지 못하는 기업의 주식은 실적이 뛰어나고 각광을 받는 기업에 비해 반드시 더 높은 수익률을 내야 한다. 가장 큰 이유는 이런 기업의 주식을 보유하는 데 따르는 리스크 때문이다. 가치주가 더 높은 수익률을 기록하는 또 다른 이유도 있다. 다음 장에서 자세히 살펴보겠지만 투자자들은 함부로 "나쁜" 기업의 주식을 사지는 않는다. 인간이란 철저하게 사회적 동물이다. 누구나 최신 유행을 따르고 싶어하듯 투자자들은 늘 현재 인기 있는 테마 주식을 갖고 싶어한다. 포트폴리오를 가치주로 채운다는 것은 마치 시대에 한참 뒤처진 인민복을 입고 파티에 나가는 것처럼 여겨진다.

가치주와 성장주의 수익률 흐름은 대부분의 투자자들이 보여주는 행태와 정반대다. 대개의 투자자들은 대단한 제품을 생산하는 대단한 기업의 주식이 바로 대단한 주식이라고 생각한다. 월마트나 GE, 마이크로소프트(Microsoft) 같은 걸출한 기업들이 장기적으로 높은 수익률을 가져다 준 것 역시 사실이다. 그러나 이런 주식에 투자해 대박을 터뜨린다는 것은 성장주 투자판에서 복권에 당첨되는 것이나 다름없다. 높은 수익률을 가져다 주었던 성장주들 가운데는 눈깜짝할 사이에 실망스러운 순이익 성장률을 기록한 뒤 시야에서 사라져버린 종목들이 허다하다.

수익률과 리스크의 역사

앞서 소개한 표 1-1을 보면 20세기 미국 주식시장과 채권시장의 수익률 및 리스크가 요약돼 있다. 그림 1-19는 이것을 그래프로 나타낸 것이다.

이 그림은 리스크와 수익률의 관계를 명확하게 보여준다. 혹시 내가 주식의 리스크를 너무 과장해서 설명한 것이 아니냐고 반론을 제기할 독자가 있을지도 모르겠다. 그러나 1990년대 말의 아시아 경제위기나 기술주 투자 거품에서 알 수 있듯이 주식시장에서는 순식간에 50% 이상의 손실을 입을 수 있다. 높은 수익률에 따르는 높은 리스크를 감수

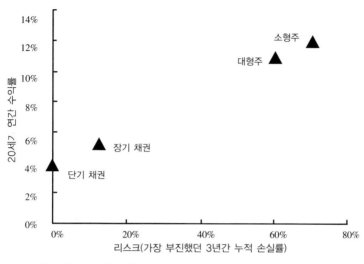

그림 1-19 리스크와 수익률

해야 한다는 점을 망각한다면 결국 값비싼 대가를 치러야 할 것이다.

제1장 요약

1. 주식시장과 채권시장의 역사를 돌아보면 리스크와 수익률은 불가분의 관계라는 점을 알 수 있다. 높은 리스크를 부담하지 않고서는 대단한 수익률을 기대할 수 없다. 낮은 수익률을 감수하지 않고서는 안전한 투자를 기대할 수 없다. 정치적, 경제적으로 전망이 밝아 보일 때는 수익률이 매우 낮다. 모든 전망이 한결같이 어두울 때가 수익률이 가장 높다.

2. 위험 자산은 보유 기간을 길게 가져갈수록 손실 가능성을 줄일 수 있다.

3. 미국 주식시장의 장기 수익률이 뛰어나다는 사실에 너무 현혹되지 말라. 역사적으로 과거 미국은 투자하기에 위험한 나라였던 시기가 더 많았다. 20세기의 상대적으로 높은 수익률은 이를 반영한 것이다. 이제 미국 주식은 보다 "확실한 자산"이 됐고, 따라서 주가도 올랐으며 미래의 수익률은 불가피하게 상대적으로 낮을 것이다.

1913년 무렵의 새로운 세계질서

2001년 9.11 테러 사태는 수익률과 리스크의 관계를 다시 주목하는 계기가 됐다. 테러가 있기 전 대부분의 투자자들은 이 세상이 예전보다 훨씬 덜 위험해졌다고 생각했다. 그 결과 주가가 극적인 상승을 거듭했던 것이다. 그런데 이 환상이 깨지자 주가는 똑같이 극적으로 반응했다.

이건 새로운 이야기가 아니다. 특히 존 메이너드 케인즈(John Maynard Keynes)가 쓴 《평화의 경제적 귀결The Economic Consequences of the Peace》에 나오는 다음 문장들만큼 실감나는 묘사도 드물 것이다. 케인즈는 여기서 당시 두 차례의 세계대전을 코앞에 둔 유럽에서 안정과 풍요에 한껏 젖어있는 일상 생활과 투자 행태가 얼마나 위태로운지 생생하게 전하고 있다:

요즘 런던 시민이라면 침대 머리맡에 누운 채로 차 한 잔을 마시며 전화로 이것저것 필요한 양만큼 주문할 수 있다. 주문한 물건은 곧장 배달돼 현관문 앞에 놓인다. 같은 시각 그는 똑같이 침대에 누운 채로 전화로 투자 업무를 볼 수도 있다. 세계 각국의 주식시장과 상품시장을 무대로 자신의 미래 이익 전망에 따라 주식과 상품의 매매주문을 내는 것인데, 전혀 힘들일 필요도 없고 잘못될 여지도 없다. 혹은 정보가 빠른 믿을 만한 인물에게 자기 재산의 관리를 맡길 수도 있다. 원하기만 하면 언제든 여권이나 공식적인 절차 없이 다른 나라로, 열대지방이든 극지방이든 편안하게 여행할 수 있다. 집사를 시켜 귀금속은 여행할 나라의 은행에 맡겨둘 수도 있는데, 종교와 언어, 관습의 차이에 관계없이 돈만 있으면 어느 나라를 가든 아무런 간섭도 하지 않는다는 게 차라리 서운할 정도다. 그러나 무엇보다 중요한 사실은 그가 이런 상황을 정상적이고 확실할 뿐만 아니라 더 나아지지는 않는다 해도 영원히 지속될 것이라고 여기며, 만약 여기서 조금이라도 벗어나는 상황이 벌어진다면 그건 말도 안 되는 비상식적인 일이므로 당연히 피해갈 수 있을 것이라고 생각한다는 점이다. 군국주의와 제국주의, 인종적 대립과 문화적 갈등, 독점과 규제, 배척의 정치는 이런 환상을 깨뜨리는 독소와 같은 존재지만, 일간신문에서 다루는 오락거리에 지나지 않는 데다 일상의 사회적, 경제적 생활은 물론 거의 완벽하게 갖춰진 국제질서에 아무런 영향도 미치지 않았다.

2　야수를 길들이기
Measuring the Beast

자본의 가치란 소득을 자본화한 것이다. 그 이상도 그 이하도 아니다.

어빙 피셔(Irving Fisher)

현대 투자이론의 역사를 통틀어 우리가 지금 주식이나 채권을 바라보는 시각에 가장 큰 영향을 미친 경제학자가 있으니 바로 어빙 피셔다. 그는 예일 대학교의 독보적인 경제학 교수이자 대통령 경제보좌관으로 활동했고 금융시장 평론가로도 유명했으며, 투자가치 이론의 경전으로 일컬어지는 《이자론The Theory of Interest》을 저술하기도 했다. 그는 근 한 세기 전에 "가치가 있다는 것은 무엇인가?"라는 질문에 처음으로 과학적인 답을 내놓은 인물이었다. 그의 화려한 경력은 눈이 부실 정도고, 그가 남긴 연구 성과는 그의 책이 출간된 지 70년 이상이 지난 오늘날까지도 많은 학자들에 의해 계승되고 있다.

　하지만 피셔에 관한 이야기는 위대한 인물들에게 타산지석의 교훈을 던져준다. 엄청난 업적에도 불구하고 그의 이름은 단 한 번의 참담한 실수와 함께 오래도록 기억될 것이기 때문이다. 1929년 10월의 주식시장 대폭락 직전에 그는 이렇게 단언했다. "주가는 이제 영원히 이어질 고원지대에 도달했다." 불과 몇 주 뒤 최악의 약세장이 덮쳐 결국 90% 가까이 하락할 주식시장을 향해 세계에서 가장 유명하다는 경제학자가 주식은 안전한 투자라고 큰소리로 외친 셈이었다.

배당할인 모델과 할인율

제1장에서 살펴본 것처럼 역사적으로 수익률이 어떻게 변해왔는가는 매우 중요한 자료지만 자칫 잘못된 결론으로 인도할 수도 있다. 그래서 신중한 투자자들은 주식과 채권의 미래 수익률을 추정하면서 단순히 과거의 수익률 자료만 조사하는 게 아니라 보다 정확한 계산 방법을 활용한다. 이번 장에서 공부할 내용은 피셔가 금융 분야에 남긴 위대한 업적인 "배당할인모델(DDM, discounted dividend model)"인데, 이 모델은 투자자들이 과거의 수익률 자료만으로 주식과 채권의 기대 수익률을 추정하는 것보다 훨씬 더 정확한 결과를 제공한다.(많은 학자들은 존 버 윌리엄스(John Burr Williams)가 1938년에 쓴 《투자가치론The Theory of Investment Value》을 DDM의 원조라고 주장하고 있고, 실제로 윌리엄스는 수학적으로 피셔보다 훨씬 더 자세히 DDM을 설명했다. 그러나 피셔의 《이자론》은 윌리엄스의 책보다 8년이나 앞서 출간된 데다 DDM의 기본원칙을 너무나도 명확하게, 그러면서도 흥미롭게 서술하고 있다.)

좀 심하게 이야기하자면 DDM을 이해하고 있는가의 여부는 프로와 아마추어 투자자를 구분하는 척도라고 할 수 있다; 대개의 경우 소액 투자자들은 자신이 매수하는 기업의 합리적인 주가가 얼마인지를 추정할 수 있는 아무런 방법도 갖고 있지 않다.

그런 점에서 제2장이 이 책에서 가장 어렵게 느껴질지도 모르겠다; 여기서 규명하고자 하는 개념은 직관적으로 명확한 게 아니어서 어떤 대목에서는 책을 덮고 가만히 생각해볼 필요가 있다. 하지만 이 장의 중심 주제, 즉 주식이나 채권의 가치는 한마디로 미래 소득 흐름의 현재가치라는 점을 이해한다면 투자란 무엇인가에 대해 대부분의 프로 투자자들보다도 더 확실하게 꿰뚫어볼 수 있을 것이다.

이미 설명한 것처럼 영국은 자본시장에서 미국보다 100년이나 앞서 있었다. 그 덕분에 영국인들은 금융시장의 지혜를 미국인들보다 훨씬 더 깊이 체득하고 있다. 지나가는 영국인을 붙잡고 어떤 사람이 얼마나 부자냐고 물어보라. 그러면 아마도 이런 대답을 들을 것이다. "그 사람은 1년에 20만 파운드를 벌지요."

순진한 미국인이 이런 대답을 듣는다면 다소 어리둥절해할 것이다. 하지만 여기에는 부(富)란 무엇인가에 대한 심오한 의미가 숨어있다: 부란 비유동성 재산의 집합이 아니라 소득의 흐름이라는 것이다. 다시 말해 만약 과수원을 소유하고 있다면 그 가치는 단순히 땅과 나무의 가격이 아니라 거기서 나오는 소득으로 정의해야 한다는 것이다. 또 주택의 경우 그 가치는 앞으로 시장에서 팔려는 가격이 아니라 미래 현금 흐름의 가치다. 당신이 소유한 집의 가치는 무엇인가? 그 집은 당신에게 두고두고 쉼터로서의 공간과 가족과 함께 하는 즐거움의

원천을 제공한다는 데 가치가 있는 것이다.

어쨌든 DDM은 투기와 투자를 어떻게 구분할 것인가 하는 해묵은 과제에 확실한 답을 주었다. 순전히 경제적인 목적으로 미술작품이나 희귀동전을 수집하는 것은 명백한 투기다: 이런 자산은 아무런 소득도 가져다 주지 않으며, 그 수익률은 나중에 다른 사람이 얼마나 더 높은 가격으로 사주느냐에 달려있다.(이것은 투자 분야에서 "더 대단한 바보(greater fool)" 이론으로 알려져 있다. 내재가치는 거의 없는데도 가격이 급등하고 있다는 이유로 어떤 자산을 매수한다면, 그것은 자신보다 더 높은 가격에 그 자산을 매수할 더 바보 같은 사람이 나타나주기를 바라는 것이다.) 물론 미래의 즐거움을 향유하기 위해 산 것이라면 아무 잘못도 없겠지만 그렇다 해도 투자 행위라고 할 수 없다.

오로지 소득을 가져다 주는 자산, 즉 주식이나 채권, 부동산 같은 것만이 진정한 투자의 대상이 될 수 있다. 혹자는 많은 주식들이 순이익도 내지 못하고 배당금도 주지 못한다고 지적할 것이다. 그건 맞다. 하지만 주가가 조금이라도 붙어서 거래된다는 것은 누군가는 이 주식이 장래에 순이익을 기록하거나, 최악의 경우 자산을 매각해서라도 앞으로 배당금을 지불할 것이라고 생각하기 때문이다. 그리고 이미 수십 년 전에 벤저민 그레이엄(Benjamin Graham)이 지적했듯이, 배당금 지급 능력과 관계없이 무조건 주가가 오를 것이라는 희망만으로 주식을 매수하는 것 역시 투자가 아니라 투기다.

군이 미술품 애호가들의 심사를 거슬리려는 것은 아니지만, 만약 어느 대가의 작품을 100달러에 사서 350년이 지난 다음 1000만 달러에 판다면 연 수익률로 3.34%에 불과하다는 점을 알아둘 필요가 있다. 회화작품은 집과 마찬가지로 투기의 대상도 아니고 투자의 대상도 아니다; 그건 단지 구매하는 것이다. 그 가치는 오로지 그것이 현재와 미래에 제공해줄 즐거움과 효용성에 있다. 회화작품이 주는 배당금은 금전적인 것이 아니다.

그렇다면 주식의 소득 흐름은 어떻게 정의할 것인가? 그리고 그 실제 가치는 어떻게 계산할 것인가? 이것들은 상당히 미묘한 문제이므로 차근차근 풀어나갈 필요가 있다. 우선 주식시장의 가치는 어떻게 매겨지며, 주식시장의 미래 수익률은 어떻게 추정하는지 설명할 것이다. 어렵게 느껴진다면 천천히 한 문장씩 읽어가면서 충분히 이해한 후에 다음 문장으로 넘어가기 바란다.

연차	소득
1	2000달러
2	1800달러
3	1600달러
4	1400달러
5	1200달러
6	1000달러
7	800달러
8	600달러
9	400달러
10	200달러
합계	1만1000달러

피셔가 즐겨 사용했던 투자 패러다임은 금광이나 구리광산처럼 첫해에 가장 많은 소득을 가져다 주고 다음해부터 소득이 줄어들어 10년 뒤에는 완전히 없어지는 경우였다.

이제 옆의 표에서 나타낸 소득 흐름으로 어떻게 그 가치를 매길 것인가? 일단 단순하게 계산하자면 10년간의 소득 전부를 합친 것, 즉 여기서는 1만1000달러가 될 것이다. 하지만 이 방식에는 문제가 있다. 우리 인간들은 먼 장래에 소비하는 것보다 지금 당장 소비하는 것을 더 좋아한다. 내년의 1달러 소득은 오늘의 1달러 소득보다 가치가 적고, 30년 후의 1달러는 현재의 1달러에 비해 그 가치가 현저하게 떨어질 것이다. 따라서 미래 소득의 가치는 그 진정한 현재가치를 반영해 하향 조정해야 한다. 이렇게 하향 조정되는 금액은 다음 네 가지 요인에 의해 좌우된다:

- 기다려야만 하는 기간이 얼마인가: 소득을 얻을 수 있는 시점이 먼 미래일수록 현재가치는 더 적어진다.
- 인플레이션의 강도: 물가상승률이 높을수록 미래에 받을 것으로 기대되는 소득의 실질구매력 가치는 적어진다.
- 소비를 미래로 연기하는 것을 사회가 얼마나 선호하는가: 현재의 소비를 미래의 소비보다 더 선호할수록 금리는 더 높아지고, 미래 소득의 현재가치는 더 적어진다.(두 번째와 세 번째 요인은 "실질 금리"로 합칠 수 있다.)
- 리스크 그 자체: 미래 소득을 얻지 못할 가능성, 즉 리스크가 클수록 현재가치도 적어진다.

이 문제를 아주 간단히 접근해보자. 당신은 지금 파리에서 일주일간 휴가를 보내기로 하고 비행기표를 예약했다. 열심히 일한 당신은 마침내 파리의 근사한 레스토랑에서 디너를 즐길 참이다. 그런데 세상에! 막 비행기표를 끊으려 하는데 여행사에서 이렇게 말하는 것이다. "죄송합니다. 갑자기 대통령 영부인께서 비행기를 타는 바람에 선생님이 좌석을 양보해야 하겠습니다."(당신이 예약한 좌석은 1등석이었다.) 여행사에서는 경호실의 요청이라 어쩔 수 없다며, 10년 후에 출발하는 파리행 비행기표를 줄 테니 걱정하지 말라고 이야기한다.

무슨 이런 경우가 있단 말인가! 10년 후에 파리에서 일주일을 보내는 것과 지금 당장 휴가를 떠나는 것은 비교조차 할 수 없다. 당신은 말도 안 된다며 옥신각신하다 결국 새로운 제안을 한다. "미안하지만, 10년 후에 5주간 파리에서 휴가를 보낼 수 있게 해준다면 말이 되겠군요." 여행사에서는 마지못해 당신의 제안을 받아들인다.

방금 당신이 도출한 합의가 금융경제학자들이 말하는 "현재가치 할인법"이다. 즉 당신은 10년 후에 파리에서 일주일을 보내는 것은 지금 당장 휴가를 떠나는 것보다 못하다고 결정했다; 10년 후에는 자칫 그런 휴가를 보낼 수 없을지도 모르기 때문에 미래의 파리 휴가에 대해 가치를 낮춘 것이다. 또한 10년 후에 5주간 파리에서 휴가를 보내는 것의 가치와 지금 일주일을 보내는 것의 가치를 똑같다고 결정했다. 이렇게 함으로써 당신은 파리에서의 휴가에 연 17.5%의 할인율을 적용한 셈이 됐다; 지금 일주일의 휴가가 10년 후 5주간의 휴가로 늘어나려면 17.5%의 이자율이 필요한 것이다.

이제부터 조금 어려워지기 시작한다. 할인율(DR, discount rate)과 현재가치는 역의 관계를 갖고 있다: DR이 높을수록 현재가치는 떨어진다. 앞서 이자율과 역의 관계를 가졌던 콘솔이나 프레스티티와 똑같다. 가령 당신이 지금 당장 파리에서 일주일간 휴가를 보내는 것과

10년 후에 10주간 휴가를 보내는 게 같다고 결정했다면 할인율은 25.9%로 크게 높아진다. 즉 10년 후에 파리에서 보낼 휴가의 현재가치를 더 떨어뜨린 것이다. DR이 높아졌다는 말은 미래에 얻을 것의 현재가치가 적어졌음을 의미한다; 지금 파리에서 일주일간 휴가를 보내는 게 10년 후의 5주가 아니라 10주와 같다면 그만큼 미래 휴가의 현재가치가 떨어진 것이다.

피셔의 천재성은 DR에 영향을 미치는 요소가 무엇인지 설명했다는데 있다.(그는 DR을 그냥 "이자율"이라고 불렀다.) 예를 들어 아주 배가 고픈 사람이라면 배부른 사람에 비해 오늘 한 끼 식사의 가치가 내일이나 모레의 식사보다 훨씬 더 클 것이다. 배고픈 사람의 음식물에 대한 DR은 매우 높을 수밖에 없는데, 이는 당장 먹고 싶은 욕구가 배부른 사람보다 훨씬 크기 때문이다. 피셔는 "이자율"과 "참지 못하는 성격"을 함께 사용했다; 낭비벽이 심한 사람은 구두쇠보다 이자율(DR)이 더 높은 것이다.

피셔는 DR에 영향을 미치는 가장 결정적인 요소가 리스크라는 점을 밝혀냈다. 앞서 예로 든 파리에서의 휴가 계획은 10년 후에도 항공사와 여행사 모두 건재할 것이라는 사실을 전제로 하고 있다. 만약 당신이 확신하지 못한다면 어떻게 될까? 물론 10년 후에 20주의 휴가를 요구할 수도 있을 것이다. 그러면 DR은 더 높아질 것이다. 즉 리스크가 커질수록 당신이 요구하는 수익률도 높아지는 것이다.

이제 광산의 예로 돌아가보자. 우선 매년 들어오는 소득에 얼마의 할인율을 적용할지 결정해야 한다. 그보다 앞서 DR을 적용한다는 게 무슨 의미인지 알아보자. 가령 DR을 8%로 결정했다고 하자. 그러면

연차	소득	할인계수	할인소득
1	2000달러	1.0800	1852달러
2	1800달러	1.1664	1543달러
3	1600달러	1.2597	1270달러
4	1400달러	1.3605	1029달러
5	1200달러	1.4693	817달러
6	1000달러	1.5869	630달러
7	800달러	1.7138	467달러
8	600달러	1.8509	324달러
9	400달러	1.9990	200달러
10	200달러	2.1589	93달러
합계	1만1000달러	–	8225달러

표 왼쪽은 이전에 본 표와 같지만 오른쪽으로 두 개의 항목이 더 추가
됐다. 중간의 "할인계수(Discount Factor)"는 미래 소득을 현재가치로
환산하기 위한 것으로, 1년 후의 소득은 1.08로 나눠주고, 2년 후의 소
득은 1.1664(=1.08x1.08)로 나눠주는 식이다. 그렇게 계산한 현재가치
가 할인소득(Discounted Income)이다.

가령 8년 후를 보면 광산에서 600달러의 소득을 올린다. 그러나 파
리에서의 휴가처럼 미래의 600달러는 지금 당장의 600달러와 그 가치
가 같을 수 없다. 여기서 미래의 600달러를 현재가치로 환산하려면
1.8509로 나눠주어야 하는데, 그러면 324달러가 된다. 이게 8%의 DR
로 8년을 기다려야 할 경우 600달러의 현재가치다. 광산의 전체 현재
가치를 합친 "진정한 가치"는 미래 소득을 현재가치로 환산한 것을 전
부 더한 금액(8225달러)이다.

그러면 똑같은 방법을 주식에 적용해보자. 애널리스트들이 가장 먼

저 하는 일이 바로 기업의 배당금 흐름을 예측한 뒤 이를 할인해 그 회사 주식의 "정상 가치(fair value)"를 계산하는 것이다. 시장가격이 정상 가치보다 낮으면 이 주식을 사고, 높으면 파는 것이다. 물론 말처럼 쉽지는 않다.(제4장에서 살펴보겠지만 이건 실제로 불가능한 일이다.) 그런데 미래의 배당금 흐름이 대단할 것이라고 예상했던 일류 기업이 실망스러운 실적을 발표하는 경우가 가끔 있다; 이와는 반대로 거의 죽은 것이나 다름없던 기업이 다시 살아나 주주들에게 상당한 금액의 배당금을 안겨주기도 한다.

그런가 하면 수천 개 종목이 상장돼 있는 전체 주식시장을 놓고 보면 이런 예기치 못했던 일들이 서로 상쇄될 것이다. 따라서 시장 전체의 소득 흐름은 개별 기업에 비해 훨씬 더 합리적인 계산이 가능하다.

하지만 이것 역시 난감한 작업이다. 주식시장의 배당금은 영원히 이어지겠지만 우리가 미래 소득으로 예측해 현재가치로 할인한 다음 이를 전부 더할 수 있는 것은 유한하기 때문이다. 이를 해결하기 위해서는 약간의 수학적 기술이 필요하다.

미래의 배당금 흐름이여 영원하라

천리 길도 한 걸음부터라는 속담이 있다. 우리는 이제 겨우 첫 걸음을 내디뎠다. 2001년 말 다우존스 산업 평균주가는 9000선 수준이었고, 배당 수익률은 1.55%였다. 다시 말해 다우존스 산업 평균주가를 산정하는 데 포함되는 30개 종목에 전부 투자했을 경우 연 140달러의 배당금을 받는다는 말이다. 장기적으로 다우 종목들의 배당금 성장률은

표 2-1 다우존스 산업 평균주가의 미래 배당금 할인가치

연도	명목 배당금	8% 할인계수	8% 할인가치	15% 할인계수	15% 할인가치
2001	140.00	1.00	140.00	1.00	140.00
2002	147.00	1.08	136.11	1.15	127.83
2003	154.35	1.17	132.33	1.32	116.71
2004	162.07	1.26	128.65	1.52	106.56
2005	170.17	1.36	125.08	1.75	97.30
2006	178.68	1.47	121.61	2.01	88.84
2007	187.61	1.59	118.23	2.31	81.11
2008	196.99	1.71	114.94	2.66	74.06
2009	206.84	1.85	111.75	3.06	67.62
2010	217.19	2.00	108.65	3.52	61.74
2011	228.05	2.16	105.63	4.05	56.37
2012	239.45	2.33	102.69	4.65	51.47
2013	251.42	2.52	99.84	5.35	46.99
2014	263.99	2.72	97.07	6.15	42.91
2015	277.19	2.94	94.37	7.08	39.17
2016	291.05	3.17	91.75	8.14	35.77
2017	305.60	3.43	89.20	9.36	32.66
2018	320.88	3.70	86.72	10.76	29.82
2019	336.93	4.00	84.32	12.38	27.23
2020	353.77	4.32	81.97	14.23	24.86
2021	371.46	4.66	79.70	16.37	22.70
2022	390.03	5.03	77.48	18.82	20.72
2023	409.54	5.44	75.33	21.64	18.92
2024	430.01	5.87	73.24	24.89	17.28
2025	451.51	6.34	71.20	28.63	15.77
2026	474.09	6.85	69.23	32.92	14.40
2027	497.79	7.40	67.30	37.86	13.15
2028	522.68	7.99	65.43	43.54	12.01
2029	548.82	8.63	63.62	50.07	10.96
2030	576.26	9.32	61.85	57.58	10.01
2031	605.07	10.06	60.13	66.21	9.14
2032	635.33	10.87	58.46	76.14	8.34
2033	667.09	11.74	56.84	87.57	7.62

2034	700.45	12.68	55.26	100.70	6.96
2035	735.47	13.69	53.72	115.80	6.35
2036	772.24	14.79	52.23	133.18	5.80
2037	810.85	15.97	50.78	153.15	5.29
2038	851.40	17.25	49.37	176.12	4.83
2039	893.97	18.63	48.00	202.54	4.41
2040	938.67	20.12	46.66	232.92	4.03
2041	985.60	21.72	45.37	267.86	3.68
2042	1034.88	23.46	44.11	308.04	3.36
2043	1086.62	25.34	42.88	354.25	3.07
2044	1140.95	27.37	41.69	407.39	2.80
2045	1198.00	29.56	40.53	468.50	2.56
2046	1257.90	31.92	39.41	538.77	2.33
2047	1320.80	34.47	38.31	619.58	2.13
2048	1386.84	37.23	37.25	712.52	1.95
2049	1456.18	40.21	36.21	819.40	1.78
2050	1528.99	43.43	35.21	942.31	1.62
……	……	……	……	……	……
미래 배당금 할인가치의 합계		4667.67달러		1400.00달러	

연 5% 수준이다. 따라서 2002년에는 147달러의 배당금을, 그리고 2031년에는 605달러의 배당금을 받을 것이다. 표 2-1을 보면 잘 나타나 있다. 여기서 "명목 배당금(Nominal Dividends)"은 매년 수령하는 배당금의 실제 금액으로 그림 2-1처럼 계속 늘어난다.

그러면 시장가치를 계산해보자: 미래의 배당금 흐름은 이미 알고 있다. 다음으로는 매년 실제로 받게 될 배당금을 현재가치로 할인해야 한다. 이를 위해서는 미래의 배당금을 현재가치로 환산할 수 있는 할인계수가 필요하다. 그렇다면 전체 주식시장의 DR을 어떻게 결정할 것인가? 앞서 사람들마다 배고픈 정도에 따라 미래의 한 끼 식사에 다른 할인율을 적용한 것처럼, 다우 종목들의 DR 역시 우리가 리스크를

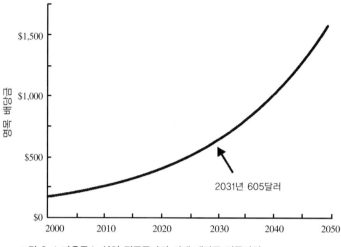

그림 2-1 다우존스 산업 평균주가의 미래 배당금 명목가치

감안한 다음 기대하는 수익률이라고 정할 수 있을 것이다.

그러면 우리가 주식에 기대하는 수익률이 8%라고 하자. 광산의 예에서처럼 시장의 DR이 8%가 되는 셈이다. 다우 종목들의 30년 후 배당금은 605달러다. 이를 현재가치로 환산하려면 할인계수 10.06으로 나눠주어야 한다. 즉 2031년에 받을 605달러를 10.06으로 나누면 현재가치 60달러를 얻는다. 그런데 만약 정치적, 경제적 혹은 시장의 리스크가 더 커진다면 DR도 더 높아져야 할 것이다; 국가 경제나 세계 경제가 요동을 친다면 15%까지 생각할지도 모른다. 그럴 경우 2031년에 받을 배당금 605달러의 현재가치는 불과 9달러로 쪼그라들어버린다.

표 2-1을 다시 보자. 두 번째 항목이 명목 기대 배당금인데 매년 5%씩 성장한다. 세 번째 항목은 할인계수로 매년 8%씩 커진다. 네 번째 항목은 8%의 DR을 적용했을 때 매년 받는 배당금의 현재가치다. 프레

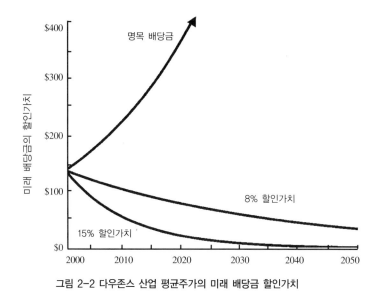

그림 2-2 다우존스 산업 평균주가의 미래 배당금 할인가치

스티티나 콘솔처럼 여기서도 DR이 상승하면 주가는 떨어지고, DR이 떨어지면 주가는 올라간다.

　이를 그래프로 옮긴 게 그림 2-2다. 맨 위의 곡선은 앞서의 그림 2-1과 똑같은 것으로 매년 실제로 수령하는 "명목" 배당금이다. 다시 말하지만 이 명목 배당금 곡선은 아직 현재가치로 조정하지 않은 것이다. 아래의 곡선들은 다우 종목들의 소득 흐름을 현재가치로 환산한 것인데, 할인율을 각각 8%와 15%로 적용한 것이다.

　할인율이 높아지면 배당금의 현재가치가 급격히 떨어져 수십 년 뒤에는 거의 0에 가까워진다는 사실에 주목하기 바란다; 다름아닌 높은 DR이 가져오는 침식작용 때문인데, 리스크가 높거나 인플레이션이 심할 경우 주가는 이런 침식작용의 영향을 받게 된다.

간단한 수학 공식

마지막 한 단계가 남았다. 다우 종목들의 "진정한 가치"를 알기 위해서는 매년 수령하는 배당금의 할인된 가치를 전부 더해야 한다. DR이 8%일 때의 할인된 가치가 표 2-1의 네 번째 항목에 나와있다. 그런데 이건 정말 너무 어렵지 않은가? 네 번째 항목에 나와있듯이 무한대로 이어지는 숫자들을 전부 더하려고 한다면 그야말로 수학자들이 말하는 "무식한 방식"이 아닐 수 없다.

다행히도 수학을 이용하면 간단한 공식으로 네 번째 항목에 나와있는 할인된 가치를 전부 더할 수 있다:

시장가치=첫 해 배당금/(DR–배당금 성장률)

첫 해 배당금이 140달러, DR이 8%, 순이익 성장률이 5%이므로:

시장가치=140달러/(0.08–0.05)=140달러/0.03=4667달러

이 공식에 따르면 2001년 현재 10000선을 오르내리고 있는 다우 지수는 우리가 8% 수준의 DR을 적용했을 때의 시장가치인 4667보다 무려 100%이상 고평가됐다고 할 수 있다.

더구나 상황이 나빠질 경우 투자자들은 주식에 투자하면서 15%의 DR을 적용할지도 모른다.(실제로 1980년대 초 장기 국채의 수익률은 16%에 육박했다.) 표 2-1의 여섯 번째 항목에 15%의 DR의 적용했을 때의 할인된 가치들이 나와 있는데, 간단한 공식으로 계산해보면 다음과 같다:

시장가치=140달러/(0.15-0.05)=140달러/0.10=1400달러

다우 지수가 앞으로 1400선까지 떨어질 일은 아마도 없겠지만(불가능한 건 아니다) 20세기 중 미국 투자자들의 DR이 15%에 이른 경우가 두 차례나 있었다는 점은 상기하기 바란다.

이런 식으로 계산하게 되면 시장가치가 DR과 배당금 성장률의 변화에 따라 확확 바뀌어버린다. 가령 순이익 성장률을 6%로 높이고 DR은 7%로 낮추면 시장가치는 14000이 된다. 1999년에 출간돼 상당한 논란을 불러일으켰던 제임스 글래스먼(James Glassman)과 케빈 해셋(Kevin Hassett)의 저서 《다우 36000Dow 36000》은 바로 이런 순이익 성장률과 DR을 근거로 내세웠던 것이다.

사실 어느 정도 합리적인 전제 몇 가지만 있다면 다우의 시장가치를 얼마든지 원하는 대로 도출할 수 있다. 그림 2-3은 DR의 변화에 따라

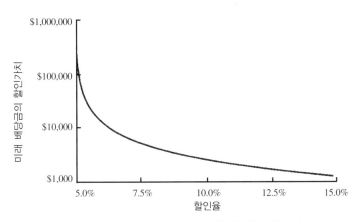

그림 2-3 다우존스 산업 평균주가의 할인율에 따른 정상가치

DDM이 어떻게 변하는지 나타낸 것인데, 다우의 "정상 가치"에 DR이 얼마나 큰 영향을 미치는지 여실히 보여주고 있다.

고든의 등식

그렇다면 DDM이 주식시장의 정확한 가격을 매길 수 없음에도 불구하고 이렇게 많은 시간과 노력을 들여 DDM을 이해하려는 이유가 무엇일까? 세 가지 이유가 있다. 무엇보다 먼저 DDM은 유가증권의 가치를 판단하는 직관적인 방법을 제공해준다. 주식과 채권은 단지 가격이 오르내리는 종이쪼가리에 불과한 게 아니다; 그건 미래의 실제 소득과 자산에 대한 청구권이다.

둘째, DDM을 이용해 전체 시장이나 특정 종목의 성장률과 수익률에 대한 가정을 검증할 수 있다. 가령 기술주 광기가 정점에 달했던 2000년 4월 나스닥의 시장가치는 순이익의 100배 수준이었다. 여기에 DDM을 적용해보면 이건 순이익 성장률을 비현실적으로 높게 잡은 게 아니라면 기대수익률을 아주 낮게 잡은 것이다. 물론 후자의 경우가 훨씬 더 설득력이 높아 보였고, 안타깝게도 실제로 벌어진 상황 역시 그랬다.

셋째, 이게 가장 중요한데, 앞서의 공식은 순서를 바꾸면 시장의 기대 수익률을 산출할 수 있게 해준다. 즉 다음과 같은 간단하면서도 강력한 등식을 만들어내는 것이다:

DR(시장 수익률)=배당 수익률+배당금 성장률

"고든의 등식(Gordon Equation)"으로 알려진 이 공식을 활용하면 주식시장의 장기 수익률을 정확하게 예측할 수 있다. 가령 20세기 중 배당 수익률은 평균 4.5%정도였고, 배당금 성장률 역시 복리로 4.5% 수준이었다. 이 둘을 더하면 9.0%인데, 실제 수익률 9.89%와 비교하면 큰 차이가 나지 않는다. 1%정도의 차이는 이 기간 중 주식이 상대적으로 훨씬 더 비싸졌기(그 결과로 배당 수익률이 떨어졌기) 때문이다.

고든의 등식은 직관적인 아름다움을 선사한다. 만약 주식시장이 단순히 배당금을 주는 창구에 불과하다면 주가는 배당금이 늘어나는 데 비례해서 상승해야 할 것이다. 배당금이 매년 4.5%씩 늘어난다면 장기적으로 주가는 연평균 4.5%씩 상승할 것이라는 말이다. 당신이 얻는 수익은 실제로 받는 배당금 수입 외에 주가 상승에 따른 자본이득이 있다: 따라서 전체 수익률은 연평균 주가 상승률(연평균 배당금 성장률과 대략 비슷할 것이다)에 연평균 배당 수익률을 더한 것이다.

고든의 등식은 중력의 법칙 같은 물리학 법칙과 비슷해 금융 분야를 공부하는 한 계속해서 만날 것이다. 배당금은 자주 변하고 요즘 시대에도 맞지 않는다고 주장하는 이들이 있다; 오늘날 주식시장에서 수익은 전적으로 자본이득(시세차익)에서 나온다는 얘기다. 이 말을 진짜로 믿는 사람이야말로 자기가 무슨 말을 하고 있는지조차 모르는 이들이다.

물론 어느 기업도 자본이득을 주기 위해 배당금을 지급해야 할 의무는 없다. 하지만 만약 미국의 모든 기업이 배당금 지급을 중단한다 해도 장기적으로 이들의 수익률은 전체적인 순이익 성장률과 비슷해질 것이다. 배당금이 사라져버린 세상에서도 기업 순이익은 주식의 역사적 장기 수익률인 연 10% 수준으로 성장할 것이다. 또 앞으로 살펴보겠지만 기업의 장기적인 순이익 성장률과 배당금 성장률은 각각 5% 수준이다. 사실 인플레이션을 감안하면 이 같은 수익률은 이전 세기에 비해 전혀 달라지지 않은 것이다.

궁극적으로 기업의 순이익 성장률이 주가 상승을 가져온다는 사실을 절대로 잊어서는 안 된다. 아주 장기적으로 볼 때 연평균 순이익 성장률이 5%라면 연평균 주가 상승률 역시 이 수준에 근접해야 한다.

여기서 한 가지 예외가 있다면 기업이 자사주를 매입하는 경우다. 순이익이 매년 5%씩 성장하는 기업이 매년 자사가 발행한 주식을 5%씩 사들인다면 장기적으로 주가는 10%씩 상승할 것이다. 반면 신주를 발행하는 기업의 경우에는 이와 반대되는 일이 벌어질 것이다. 사실 미국 주식시장에서는 평균적으로 볼 때 이들 두 요인이 서로 상쇄되는 경우가 많다.

DDM은 주식과 채권의 가격 흐름을 이해하는 아주 훌륭한 방법이다. 그렇다고 해서 DDM으로 시장 전체, 특히 개별 주식의 정상적인 가치를 정확히 예측할 수 있다는 건 아니다. 프린스턴 대학교의 경제학자 버튼 맬키엘(Burton Malkiel)이 말한 것처럼 "어느 주식의 적정 주가수익비율(PER)은 신도 알 수 없다." 다시 말하지만 시장 전체든 개별 종목이든 그 내재가치를 정확히 알아내는 것은 불가능하다. 그러나 DDM의 유용성은 보다 미묘하고 강력하다. 우선 DDM은 거꾸로 활용할 수 있다. 배당금 성장률과 DR을 추정해 주가를 산정하는 대신 시장에서 형성된 주가에서 배당금 성장률과 DR을 끄집어낼 수 있는 것이다. 가령 1999년의 경우 이런 식으로 DDM을 적용해보면 기술주의 주가에 반영된 배당금 성장률이 터무니없이 높았다는 사실이 드러난다.

또한 DDM은 고든의 등식을 통해 주가 수익률을 추정할 수 있게 해준다. 이건 매우 중요한 점이다. 월 스트리트와 각 신문, 방송에서는 늘 시장이 고평가됐는지 혹은 저평가됐는지(그래서 시장이 떨어질 것인지 올라갈 것인지)에 관심을 갖는다. 그런데 이건 단정짓기가 불가능한 문제다. 하지만 이 과정에서 우리는 훨씬 더 귀중한 지식을 얻을 수 있다: 시장의 장기적인 기대 수익률이 그것이다. 그렇다면 당신은 향후 6개월간의 시장수익률을 알고 싶은가, 아니면 앞으로 30년간의 시장수익률을 알고 싶은가? 나는 30년간의 시장수익률을 더 알고 싶고, 이제 어느 정도의 오차 범위 내에서 손에 쥘 수 있다.

그러면 고든의 등식에 비춰볼 때 우리는 미래의 주식 수익률에 대해 무엇을 알 수 있는가? 아쉽게도 썩 좋은 소식은 아니다. 배당금 성장률은 여전히 5% 수준에 그치는 반면 배당 수익률은 앞서 언급했던 것처럼 1.55%에 불과하다. 이 둘을 더해봐야 6.55%밖에 안 된다. 다소 낙관적인 입장에서 배당금 성장률을 6~7%로 높게 잡는다 해도 20세기 중 보여주었던 연 10%의 수익률에는 한참 못 미친다.

그러면 채권은 어떤가? 장기 채권의 기대 수익률은 "쿠폰", 즉 지급이자가 전부다.(채권의 경우 고든의 등식에서 배당금 성장률이 0이다. 채권의 지급이자는 성장하지 않기 때문이다.) 우량 회사채의 수익률은 요즘 6% 수준이다. 이 수치는 미래 수익률의 꽤 정확한 추정치라고 할 수 있다. 만약 금리가 오르면 채권의 가치는 떨어지겠지만, 지급이자의 재투자 수익률은 상승할 것이다. 금리가 하락하면 그 반대 현상이 벌어질 것이다. 따라서 30년에 걸친 채권의 전체 수익률은 6% 쿠폰에서 크게 벗어나지 않을 것이다.

이제 우리 앞에 놓인 수익률 구도는 20세기 내내 이어져왔던, 높은 주식 수익률과 낮은 채권 수익률과는 상당히 달라졌다. 주식과 채권 수익률 모두 역사적인 수익률 10%가 아니라 6% 정도에 그치는 것이다. 그렇다고 나를 비난하지는 말라. 나는 단지 메신저일 뿐이니 말이다.

역사적인 견지에서 보자면 지난 수십 년간 주식시장의 상승률은 믿을 수 없을 정도였다. 주가는 극적으로 올랐고, 따라서 주식의 미래 수익률은 그만큼 하락했다. 채권시장에서는 정반대의 일이 벌어졌다. 앞에서 본 것처럼 지난 세기 채권 보유자들은 전례 없는 통화시스템의 변혁으로 인해 엄청난 피해를 입었다. 채권 가격은 급락했고, 채권의 기대 수익률은 그만큼 높아졌다.

과거의 높은 수익률은 가격 상승으로 이어지고, 그 결과 미래 수익률의 하락이 불가피해진다. 이건 투자자 누구나 쉽게 이해하고 잘 알고 있다. 그런데 머리가 아닌 감정의 차원에서는 대부분의 투자자들이 이 사실을 잘 받아들이지 못한다. 인간이란 어떤 금융자산의 가격이 크게 오른 다음에는 더 매력을 느끼는 아주 특별한 성향을 갖고 있다. 그러나 주식이나 채권을 매수하는 것은 사과를 사는 것과 전혀 다른 문제다. 많은 사람들은 사과 가격이 폭락해 한 개에 40센트 할 때는 물량을 확보했다가 가격이 3달러로 오르면 팔아버릴 정도로 영리하다. 그런데 주식은 그렇지 않다. 가격이 폭락하면 금융시장에서는 아무도 거들떠보지 않는다. 거꾸로 가격이 급등하면 모두들 기꺼이 매수하고자 한다.

아주 최근까지도 많은 사람들이 "새로운 투자 패러다임"에 대해 이야기했다. 새로운 투자 패러다임이란 한마디로 피셔가 틀렸으며, 순이익이나 배당금, 주가는 더 이상 문제가 되지 않는다는 말이다. 신경제(New Economy)를 대표하는 아마존(Amazon)과 이토이즈(eToys), 시스코(Cisco) 같은 걸출한 기업들이 국가 경제를 지배할 것이므로, 황금알을 낳게 된 이들 기업의 주가가 아무리 비싸다 하더라도 결국 그 주주들은 보상을 받을 것이라는 게 그 요지였다.

물론 이런 줄거리는 이전에도 들어봤다. 위대한 투자이론가 벤저민 그레이엄은 1929년 이전의 주식시장 거품에 대해 이렇게 썼다:

소위 "새로운 시대"라는 것은 전통적인 가치 기준에 의거해 시장가격을 판단한 것이 아니라 시장가격에 기초해 새로운 가치기준을 만들었다. 그러다 보니 주가의 상승 한계가 사라져버렸다. 주식의 적정 매도가격뿐만 아니라 팔아야 할 가격마저 알 수 없게 됐다. 이런 낙관적인 가치기준 덕분에 주당 순이익이 2.50달러인 주식이 100달러에 거래됐다. 똑같은 가치 기준에 따라 이 주식은 200달러도 될 수 있고 1000달러도 될 수 있었다.

웬만한 투자자들은 그레이엄이 이렇게 묘사한 상황이 최근의 기술주 거품과 너무나도 흡사하다는 사실을 떠올릴 것이다. 그레이엄이 100달러에 거래된다고 한 주식은 PER이 40배였다. 그런데 기술주 거품이 정점에 달했던 2000년 초 무렵 시스코와 EMC, 야후(Yahoo!) 같은 대표적인 기술주들의 PER은 100배가 넘었다. 물론 거의 대부분의 닷컴 기업들은 단 1센트의 순이익도 기록하지 못하고 파산해버렸다.

결국 피셔가 제시한 DDM 방식이야말로 주식과 채권의 가치를 추정할 수 있는 유일한 방법이라고 할 수 있다. 장기적인 미래 수익률은 고든의 등식으로 상당히 정확하게 예측할 수 있다. 앞서도 말한 것처럼 DDM 방식과 고든의 등식은 금융시장의 물리학 법칙이나 마찬가지다. 하지만 30년 정도에 한 번씩은 투자자들이 이런 전통적인 기술로 주식의 가치를 매기는 데 싫증을 느끼고 분별없는 한바탕 투기극에 빠져버린다. 마침내 필연적인 시장의 붕괴가 닥쳐오면 그때서야 피셔와 그레이엄의 가르침, 즉 주식에 너무 많은 돈을 지불해서는 안 된다는 교훈을 뼈저리게 되새기는 것이다.

한 가지 난점은 고든의 등식이 장기적으로만 유용할 뿐 하루 혹은 한 해의 수익률을 예측하는 데는 아무런 도움도 주지 못한다는 것이다. 더구나 기간이 아주 길다 해도 완벽하지는 못하다. 앞서 확인했던 것처럼 20세기를 통틀어 연평균 수익률에서 1%정도의 차이가 났다. 이 1%의 차이는 배당 수익률의 변화에서 비롯된 것인데, 1900년에 4.5%였던 것이 2000년에는 1.4%로 낮아졌다. 다시 말하면 1900년에는 주가가 배당금의 22배였지만 2000년에는 70배가 된 것이다. 주가 대비 배당금의 비율을 "주가배당비율"이라고 부르는데, 1달러의 배당금을 받기 위해 지불해야 할 금액을 나타낸다. 이는 주가 대비 순이익의 비율을 나타내는 "주가수익비율(PER)"과 유사하다. PER은 주식시장이 얼마나 "비싼지"를 가늠하는 가장 대표적인 지표다.

고든의 등식으로는 주가배당비율이나 주가수익비율의 변화를 설명할 수 없다. 고든의 등식에서 예측한 9%의 수익률과 실제 수익률 9.89% 간에 약 1%포인트의 차이가 나는 것은 1900년에서 2000년 사이 주가배당비율이 3배로 커졌기 때문이다. (100년 동안 매년 0.89%씩 복리로 증식하면 3배 가까이 증가한다.) 주가배당비율이 3배로 커졌다는 말은 주식을 선호하는 투자 대중들이 같은 금액의 배당금 및 순이익과 비교해 주가를 3배나 높게 끌어올렸다는 얘기다.

10년 내외의 중장기적으로 볼 때는 주식 수익률의 상당 부분이 주가배당비율이나 주가수익비율의 변화에 따른 것이라고 말할 수 있고, 몇 년 정도의 단기적으로 볼 때는 사실상 100% 주가배당비율이나 주가수익비율의 변화에 따른 것이다. 인덱스형 뮤추얼펀드로 유명한 뱅가드 그룹(Vanguard Group)의 창업자 존 보글(John Bogle) 식으로 생각해보면 아주 유용하다. 보글은 주가배당비율과 주가수익비율의 변화에 따른 단기적인 주가의 출렁임을 주식의 "투기적 수익률(speculative return)"이라고 불렀다.

반면 주식 가치의 장기적인 상승은 전적으로 장기적인 배당금 성장률과 배당 수익률에 달려있다. 이게 바로 고든의 등식이고, 보글이 주식의 "기본적 수익률(fundamental return)"이라고 부른 것이다. 공학적인 용어로 얘기하자면 보글의 기본적 수익률은 지속적이고 신뢰할 수 있다는 점에서 일종의 신호(signal)다. 보글의 투기적 수익률은 들쑥날쑥 하고 예측할 수도 없다는 점에서 소음(noise)이다. 예를 들어 1987년 10월 19일 미국 주식시장은 23%나 폭락했다. 블랙 먼데이로 불렸던 그날 주식시장의 배당금 성장률이나 배당 수익률에 큰 변화가 있었던 건 틀림없이 아닐 것이다. 그날은 물론 그에 앞서 벌어졌던 주식시장의 대폭락은 순전히 투기적인 사건이었다.

앞으로 계속해서 강조하겠지만 여기서 핵심은 주식시장의 기본적 수익률, 즉 배당 수익률과 배당금 성장률이다. 기본적 수익률은 어느 정도 예측 가능하지만 아주 장기적일 때만 그렇다. 단기적인 시장 수익률은 전적으로 투기적이며 예측 불가능하다. 아무도 그렇게 할 수 없다. 〈월 스트리트 위크Wall Street Week〉에 나오는 패널리스트든, 대형 투자은행의 시장전략가든, 유명 금융평론가든, 아니면 당신이 거래하는 증권회사의 고참 직원이든 누구도 예측할 수 없다.

월 스트리트의 어느 모퉁이에 숨어있는 이름 모를 누군가가 내일 주식시장이 어떻게 될지 알고 있다고 하자. 만의 하나 정말로 그렇다면 그는 아무에게도 이야기하지 않을 것이다. 괜히 발설했다가는 내일 당장 손에 쥘 수 있는 엄청난 이익이 날아가버릴 것이니 말이다.(금융경제학자인 렉스 싱크필드(Rex Sinquefield)는 주식시장이 어떻게 될 것 같으냐는 질문을 받으면 정색을 하고서 이렇게 대답한다. "물론 어떻게 될지 알고 있지요. 하지만 누구에게도 그걸 알려주고 싶지 않네요.")

에이콘 펀드(Acorn Funds)의 유머 넘치고 예리한 통찰력을 지닌 리더 랄프 웬저(Ralph Wanger)는 시장의 장기 수익률과 단기 수익률을 아주 멋진 비유와 함께 이렇게 구분했다. 뉴욕시내를 산책하는 주인의 뒤를 개 한 마리가 여기저기 기웃거리며 따라다닌다. 개의 목에는 긴 줄이 매달려 있지만 개는 이쪽저쪽 아무렇게나 뛰어다닌다. 주인은 콜럼버스 광장을 출발해 센트럴 파크를 지나 메트로폴리탄 미술관을 향하고 있다. 순간적으로 보면 개가 어디로 뛰어갈지 전혀 예측할 수 없다. 하지만 장기적으로 보면 이 개가 평균 시속 3마일의 속도로 북동쪽으로 갈 것이라는 사실을 알 수 있다. 그런데 놀라운 사실은 시장 참여자 거의 전부가, 기관투자가든 개인투자자든 모두 이 개의 움직임에만 주목하지 주인은 쳐다보지 않으려 한다는 점이다.

이미 이야기한 것처럼 고든의 등식 대로라면 미래의 주식 수익률은 썩 좋지 않다. 이런 음울한 시나리오에서 벗어나는 길은 없을까? 있다. 고든의 등식에서 예측한 6.4%보다 더 높은 주식 수익률을 얻을 수 있는 세 가지 시나리오가 가능하다:

- 배당금 성장률이 가속화할 수 있다. 배당금은 순이익의 일부다. 현재 주가는 연간 순이익의 25배 수준이다. 다시 말하면 시장의 "순이익 수익률 (earnings yield)"이 4%정도라는 말이다. 따라서 배당 수익률이 1.4%라면 나머지 2.6%는 성장을 위해 유보해놓는다는 말이다.

  이건 어디까지나 시장 전체의 평균일 뿐이다. 많은 기업들의 순이익은 시가총액의 4%를 훨씬 넘거나 못 미친다. 그리고 많은 기업들은 미래 성장을 위해 순이익을 전부 유보하기도 한다.(마이크로소프트의 경우 최근까지도 배당을 하지 않았다.) 미국 기업들이 지난 수십 년간 극적인 생산성 향상을 이뤄왔고, 덕분에 역사적인 순이익 성장률 5%보다 더 가속화한 순이익 성장률을 기록할 것이라는 전망도 있다. 하지만 이건 어디까지나 희망사항에 불과하다.

  우선 1980년 이전에도 기업들은 시가총액의 2.6%가 훨씬 넘는 순이익을 잉여금으로 쌓아왔다. 둘째, 잉여금으로 쌓아둔 기업의 과도한 현금은 낭비되고 만다는 증거가 헤아릴 수 없이 많다. 마지막으로, 실제로 그런 일은 벌어지지 않고 있다. 그림 2-4는 1900년 이후 주식시장의 배당금과 순이익을 "세미로그" 방식으로 나타낸 것이다. 이렇게 표시하면 배당금과

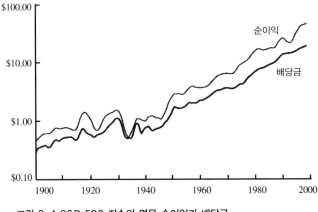

그림 2-4 S&P 500 지수의 명목 순이익과 배당금

순이익의 성장률이 한눈에 들어온다.

이 그림을 잘 관찰해보면 처음 50년간의 기울기, 즉 배당금과 순이익 성장률이 그 뒤의 50년간에 비해 약간 완만하다는 사실을 확인할 수 있을 것이다. 이건 인플레이션 때문인데, 인플레이션을 감안한 실질 배당금 성장률은 오히려 더 완만해진다. 인플레이션을 감안했을 경우 1950~75년 사이 연평균 순이익 성장률은 2.22%, 1975~2000년은 1.90%다. 따라서 최근의 신경제 옹호론자들이 이야기하는 순이익 및 배당금 성장률의 가속화론은 어디에서도 찾을 수 없다. 이 같은 분석은 기업의 자사주 매입에 따라 주당 배당금과 순이익이 증가했을 것이라는 가설도 여지없이 무너뜨린다.

- 보글의 투기적 수익률, 즉 주가배당비율의 증가가 계속 이어지면 미래의 주가 상승에 원동력이 될 수 있다. 이렇게 물어보자. 주가배당비율이 연 3%씩 증가한다면 3%의 추가 수익률이 가능하지 않겠는가? 안타깝게도 이렇게 되면 주가배당비율이 24년마다 두 배로 커져야 한다. 주가배당

비율이 연 3%씩 증가한다는 게 최대 10~20년은 가능할지 모르지만 더 이상 장기적으로는 불가능하다. 가령 지금부터 100년간 주가배당비율이 연 3%씩 계속 증가한다면 2102년에는 주가배당비율이 1350배가 되고, 배당수익률은 0.07%로 줄어든다! 투기적 수익률의 미래가 이렇게 된다면 그건 무척 끔찍한 일이 될 것이다. 최선의 시나리오는 현재 수준의 주가배당비율을 유지하면서 수익률에는 영향을 미치지 않는 것이다. 그러나 그렇다 하더라도 장기적으로 그 가치가 하락할 수 있다. 가령 지금처럼 시가총액의 1.4%가 아니라 2.8%를 배당금으로 지급함으로써 주가배당비율을 절반으로 떨어뜨린다고 해보자. 그래도 여전히 역사적인 시가총액 대비 배당금의 비율 5%보다는 훨씬 적지만, 그렇게 20년간 이어진다고 가정하자. 그러면 투기적 수익률은 연 −3.4%가 될 것이고, 전체 시장수익률은 연 2.8%가 될 것이다. 너무 극단적인가? 전혀 그렇지 않다. 지난 10년간 물가상승률은 연 2~3%였는데, 이런 추세가 계속된다면 20년간 실질 수익률은 0%가 되는 것이다. 그렇다고 이게 극히 예외적인 일도 아니다. 20세기 중에만 이런 일이 세 차례 있었다: 1900~20년과 1929~49년, 1964~84년이다.

• 주식시장은 붕괴될 수 있다. 이건 정말이다. 높은 주식 수익률을 계속 유지할 수 있는 방법은 주가가 대폭락하는 것이다. 자산운용가로 유명한 찰스 엘리스(Charles Ellis)는 친구들에게 재미있는 수수께끼를 내곤 한다. 당신이 장기투자자라면 어떤 시나리오가 더 좋겠느냐는 물음이다: 첫 번째는 주가가 급등한 뒤 높은 수준을 계속 유지하는 것이고, 두 번째는 급락한 뒤 낮은 수준을 계속 유지하는 것이다. 정답은 두 번째다. 주가가 계속 낮은 수준을 유지하면 높은 배당 수익률을 누릴 수 있기 때문이다. 이

런 노래구절이 있다. "소는 우유를 만들고, 닭은 달걀을 낳는다네. 그리고 주식은 세상에나 배당금을 준다네!"

배당금을 이렇게 훨씬 더 높은 배당 수익률로 재투자한다면 수십 년 뒤에는 처음의 주가 급락을 만회하고도 남는다. 이런 효과를 보려면 적어도 30~50년 이상 장기 투자를 해야 한다. 그림 2-5에서는 세 가지 시나리오를 보여주고 있는데, (1) 주가배당비율의 변동 없이 지금처럼 주가의 1.4%를 배당금으로 지급한다 (2) 주가가 50% 급락해 결과적으로 주가의 2.8%를 배당금으로 지급한다 (3) 주가가 80% 폭락해 주가의 7%를 배당금으로 지급한다.

그림에서 확인할 수 있듯이 80%나 폭락한 경우가 50% 급락했을 때보다 더 빨리 회복했다. 왜 그런지는 아래 표를 보면 알 수 있다:

	현재 주가 유지	50% 하락	80% 하락
배당 수익률	1.4%	2.8%	7.0%
배당금 성장률	5.0%	5.0%	5.0%
전체 수익률	6.4%	7.8%	12.0%

주가가 80% 폭락한 이후 더 높아진 장기 수익률이 최초의 손실을 만회해준 것이다. 특히 더 기쁜 일은 이렇게 낮은 주가 수준일 때 정기적으로 받는 배당금을 추가로 투자할 수 있다는 점이다. 그렇게 하면 "손익분기점"을 결정적으로 앞당길 수 있다.

마지막 시나리오가 전해주는 메시지는 곱씹어볼 필요가 있다. 은퇴를 대비해 저축하는 젊은이라면 아주 헐값에 주식을 매수할 수 있도록 시장이 폭락하는 게 더 낫다는 의미기 때문이다. 젊은 투자자 입장에

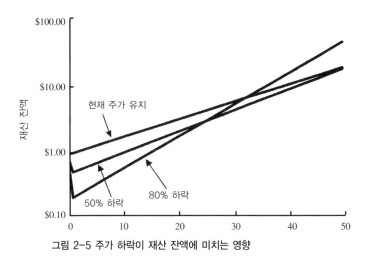

재산 잔액

$100.00

$10.00

현재 주가 유지

$1.00

50% 하락

80% 하락

$0.10

0   10   20   30   40   50

그림 2-5 주가 하락이 재산 잔액에 미치는 영향

서는 높은 주가가 계속 이어지는 것이야말로 불행한 일이 아닐 수 없는데, 은퇴를 대비해 투자하면서 몇 년이고 비싼 값의 주식을 사야 하기 때문이다.

  그런 점에서 은퇴를 위해 저축해온 사람에게 최선의 시나리오는 은퇴 직후에 강세장이 시작되는 것이다. 반면 이들에게 최악의 시나리오는 은퇴 직후 약세장이 찾아오는 것인데, 이렇게 되면 시세 하락에 따른 자본 손실과 생활비 조달을 위한 투자원금 인출이 겹치면서 저축한 돈이 빠르게 줄어들 것이다.

할인율과 주가의 관계

DR과 주가는 앞장에서 살펴본 이자율과 프레스티티 및 콘솔의 가격처럼 반대로 움직인다: DR이 올라가면 주가는 떨어지고, 그 역도 성립한다.

DR이란 투자자가 어떤 자산을 소유하는 데 따르는 리스크의 보상으로 요구하는 수익률이다. 쉬운 예를 들어보자. 당신은 매년 100달러씩 영원히 지급받는 연금채권을 사려고 하는데, 이런 연금채권의 발행자가 세 곳이나 있다:

　　우선 세계에서 가장 안전한 채권 발행자인 미국 재무부다. 만약 미국 정부가 매년 100달러의 이자를 지급한다면 당신은 기꺼이 5%의 DR을 적용할 생각이다. 그러면 연금채권의 가치는 2000달러(=100달러/0.05)가 된다. 다시 말하면 당신은 미국 정부로부터 매년 100달러의 이자를 받는 대신 2000달러를 빌려주겠다는 것이다.

　　다음 채권 발행자는 제너럴 일렉트릭(GE)이다. 안전한 기업임에는 틀림없지만 미국 정부보다는 리스크가 좀더 높다. 당신은 7.5%의 DR을 적용한다. 그러면 매년 100달러씩 지급받는 이자의 가치는 1333달러가 된다. 당신은 GE로부터 매년 100달러의 이자를 받는 대신 1333달러를 빌려주겠다는 것이다.

　　마지막 채권 발행자는 트럼프 카지노(Trump Casinos)다. 이건 꽤 위험하다. 이 회사에 돈을 빌려준다면 당신은 12.5%의 DR을 적용할 것이다. 트럼프 카지노에서 매년 100달러의 이자를 받는 대신 단지 800달러만 빌려주겠다는 것이다.

　　따라서 주식시장 전체 혹은 개별 종목의 배당금 흐름에 적용하는 DR은 시장이나 해당 종목이 얼마나 위험하게 여겨지는가에 달려있다. 시장이나 해당 종목이 위험하면 위험할수록 DR, 즉 당신이 요구하는 수익률은 더 높아질 것이고, 자산 가치는 더 적어질 것이다. 이렇게 요약해보자:

높은 할인율=리스크가 더 크게 느껴짐, 높은 수익률, 낮은 주가

낮은 할인율=리스크가 더 적게 느껴짐, 낮은 수익률, 높은 주가

할인율과 개별 종목

주식시장에 상장된 개별 종목의 경우에도 순이익과 배당금의 흐름이 불확실할수록 DR은 높아진다. 쉬운 예로 식품회사와 자동차회사를 생각해보자. 두 회사의 향후 20년간 평균 순이익과 배당금은 똑같다. 그러나 식품회사의 순이익과 배당금이 자동차회사보다 더 확실할 것이다. 경기가 아무리 나쁘고 최악의 경우 직장을 잃더라도 일단 먹거리는 살 것이기 때문이다.

반면 자동차회사의 순이익과 배당금은 경기변동에 아주 민감하다. 신차 구입은 얼마든지 마음먹기에 달린 것이므로 경기가 나쁘다면 뒤로 미룰 수 있다. 그래서 경기침체기에는 대형 자동차회사들의 순이익이 뚝 떨어지는 경우가 비일비재하다. 따라서 투자자들은 자동차회사에 대해 식품회사보다 더 높은 DR을 적용할 것이다. 자동차회사처럼 경기변동에 따라 순이익이 함께 출렁거리는 "경기 민감" 기업의 주가가 식품회사나 제약회사에 비해 상대적으로 낮은 것도 이런 이유 때문이다.

부연하자면 자동차회사의 순이익 흐름은 식품회사에 비해 신뢰도가 떨어지므로 투자자들은 자동차회사에 더 높은 DR을 적용하고 따라서 순이익이나 배당금 대비 주가가 상대적으로 낮은 것이다. 다른 조건이 모두 동일하다면(물론 이런 일은 절대로 있을 수 없다!) 추가적

인 리스크를 부담하는 데 대한 보상 역시 자동차회사가 식품회사보다 더 높아야 한다. 이건 앞장에서 이미 확인했던 내용이다: "나쁜" 기업(가치주)이 "좋은" 기업(성장주)보다 수익률이 더 높다. 시장이 적용하는 DR이 성장주보다 가치주가 더 높기 때문이다. 여기서 DR은 기대 수익률과 똑같다는 점을 기억하기 바란다; DR이 높아지면 주식 가치는 떨어지고, 그 결과 미래 수익률을 끌어올리게 된다.

"좋은 기업은 나쁜 주식"이라는 패러다임을 가장 잘 보여주는 사례는 1982년에 출간된 베스트셀러 《초우량 기업의 조건In Search of Excellence》이 될 것이다. 경영학의 대가인 톰 피터스(Tom Peters)는 이 책에서 여러 객관적인 덕목에 따라 "초우량" 기업들을 분류했다. 몇 년 후 오클라호마 주립대학교의 금융학자인 미셸 클레이만(Michelle Clayman)은 이 책에 나온 초우량 기업들과 "초우량" 범주에 들지 못한 기업의 주식 수익률을 조사했다. 그 결과 책 출간 이후 5년간 수익률을 비교해 보니 초우량 범주에 들지 못한 기업들의 수익률이 초우량 기업들보다 연 11%나 높았다.

이미 눈치챘겠지만 초우량 범주에 들지 못한 기업들의 주가는 초우량 기업들에 비해 훨씬 쌌다. 대부분의 소액 투자자들은 좋은 기업이 좋은 주식일 것이라고 생각하지만 실은 그 정반대다. 심리학자들은 이런 논리적 오류를 "대표성(representativeness)"이라고 부른다.

전체 시장이나 특정 종목의 리스크는 여러 요인의 영향을 받는다. 리스크는 "포르노"와 마찬가지로 한마디로 정의하기는 어렵다. 하지만 눈으로 보면 그게 포르노인지 아닌지 쉽게 알 수 있다. 투자 대중들은 리스크를 너무 과대평가하기도 하고 너무 과소평가하기도 한다.

1930년대와 70년대는 너무 과대평가한 시기였고, 1960년대와 90년대는 너무 과소평가한 시기였다.

사회적 할인율과 주식 수익률

기업의 리스크를 판단할 때와 동일한 요소들이 전체 시장의 리스크를 판단할 때도 적용된다. 1929년 9월과 1932년 6월의 경우를 살펴보자. 1929년 가을로 접어들 시점의 분위기는 가히 열광적이었다. 당시 자동차와 전화, 비행기, 발전소 같은 꿈의 신기술이 등장하면서 일상생활은 물론 상거래까지 혁명적으로 변화시키고 있었다. 생활수준은 빠르게 향상됐다. 그리고 오늘날과 마찬가지로 모두가 주식시장을 화제로 삼았다. 사람들은 주식의 장기 수익률이 그 어떤 투자자산보다 높다는 사실을 알게 됐다.

1924년에 출간돼 상당한 대중적 인기를 끈《장기 투자수단으로서의 주식Common Stock as Long Term Investments》에서 저자인 에드가 로렌스 스미스(Edgar Lawrence Smith)는 주식 수익률이 은행예금이나 채권보다 월등히 높다는 점을 밝혔다. 그 시점까지 10년 정도는 그의 말이 옳았다. 1929년 주식시장의 열기가 정점에 달했을 무렵 제네럴 모터스(GM)의 재무책임자로 있던 존 J. 라스콥(John J. Raskob)은 〈레이디스 홈 저널Ladies Home Journal〉이라는 잡지와 인터뷰를 가졌는데, 이 기사를 읽어보면 당시의 분위기가 물씬 풍겨난다:

한 청년이 스물셋의 나이에 결혼해 매달 15달러씩 정기적으로 저축하기 시작했다고 합시다. 직장이 있는 젊은이가 노력만 한다면 누구나 할 수 있는 일이지요. 만약 이 청년이 우량주에 투자해 배당금까지 전부 재투자한다면 20년 뒤에는 적어도 8만 달러의 재산을 가질 것이고, 여기서 나오는 소득이 월 400달러 가까이 될 겁니다. 이 청년은 아마 큰 부자가 되겠지요. 모두가 마음만 먹으면 이 청년처럼 될 수 있다는 점에서 저는 이렇게 단언합니다. 누구든 부자가 될 수 있을 뿐만 아니라 누구든 반드시 부자가 돼야 한다고 말입니다.

라스콥이 예로 든 알뜰한 젊은이는 사실 천재가 아닐 수 없다; 매달 15달러씩 저축해 20년 만에 8만 달러로 불리려면 연 25% 이상의 수익률을 거둬야 한다는 의미기 때문이다. 그 무렵은 이렇게 많은 투자 대중들이 주식 투자를 하기에 최적의 타이밍이라고 생각했다.

그런데 이로부터 3년도 채 지나지 않은 1932년 중반에는 대공황의 공포가 극에 달해 있었다. 근로자 세 명 중 한 명이 직장을 잃었고, 국민소득은 거의 절반 수준으로 떨어졌고, 제1차 세계대전에 참전했던 퇴역군인들은 워싱턴 시내에서 시위를 벌이다 진압당했고, 미국 공산당 당원 숫자는 사상 최대를 기록했다. 경제학자들조차 자본주의 시스템에 대한 믿음을 잃어버릴 정도였다. 도저히 투자하기에 좋은 타이밍은 아니지 않은가?

만약 당신이 1929년 9월처럼 미국 역사상 경제가 가장 좋았을 때 주식을 매수해 1960년까지 계속 보유했다면 연 7.76%의 수익률을 올렸을 것이다. 즉 1달러를 투자했다면 31년 만에 9.65달러가 됐다는 말이다. 썩 나쁘지 않은 수익률이다; 하지만 주식에 투자한 것치고는 어디다 명함을 내밀기에 좀 쑥스러운 수치다. 그런데 만약 배짱 있게 1932년 6월에 주식을 매수해 1960년까지 계속 보유했다면 연 15.86%의 수익률을 올렸을 것이다. 1달러를 투자했다면 28년 만에 58.05달러가 됐다는 말이다. 이런 수익률을 올린 사람이 몇이나 될까?

마지막으로 9.11테러를 떠올려보자. 테러 사태가 벌어지기 이전까지 전세계는 투자하고 살아가는 데 비교적 안전한 곳이라고 여겨졌다. 그런데 순식간에 이런 환상이 깨졌다. 대중이 인식하는 리스크는 갑자기 커졌다; DR은 상승했고 그 결과 주가는 급락했다. 이렇게 증폭된 리스크 인식이 지속된다면 앞으로의 주가에 결정적인 요소가 될 것 같다. 이게 핵심이다: 대중이 계속해서 신뢰를 느끼지 못한다면 주가역시 바닥권을 맴돌 것이고, 그러면 향후 수익률은 높아질 것이다. 만약 신뢰를 회복한다면 주가는 상승할 것이고, 향후 수익률은 낮아질 것이다.

이런 식의 관계는 사회적 리스크와 투자 수익률 간에도 그대로 이어진다. 투자하기에 최악의 시점은 하늘 아래 모든 게 환하게 비출 때다. 이런 시기에는 투자자들이 리스크가 적다고 느껴 미래의 주식 소득에 대한 할인율을 아주 낮게 적용하기 때문이다. 따라서 주가는 높아지고 당연히 미래 수익률은 낮아진다. 여기서 가장 안타까운 대목은 "신기루를 좇는 투자"가 전염성이 매우 높고, 아무런 노력도 필요 없기에 모두가 따라 한다는 것이다. 인간이란 태어날 때부터 사회적 동물이다. 사회적 본능에 따라 하는 행동은 대부분의 경우 인간에게 유리한 결과를 가져다 준다. 그러나 투자의 세계에서 사회적 본능은 치명적일 수 있다.

투자하기에 최선의 시점은 하늘에 잿빛 먹구름이 가득할 때다. 이런 시기에는 투자자들이 미래의 주식 소득에 대한 할인율을 높게 적용한다. 따라서 주가는 낮아지고, 그 결과 미래 수익률은 높아진다. 여기서도 인간의 사회적, 심리적 본능이 심각한 장애로 작용한다. 경제가 혼돈에 빠졌을 때 주식을 매수하려면 가족을 비롯한 주변에서 극구 반대한다. 물론 지나고 나서야 할 수 있는 이야기지만, 존 템플턴 경(Sir John Templeton) 같은 전설적인 투자자는 "비관주의가 최고조에 달했을 때" 투자하라고 가르친다; 시장이 바닥에 있을 때는 아무도 기회가 무르익었다는 신호를 주지 않으며 누구도 장밋빛 전망을 내놓지 않는다.

심지어 절묘하게도 시장이 바닥을 쳤을 때 용기를 내서 몇 년씩이나 하락세를 지속해왔던 주식시장에 투자하는 경우에도 심리적으로는 상당한 부담이 된다. 물론 주식시장이라는 시스템 자체가 살아남을 것인가 하는 리스크는 떠안아야 한다. 1962년 쿠바 미사일 위기가 고조되면서 종말론까지 등장했을 때의 이야기다. 한 젊은 옵션 트레이더가 고참 트레이더에게 오르는 쪽에 거는 게 좋을지 아니면 내리는 쪽에 거는 게 좋을지 물었다. 고참은 한순간의 망설임도 없이 "오르는 쪽!"이라고 대답했다. "만약 이 위기가 해소된다면 자네는 큰돈을 벌 것이네. 그런데 위기가 그렇게 해소되지 않는다면 자네가 건 돈을 가져갈 사람은 아무도 없을 거야."

마지막으로 지적해야 할 것은 어느 시점의 사회적 DR은 나라마다 다르다는 점이다. 전세계 각국은 각기 다른 성장 전망과 가치관을 갖고 있다. 1980년대 말 일본은 성장을 멈추지 않을 것 같았다. 일본은 자동차에 이어 텔레비전과 반도체, 공작기계에 이르기까지 과거 수십 년 동안 미국이 지배해왔던 제조업 분야를 집어삼키는 것처럼 보였다. 록펠러 센터와 페블 비치 골프장 같은 상징적인 부동산이 일본인들의 수중에 넘어갔다. 도쿄의 황궁 부지를 팔면 캘리포니아 주 전체를 사고도 남는다는 말까지 나왔다.

이런 식의 환상이 넘쳐나자 DR은 매우 낮아졌다. 일본 주식의 소득 흐름을 매우 낮은 DR로 할인했기 때문에 시장가치는 부풀 대로 부풀었고, 그 결과 미래 수익률은 아주 낮아진 것이다. 일본의 불패신화가 정점에 다다른 것은 1990년 무렵이었다. 1990년 1월 일본 주식에 1달러를 투자했다면 11년 뒤에는 67센트로 줄어들었을 것이다. 연 수익률이 –3.59%인 셈이다.

1990년대 초에는 한국, 홍콩, 대만, 싱가포르, 말레이시아를 위시한 아시아의 호랑이들이 투자 적지로 손꼽혔다. 이들 나라의 근면한 국민성과 놀라운 경제성장률은 눈부실 정도였다. 바로 이 시점부터 투자 수익률은 형편없이 떨어졌다. 그나마 수익률이 가장 좋았던 홍콩에 1994년 1월 1달러를 투자했다면 2000년 말에는 93센트가 됐을 것이다. 5개국 중 최악의 수익률을 기록한 말레이시아의 경우 같은 기간 1달러가 37센트로 쪼그라들었다.

새로운 밀레니엄을 맞을 즈음 모두가 선호했던 주식시장은 바로 미국이었다. 미국 역시 곧바로 지금 설명한 수순을 밟았다. 할인율이 낮아지자 주가가 올랐고 미래의 기대 수익률이 떨어진 것이다.

DR을 다룰 때 가장 조심해야 할 점은 이전의 주식 수익률에 민감하다는 것이다. 다시 말하면 인간 사회의 특이한 금융행동으로 인해 주가가 오르면 리스크를 적게 인식하고, 그 결과 DR이 떨어지면서 주가 상승을 더욱 부채질하는 것이다. 그야말로 악순환(주식을 매수한 입장에서 보면 선순환)이 아닐 수 없다.

이와 똑같은 일이 반대방향에서 일어날 수 있다. 1930년대 초 주식에서 큰 손실을 입는 바람에 대공황 시기 내내 높은 DR이 유지됐고, 그 결과 주가가 형편없이 떨어져 그 후 25년 이상 높은 주식 수익률이 이어졌던 것처럼 말이다.

수익률 전망

그동안 배운 내용에 기초해 주요 자산의 장기적인 기대 수익률을 전망해볼 시간이다. 수익률을 전망할 때는 반드시 인플레이션을 감안한 "실질" 수익률로 해야 한다. 실질 수익률로 하게 되면 주식의 구매력을 계산하기가 쉽고 재무계획 수립도 용이해진다. 처음에는 좀 어렵게 느껴질 수도 있지만 익숙해지면 왜 그렇게 많은 사람들이 인플레이션을 감안하지 않은 "명목" 수익률로 하는지 의아해할 것이다.

우선 시작은 20세기의 주식 수익률은 10%라는 데서 출발하자. 20세기 중 물가상승률이 연 3%였으므로 실질 수익률은 7%다. 여기까지는 쉽다. 어려운 부분은 은퇴 계획을 세우면서 명목 수익률을 사용하려는 것이다. 가령 은퇴를 앞두고 30년간 저축할 생각이라고 하자. 10%의 명목 수익률을 적용하게 되면 30년간 누적될 인플레이션을 감안해 노후 자금을 다시 조정해야 할 것이다. 더구나 은퇴한 이후에도 실질 구매력 기준으로 노후 자금을 매년 3%씩 줄여나가야 한다.

따라서 모든 문제를 실질 구매력으로 생각하는 게 훨씬 간편하다. 10%의 명목 수익률과 3%의 물가상승률이라면 인플레이션이 없는 7% 의 수익률과 똑같다(정확히는 1.10/1.03=1.068이므로 6.80%가 맞다); 더 이상 조정할 필요가 없는 셈이다. 실질 구매력의 가치는 50년이 지나도 똑같다.(제1차 세계대전 이전에는 금본위제였기 때문에 모두들 이렇게 생각했다.) 이를 두고 노(老) 경제학자 한 분이 이런 농담을 했다: 투자 수익률을 알기 위해 증권회사 직원에게 "실질(real) 수익률이 얼마요?"라고 물으니, 그 직원이 이렇게 대답하더란다. "그럼요. 진짭니다. 신문에 그대로 났잖아요!" 이제부터라도 가능하면 실질 수익률로 이야기해보자.

우선 앞서 배운 DDM에 따르면 현금의 실질 기대 수익률은 0%, 채권은 약 3%, 주식은 일반적으로 3.5%정도다. 그렇다면 현 상황에서 DR과 기대 수익률이 더 높은 자산을 찾을 수 있을까? 물론이다. 이 글을 쓰고 있는 2002년 현재 일본을 제외한 해외 주식은 미국 주식보다 조금 싼 편이다. 일본의 경우에도 주가배당비율은 미국보다 낮다. 따라서 미국 투자자 입장에서는 해외 주식의 기대 수익률이 국내 주식보다 좀더 높은 셈이다. 또 전세계적으로 소형주가 대형주보다 약간 더 싼값에 거래되므로 기대 수익률이 좀더 높을 것이다.

다음으로는 가치주 투자가 있다. 가치주의 수익률은 전통적인 방식으로는 추정하기가 어렵다. 왜냐하면 가치주가 시장 평균을 앞서는 초과 수익률은 "한심스런 주식이 장기적으로 조금 덜 한심스런 주식으로 천천히 개선되는 과정"에서 얻어지기 때문이다.

이것을 모델화하기는 어렵지만 일반적인 특징 한두 가지는 발견할 수 있다. 5년 전만 하더라도 S&P 500 지수 구성종목을 주가수익비율(PER) 순으로 분류해보면 상위 20% 종목의 PER이 나머지 80% 종목의 2배 정도였다. 그런데 2002년 초 현재 상위 20% 종목의 PER은 64배인 반면 나머지 80% 종목은 20배다. 3배 이상으로 그 격차가 벌어진 것이다. 사실 2000년 초의 7배에 비해서는 나아진 것이지만 여전히 상당한 차이가 있는 셈이다.

따라서 영원히 이어지는 새로운 패러다임은 없다고 생각하면 가치주가 가져다 주는 2%의 초과 수익률은 꽤 괜찮은 것이다. 이를 감안하면 대형 가치주의 실질 기대 수익률은 5%, 소형 가치주의 실질 기대 수익률은 7%정도가 된다.

부동산 투자신탁(REITs)은 다양한 상업용 건물로 포트폴리오를 운용한다. 워싱턴 부동산 투자신탁(WRE)의 경우 워싱턴 D.C.의 오피스 빌딩 상당수를 보유하고 있다. WRE는 법령에 의해 순이익의 90%를 투자자들에게 돌려줘야 한다. 이 같은 배당금 강제규정에 따라 REITs의 수익률은 현재 연 7%수준이다. REITs는 이처럼 순이익의 거의 전부를 배당하고, 재투자를 위해 거액의 외부 차입금을 쓰다 보니 순이익 성장률이 낮은 편이다. 1972년 이후 REITs의 순이익은 연 3%정도씩 증가해왔다. 이 정도 성장률은 이 기간 중 물가상승률보다도 2%정도 낮은 것이다. 7%의 배당 수익률과 –2%의 순이익 성장률을 더하면 REITs의 실질 기대 수익률은 연 5%수준이다.

1990년대 말 여러 나라의 주식시장이 아시아 경제위기의 영향을 받았고, 이들 주식시장의 배당 수익률은 현재 연 3~5%이다. 아시아의 호랑이로 불렸던 많은 나라가 결정적인 타격을 입었다. 이들 나라의 장기적인 미래 배당금 성장률은 함부로 예단할 수 없겠지만, 다시 경제 성장세를 이어가 양호한 주식 수익률을 기록할 것은 분명하다.

금이나 은처럼 귀금속을 채굴하는 광산회사 주식은 꽤 매력적인 자산이다. 이들 주식의 현재 배당 수익률은 약 3%정도다. 또 실질 순이익 성장률이나 배당금 성장률이 0%라고 아주 보수적으로 가정해도 실질 기대 수익률은 3%로 채권이나 똑같다. 그런데 이들 주식은 장기적으로 탁월한 인플레이션 헤지 수단을 제공한다. 다만 귀금속 가격의 작은 변화에도 주가가 너무 민감하게 반응해 리스크는 상당히 높은 편이다. 제4장에서 포트폴리오 이론을 설명할 때 투자자들이 왜 이런 기업의 주식을 보유하려 하는지 이야기할 것이다.

때로는 신용 리스크를 부담하기도 한다. 신용등급이 낮은 기업의 채권은 수익률이 높다. 요즘 말로 "고수익 채권"이나 "정크본드"로 불리는 채권들은 대략 12%의 이자 쿠폰을 함께 발행해 5%에 불과한 장기국채와 비교가 되지 않는다. 그러면 이런 채권은 투자할 만한가? 이렇게 발행되는 채권의 상당수는 부도가 나고 발행기업도 파산하고 만다.(부도가 난다고 해서 반드시 파산하거나 채권이 전부 손실 처리되는 것은 아니다. 부도를 낸 기업의 약 30%는 일시적인 지급불능 상태를 극복한 다음 이자와 원금을 지급한다. 파산한 기업이라 하더라도 채권 보유자들은 잔여재산을 분배 받아 손실을 어느 정도 벌충할 수 있다.)

정크본드 발행기업들의 부도율은 연 6% 수준이고, 이로 인한 손실률은 연 3~4%에 달한다. 이건 어디까지나 평균일 뿐이다. 경기가 좋을 때는 이 수치가 0%에 가까워지고, 경기가 나쁠 때는 10%에 육박하기도 한다.

따라서 정크본드에 투자해 국채보다 연 7%의 이자를 더 번다고 해도 평균적으로 부도로 인한 손실 연 4%를 감안하면 실제로는 국채에 비해 3% 더 높은 수익률을 올리는 셈이다. 대부분의 투자자들은 이 정도면 괜찮다고 생각하는 것 같다. 하지만 경기침체기에는 이들 기업의 부도 여부와는 상관없이 채권의 시장가치가 급락한다는 점을 명심해야 한다. 가령 정크본드 파문이 불거졌던 1989~90년 사이 이들 채권의 가격은 아무 문제가 없는 것들조차 20%씩 떨어졌다.

정크본드에 투자하고자 한다면 국채와 정크본드 간의 수익률 차이(스프레드)를 항상 주시해야 한다. 그림 2-6은 최근 10여 년간 두 채권의 스프레드(JTS)를 나타낸 것이다. 가끔씩은 이 JTS가 아주 낮아져서 평균적인 정크본드 손실률보다도 더 적어지는 경우가 있다! 비이성적

그림 2-6 정크본드와 국채 간의 스프레드(1988~2000년)

으로 보이는 이런 모습은 투자자들의 "높은 수익률 따라잡기" 때문이다: 국채의 낮은 수익률에 만족하지 못한 투자자들이 약간의 추가적인 수익률을 더 받는 대가로 훨씬 더 무거운 신용 리스크를 떠안는 것이다. JTS가 5% 밑으로 떨어지면 정크본드를 매수해서는 안 된다.

단기 국채는 궁극적으로 "리스크가 없는 투자(risk-free investment)"다. 이 채권의 실질 기대 수익률은 예측하기가 무척 어렵다. 1930년대 말처럼 거의 0%까지 떨어지는 경우도 있고, 1980년대 초와 같이 20%를 상회한 적도 있다. 현재 단기 국채의 수익률은 2%를 밑도는데, 이는 물가상승률과 같은 수준이다. 따라서 실질 수익률은 0%인 셈이다. 또 제1장에서 살펴봤듯이 장기적으로 단기 국채의 실질 수익률은 0%를 크게 넘어서지 못한다.

마지막으로 재무부가 인플레이션을 보전해주는 TIPS(Treasury Inflation Protected Securities)라는 게 있다. 리스크를 극도로 싫어하는 투자자에게는 안성맞춤으로 3.4%의 실질 수익률을 가져다 준다. TIPS는 만기까지의 기간만큼 인플레이션을 헤지할 수 있게 해준다; 현재 가장 긴 것은 2032년 4월 만기의 3.375%짜리 TIPS인데, 이 채권을 매수했다면 30년간 "실질 금리 리스크", 즉 실질 금리가 오를 가능성을 부담해야 한다. 실질 금리 리스크는 기존의 전통적인 채권이 안고 있는 인플레이션 리스크에 비해 그리 부담되는 것은 아니다. 사실 전통적인 채권이 지급하는 고정된 금액의 이자는 인플레이션이 심할 경우 그 가치가 급격히 줄어들 수 있기 때문이다. 따라서 TIPS를 보유하면 인플레이션에서만큼은 자유로울 수 있는 셈이다.

표 2-2는 DDM으로 계산한 합리적인 실질 기대 수익률을 나타낸 것

이다. "기대" 수익률이 정확히 무엇인지 이해해야 한다. 우리 삶과 마찬가지로 투자의 세계에서도 당초 기대와 실제 결과 사이에는 상당한 격차가 벌어지곤 한다. 해외 주식의 추정치는 특히 조심해야 한다. 주요 선진국 통화간의 고정환율 시스템을 합의한 1944년의 브레튼우즈 체제가 붕괴되고 외환 선물 및 옵션시장이 갈수록 팽창하면서 통화가치의 변동성도 점점 더 커지고 있다. 이에 따라 해외 주식의 기대 수익률과 실현 수익률 간의 격차가 상당히 큰 폭으로 벌어질 수 있는 것이다.

표 2-2 장기적인 실질 기대 수익률

자산 유형	실질 기대 수익률
미국 대형주	3.5%
해외 대형주	4%
대형 가치주(미국 및 해외)	5%
소형주(미국 및 해외)	5%
소형 가치주(미국 및 해외)	7%
이머징마켓 및 태평양 연안국 주식	6%
REITs	5%
정크본드	5%
투자등급 회사채 및 TIPS	3.5%
단기 국채	0~2%
귀금속 주식	3%

실현과 기대의 불일치

제1장에서 살펴본 과거의 역사적인 주식 수익률은 경제학자들이 말하

는 "실현 수익률(realized returns)"이다. 과거의 실현 수익률은 사실 매우 높았다. 덕분에 이런 낙관적인 데이터를 앞세워 장사하는 이들까지 생겨났다. 이들이 기분 좋게 내세우는 선전문구는 과거는 서곡일 뿐이라는 것이다: 앞서 이렇게 높은 수익률을 거뒀으니 앞으로도 높은 수익률을 기대하는 게 당연하다는 말이다.

미래의 주식 수익률과 채권 수익률을 추정하는 기술은 아마도 가장 중요하면서도 민감한 투자 기술일 것이다. 이번 장에서 우리는 주요 자산의 "기대 수익률"을 객관적이고 수학적인 방식으로 계산하는 이론적인 모델을 살펴봤다. 하지만 이렇게 얻어낸 메시지가 그렇게 마음에 드는 것은 아니었다. 과연 우리는 무엇을 믿어야 할까: 역사적인 수익률이 전해주는 낙관론인가, 아니면 고든의 등식이 전해주는 우울한 산술인가?

지금 내가 갖고 있는 생각은 아주 분명하다. 워런 버핏(Warren Buffet)이 남긴 유명한 말처럼, 역사책을 읽고 주식 수익률을 예상할 수 있다면 도서관 사서가 이 세상에서 제일 큰 부자가 됐을 것이다. 한 해 한 해의 주식 수익률이 역사적인 수익률과 크게 달랐던 적은 부지기수로 많다. 내가 좋아하는 예는 1981년 이전과 이후의 장기 국채 수익률이다. 1932년부터 1981년까지 50년간 장기 국채 수익률은 연 2.95%에 불과해 물가상승률 3.8%보다도 1%가까이 낮았다. 역사적인 기록만 놓고 보면 틀림없이 장기 국채는 매력 없는 자산일 것이다. 그런데 고든의 등식에 따라 예상하면 장기 국채의 미래 수익률은 15%에 달했다. 실제로 1981년 이후 15년간 장기 국채의 수익률은 13.42%로 예측한 수치보다 약간 낮았는데, 이 차이는 지급받은 이자를 낮은 수익률로 재투자했기 때문이다.

　개인투자자라면 누구나 당면하는 기본적인 투자 선택은 전체 자산 가운데 얼마를 주식과 채권으로 구성할 것인가 하는 점이다. 미래의 주식 수익률은 역사적인 실질 수익률 7%보다는 피셔의 DDM에 따라 추정한 3.5%의 실질 수익률에 더 가까울 것이다. 앞에서 계산한 것처럼 만약 주식 수익률과 채권 수익률이 앞으로 비슷해진다면 아무리 공격적인 리스크 선호형 투자자라 할지라도 주식 투자 비중을 80% 이하로 해야 한다.

　안타깝게도 DDM은 우리에게 기대 수익률은 제대로 알려주지만 장래의 리스크에 대해서는 전혀 알려주지 못한다. 우리는 과거의 수익률 패턴에 따라 그 자산의 잠재적인 리스크까지도 알아내려고 한다. 이 점에서는 과거의 역사적인 데이터가 유용하다. 금융시장에서는 무슨 일이든 벌어질 수 있지만 21세기 중에 주식시장이 1929~32년의 약세장보다 더 심각한 파국을 맞이할 것이라고는 상상하기 어렵다.

　그럼 다음 장부터는 리스크는 최소화하면서 수익률은 극대화할 수 있는 최선의 포트폴리오를 구축하는 과정에서 우리가 배운 내용을 어떻게 활용할지 탐색해볼 것이다.

제2장 요약

1. 주요 자산의 장기적인 미래 수익률을 추정하는 능력은 개인투자자가 갖춰야 하는 가장 중요한 투자 기술이다.
2. 주식이든 채권이든 그것이 가져다 주는 미래 소득만큼만 가치가 있다.

이 소득 흐름은 지금 당장 지급받는 소득에 비해 가치가 적으므로 반드시 현재가치로 할인해야 한다.

3. 소득을 할인할 때 적용하는 할인율은 자산가치와 역의 관계를 갖는다; 할인율(DR)이 높을수록 자산가치는 낮아진다.

4. DR은 자산의 기대 수익률과 같다; 해당 자산에 대해 사람들이 인식하는 리스크에 따라 결정되는 것이다. 리스크가 높을수록 DR, 즉 기대 수익률도 높아진다.

5. 장기적으로 자산의 DR, 즉 기대 수익률은 배당 수익률과 성장률을 합친 것과 개략적으로 일치한다. 현재 주가가 높고 배당 수익률이 낮다면 앞으로의 수익률은 지금까지보다 낮아질 것이라는 의미다.

6. 앞에서 언급한 내용들은 적어도 20년 이상의 장기 수익률에만 해당되는 것이다. 단기적으로 자산의 수익률은 전적으로 투기적 요소에 의해 결정될 수 있으며 예측 불가능하다.

7. 21세기에는 이번 장에서 배운 것처럼 주식 수익률과 채권 수익률이 비슷해질 것이다. 이 말은 아무리 공격적인 투자자라 하더라도 주식 투자 비중을 80% 이하로 가져가야 한다는 것이다.

3 　시장은 당신보다 똑똑하다
The Market Is Smarter Than You Are

아마도 이렇게 생각하는 독자가 틀림없이 있을 것이다: "그래, 지금까
지의 설명에도 일리는 있어. 향후 시장 수익률은 그리 높지 않을지도
몰라. 하지만 그건 문제가 아니지. 왜냐하면 나는 시장을 앞서갈 수 있
거든. 나 혼자 힘만으로 안 된다면 그런 능력이 있는 펀드매니저나 투
자자문가, 증권 브로커를 찾을 수 있을 거라고 자신해."

그러면 잠시 이렇게 생각해보자. 당신은 지금 "랜덤공화국
(Randomovia)"에 살고 있다. 만물이 풍성한 열대지방에 있는 이 나라
는 초고속 인터넷까지 깔려있는 그야말로 천국이다. 단지 한 가지 문제
가 있다면 침팬지가 너무 많다는 것이다. 랜덤공화국에서는 침팬지를
즐겁게 해주기 위해 정기적으로 이들에게 멋진 옷을 입힌 다음 근사한
사무실까지 갖춰주고 투자 포트폴리오를 운영하도록 한다. 침팬지들
은 질투심이 워낙 강해 사람들은 포트폴리오 운영에서 완전히 손을 뗀

다. 그리고 알다시피 침팬지들은 다트 놀이를 무척 좋아한다; 그러다 보니 신문의 주식면을 향해 다트를 던져 투자할 종목을 선정한다.

이제 랜덤공화국에서 어떤 일이 벌어지는지 세 가지로 정리할 수 있다:

- 기간을 두고 관찰해보면 운이 좋아 높은 수익률을 올리는 침팬지들을 발견할 것이다.
- 높은 수익률을 올린 종목을 선정한 적이 있다고 해서 앞으로도 높은 수익률을 올릴 수 있는 것은 아니다. 작년에 수익률에서 꼴찌를 했던 침팬지가 내년에는 1등을 할 수도 있다.
- 랜덤공화국에서는 침팬지만이 주식을 사고 팔 수 있으므로 모든 침팬지의 평균 수익률은 시장 수익률과 동일하다.

따라서 어떤 침팬지가 시장 수익률을 능가할 가능성은 50%수준이다. 그런데 한 가지 문제가 있다: 랜덤공화국에서는 투자 포트폴리오 운영비용을 내야 하는데, 매년 자산가액의 2%에 해당하는 금액이 부과된다. 어느 해든 2%의 운영비용이 수익률에 결정적인 영향을 미칠 만큼 대단한 것은 아니다. 하지만 2%의 비용 부담으로 인해 매년 시장 수익률을 넘어서는 침팬지는 전체의 50%가 아니라 40%에 불과하다. 평균의 법칙은 아무리 운이 좋은 침팬지도 피해갈 수 없다. 이렇게 20년이 흘러가면 2%의 비용을 부담한 뒤에도 시장 수익률을 능가한 침팬지는 열 마리 가운데 한 마리밖에 되지 않는다. 결국 장기적으로 시장을 이길 침팬지를 고를 확률은 10분의 1에 불과한 셈이다.

그러면 이제 매우 슬픈 소식을 전할 차례다. 지난 수십 년간 금융경제학자들이 다양한 투자 전문가들이 거둔 수익률을 수집해 연구한 결과 내린 결론은 딱 한 가지다: 랜덤공화국에 오신 걸 환영합니다!

통계학과 함께 춤을

현대 과학혁명이 멀리 코페르니쿠스(Nicolaus Copernicus)와 케플러(Johannes Kepler), 갈릴레오 갈릴레이(Galileo Galilei), 뉴턴(Sir Isaac Newton)까지 거슬러 올라가는 수학적 모델과 함께 시작됐다고는 하지만 경제학이나 사회학, 심리학 같은 사회과학 분야에서 수학을 응용해 연구한 것은 19세기 이후부터였다. 제1장에서도 설명했듯이 20세기 초에는 금융 데이터의 질이 획기적으로 개선됐는데, 이는 주식과 채권 가격을 기록하고 분석하기 위해 많은 사람들이 노력한 결과였다. 주식과 채권의 전체적인 수익률 연구가 본격화되자 자연히 머니매니저들의 행태가 부각됐다.

물론 비교적 최근까지도 투자는 의학이나 법률, 프로 스포츠 분야처럼 전문기술이라는 생각에 누구도 이의를 제기하지 않았다. 잘 훈련받고 유능하며 열심히 노력하는 머니매니저는 당연히 뛰어난 수익률을 거둘 것이라고 여겼다. 그 중에서도 최고의 머니매니저는 틀림없이 매년 더 나은 수익률을 보여줄 것이었다. 따라서 노련한 머니매니저나 증권 브로커는 황금 같은 존재였다. 이제 제3장에서 우리는 이같은 믿음을 무너뜨리고, 주식시장과 채권시장을 이해하는 아주 강력하면서도 새로운 이론을 제시한 효율적 시장가설을 살펴볼 것이다.

"주식시장 예측가들은 예측할 수 있는가?"

위대한 금융 혁신가들 가운데는 초라한 환경에서 출발한 경우가 많다. 이들에게는 금융자산만큼 눈에 번쩍 뜨이는 것도 없었을 것이다. 거부가 된 한 친구가 언젠가 나에게 말해준 것처럼, 당신이 만약 사막에서 자라났다면 머릿속에 온통 물에 관한 생각뿐일 것이다. 물론 수돗물이 콸콸 쏟아지는 곳에서 자라난 사람이라면 전혀 그렇지 않을 것이다. 부잣집에서 태어난 사람들이 돈을 대하는 방식 역시 이와 똑같다. 원하면 언제든 수돗물처럼 콸콸 쏟아진다고 생각하는 것이다. 그런데 알프레드 코울스 3세(Alfred Cowles III)는 그렇지 않았다. 바로 이 점이 그가 다른 금융 혁신가와 확연히 구분되는 점이었다; 그의 집안은 〈시카고 트리뷴Chicago Tribune〉 같은 대기업을 소유한 아주 부유한 가문이었다. 코울스는 1913년에 예일 대학교를 졸업한 뒤 기자로 일하던 중 결핵에 걸려 콜로라도 스프링스에 있는 요양소에서 지냈다. 일단 시간이 많아지자 그는 집안의 금융 문제에 관여하기 시작했다.

그는 많은 종류의 금융 소식지를 구독했는데, 1920년대 중반 무렵에는 20가지 이상의 정기간행물을 읽었다. 그런데 투자조언의 질이 형편없다는 사실에 놀라지 않을 수 없었다. 어느 누구도 1929~32년의 침체장을 예상하지 못했고, 그 결과 코울스 가문도 큰 손실을 입었다. 더구나 1920년대 강세장 기간 중에 이들이 내세웠던 추천종목 역시 전혀 도움이 되지 않았다.

코울스의 가장 큰 특징은 각종 데이터를 수집하고 분석하기를 좋아

한다는 점이었다. 그는 소식지에서 추천한 종목들을 전부 기록한 뒤 이들의 예측 능력을 분석하기 시작했다. 이 작업을 위해 그는 결국 어빙 피셔를 찾아갔다. 당시 피셔는 금융 데이터를 연구하는 학술단체인 이코노메트릭 소사이어티(Econometric Society)의 이사장이었다. 코울스는 당시 자금 부족으로 존폐 위기에 처해있던 이 작은 학회에 사재를 출연해 지원해주었고, 1932년에는 금융 자산에 관한 통계 연구기관으로 코울스 재단(Cowles Foundation)을 직접 설립했다.

그의 재정적 기여와 연구 노력은 결정적인 것이었다. 그는 1871~1930년에 이르는 각국의 주식시장과 채권시장 데이터를 전부 수집해 분석했을 뿐만 아니라 유가증권에 관한 연구를 할 수 있도록 물심양면으로 지원했다. 만약 코울스가 없었다면 우리는 아직도 캄캄한 금융시장의 동굴 속에서 헤매고 있을지도 모른다.

코울스가 처음으로 추진한 연구 프로젝트는 금융 소식지를 자세히 조사하는 것이었다. 코울스 재단의 학회지인 〈이코노메트리카 Econometrica〉 창간호에 발표된 그의 논문은 "주식시장 예측가들은 예측할 수 있는가?(Can Stock Market Forcaters Forecast?)"라는 단순한 제목이었다. 논문의 서두는 간결하면서도 추상적인 단어로 시작됐다: "의심스럽다.(It is doubtful.)" 그는 이 논문에서 당시 권위 있는 금융 소식지와 각종 투자서비스 회사들이 추천한 종목들을 평가했고, 그 무렵 대형 기관투자가로 손꼽혔던 화재보험회사들이 매수한 주식들을 분석했다.

그가 얻은 결론은 놀라운 것이었다. 투자서비스 회사와 화재보험회사들의 종목 선정 능력은 끔찍할 정도였다. 시장 수익률과 같거나 그 이상을 기록한 종목은 3분의 1수준에 불과했다. 금융 소식지들의 종목 선정 타이밍은 수십 년간에 걸친 분석 결과 이보다 더 나빴다. 투자자 입장에서는 이들의 조언을 따르느니 차라리 동전 던지기를 하는 게 더 나았다. 코울스는 가장 좋은 성적을 거둔 소식지조차 그 결과는 무작위 종목 선정이나 다를 바 없다는 사실을 발견했다. 하지만 정말로 놀라운 사실은 최악의 성적을 거둔 소식지는 결코 그 결과를 우연으로 돌릴 수 없다는 점이었다. 다시 말하면 최고의 성적을 거둔 소식지의 필자는 그 능력을 검증할 길이 없지만, 최악의 성적을 거둔 소식지의 필자는 아주 특별할 정도의 무능함을 지니고 있었다. 이런 경향은 자주 눈에 띈다: 금융 전문가들 사이에서도 최고의 성과를 낸 전문가는 사실 우연에 의한 것으로 쉽게 드러나지만, 최악의 성과를 낸 전문가는 계속해서 바보 같은 무능력함을 이어갔다.

바로 이 즈음에 투자관리에 관한 지식이 분출했다는 점은 어쩌면 당연한 귀결이었다. 코울스의 연구에 들어간 통계적 계산은 도저히 수작업으로 할 수 없는 것이었다. 코울스는 홀러리스 코퍼레이션(Hollerith Corporation)에서 제작한 최신 펀치카드 기계를 사용한 최초의 금융경제학자였다.(벤저민 그레이엄은 1920년대 젊은 애널리스트로 활동하던 시절 보수적인 사장에게 홀러리스를 매수 추천했다가 직장을 잃을 뻔 했다. 홀러리스는 몇 년 뒤 좀더 세련된 이름이 낫겠다고 생각해 IBM으로 회사명을 바꿨다.)

하지만 전자식 컴퓨터를 본격적으로 활용하기 시작한 것은 이로부터 한참이 지나서였다. 1964년에 마이클 젠센(Michael Jensen)이라는 학자가 뮤추얼펀드 매니저들의 성적을 검증하면서 이들의 종목 선정

기술을 자세히 살펴봤다. 그런데 대부분의 펀드가 상당한 금액의 현금을 보유하고 있었고, 그러다 보니 거의 전부가 시장 수익률보다 낮은 성과를 보였다. 물론 이들이 시장 수익률보다 낮은 성과를 거둔 결과로 안전성은 더 높아진 게 사실이다. 그래서 젠센은 컴퓨터를 활용한 고도의 통계적 기법을 동원해 보유 현금 비중을 감안했을 경우 이들의 성과가 어떻게 바뀌는지 조사했다.

그림 3-1은 리스크를 동일하게 조정했을 때 시장 수익률 대비 뮤추얼펀드들의 수익률이 어떤지를 알려준다. 여기서 각 펀드의 수익률은 운용수수료를 떼기 전의 총수익률을 나타낸 것이다. 중간쯤에 있는 굵은 수직선은 시장 수익률이다. 따라서 이 선의 왼쪽에 있는 펀드들은 시장 수익률을 밑도는 것이고, 오른쪽에 있는 펀드들은 시장 수익률을 넘어선 것이다.

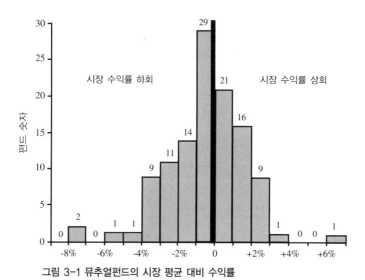

그림 3-1 뮤추얼펀드의 시장 평균 대비 수익률
(1946~64년, 시장 평균 수익률=0%, 펀드 전체 연평균 수익률=-0.4%)

조사대상 115개 펀드 가운데 단지 48개 펀드만이 시장 수익률을 상회했고, 67개 펀드는 하회했다. 전체 펀드의 평균 수익률은 시장 수익률에 근접했다.(실제로는 연간 0.4%포인트 낮았다.)

그림 3-2는 각 펀드의 순수익률, 즉 운용수수료를 제한 다음의 수익률을 나타낸 것이다. 펀드 투자자들이 실제로 얻는 수익률은 바로 이것이다.

수수료를 떼는 바람에 각 펀드의 수익률은 왼쪽으로 1%포인트 옮겨 갔다. 그러다 보니 시장 수익률을 상회한 펀드는 39개로 줄었고 하회한 펀드는 76개로 늘었다. 재미있는 사실은 시장 수익률을 연간 3%포인트 이상 상회한 펀드는 딱 하나에 불과한 반면 3%포인트 이상 하회한 펀드는 21개나 된다는 점이다! 코울스의 최초 연구에서 드러난 사실이 다시 한번 확인된 셈이다: 최고의 성과를 기록한 펀드매니저는

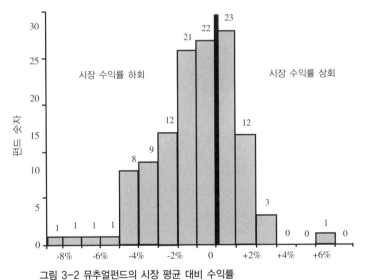

그림 3-2 뮤추얼펀드의 시장 평균 대비 수익률
(1946~64년, 시장 평균 수익률=0%, 펀드 전체 연평균 수익률=-1.1%)

그 기술을 검증할 방법이 없지만, 최악의 성과를 기록한 펀드매니저에게는 뭔가 특별한 무능함이 있다는 사실이다.

우울한 사실은 여기서 그치지 않는다. 조사 대상 펀드들은 전부 운용수수료 외에도 엄청난 판매수수료(투자금액의 최고 8.5%)를 부과했는데, 젠센은 이를 감안하지 않았다. 따라서 펀드 투자자들이 실제로 거둔 수익률은 그림 3-2보다도 훨씬 더 낮았을 것이다. 최악의 성과를 거둔 일부 펀드매니저만 제외한다면, 그림 3-1과 3-2에서 드러난 사실은 침팬지들이 다트를 던진 것과 정확히 일치한다:

- 평균적인 펀드가 거둔 총수익률은 시장 수익률과 같다.
- 평균적인 투자자가 거둔 순수익률은 시장 수익률에서 각종 수수료를 제한 것과 같다.
- "최고의" 펀드매니저가 거둔 수익률은 확률의 법칙으로 쉽게 설명할 수 있다.

랜덤공화국과 다른 게 무엇이란 말인가? 랜덤공화국에서는 침팬지들이 다트를 던져 종목을 선정했기 때문에 평균 이상의 수익률을 지속적으로 유지하기가 어렵다. 젠센 이후에도 많은 학자들이 실제 투자의 세계에서 이 같은 일이 벌어지고 있다는 사실을 발견했고, 그의 결론을 검증한 논문만 수십 건에 이른다: 과거에 훌륭한 성과를 거뒀다는 것은 미래를 예측하는 데 아무런 도움도 되지 않는다.

안타깝게도 젠센 이후에 발표된 논문 대부분은 일반 독자들에게 너무 난해하다. 젠센이 〈저널 오브 파이낸스〉에 그의 논문을 발표한

1960년대 중반은 대졸 수준의 평균적인 독자가 금융 관련 논문을 이해할 수 있었던 마지막 시기였다. 금융 연구 분야에서 활용하는 통계적 방법과 컴퓨터 처리기술이 엄청나게 발전한 덕분에 그 이후 발표된 대부분의 연구 결과는 평이한 영어로 서술할 수 없게 됐다. 마크 트웨인(Mark Twain)이 말한 것처럼 금융 논문은 이제 "마취제"가 돼버린 것이다.

어쨌든 연구 결과를 종합해보면 각 펀드들이 거둔 성과에는 해마다 반복되는 특징들이 있다; 전년도에 최고의 수익률을 올린 펀드는 다음해에 시장 평균보다 0.25~0.50%포인트 높은 수익률을 거뒀다. 하지만 그 이후에는 다시 원점으로 돌아간다. 과거에 아무리 오랫동안 뛰어난 수익률을 거뒀다 해도 아무런 득도 되지 않는다. 0.25~0.50%포인트의 수익률 차이는 펀드에 부과되는 각종 수수료에 비하면 아무것도 아니기 때문이다.

뮤추얼펀드 수익률에 관한 수십 건의 연구 결과를 살펴보면 그 결론은 한결같다. 그 중에서도 가장 낙관적인 게 이런 식이다. 만약 전년도에 상위 10% 안에 든 펀드에 투자한다면 저비용의 인덱스펀드가 올린 수익률과 비슷할 것이다. 인덱스펀드를 앞서지는 못한다는 말이다. 그런데 이런 "투자 전략"을 쓰려면 매년 펀드를 바꿔야 한다. 공격적으로 종목 선정을 하는 액티브 뮤추얼펀드에 투자해 거둘 수 있는 최선의 시나리오는 이렇게 매년 펀드를 바꿔 인덱스펀드와 비슷한 수익률을 올리는 것이다.

아주 흥미 있는 예외가 있다. 디멘셔널 펀드 어드바이저스(Dimensional Fund Advisors)와 S&P/마이크로팔(S&P/Micropal)에서 이전에 탁월한 성적을 거둔 뮤추얼펀드만 선택하는 투자자들이 어떤 수익률을 거두는지 연구했다. 매 5년 단위로 최상위 30위 안에 든 주식형 뮤추얼펀드를 선정해 이들의 그 이후 기간 수익률을 조사한 것이다. 그림 3-3이 그 결과다.

먼저 이 그래프의 왼쪽 끝에 있는 막대들을 보자. 첫 번째 막대는 1970~74년 사이 최상위 30위 안에 든 주식형 펀드들의 그 이후 기간 수익률이다. 이들 펀드는 순전히 1970~74년의 뛰어난 수익률 덕분에 선정된 것이다; 이렇게 선정된 최상위 펀드들의 1975년부터 1998년까지 수익률을 뮤추얼펀드 평균 수익률 및 S&P 500 지수 상승률과 비교한 것이다. 어떤 기간은 최상위 펀드들의 수익률이 평균치보다 조금 나았고, 어떤 기간은 평균치보다 떨어졌다는 사실에 주목하기 바란다. 그런데 어느 경우에서든 최상위 펀드들의 수익률이 S&P 500 지수

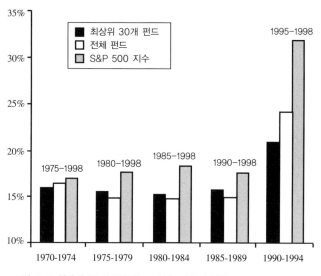

그림 3-3 최상위 30개 펀드의 그 이후 기간 수익률

의 상승률보다 못했고, 상당히 큰 격차를 보인 경우도 있었다. 랜덤공화국에서 벌어지는 바로 그런 모습인 것이다; 우리는 노련한 펀드매니저가 아니라 다시 한번 침팬지를 만난 셈이다.

사실 "생존자 편향"으로 인해 이 연구결과는 액티브 펀드에 대해 그나마 관대한 편이다. 제1장에서 살펴본 것처럼 신문에 실리는 모든 뮤추얼펀드의 수익률 지표나 펀드평가회사의 데이터베이스를 살펴본다해도 손에 쥘 수 있는 것은 살아남은 펀드에 관한 자료들뿐이다. 최근의 부진한 투자 성과로 인해 사라져버린 펀드들은 직접 펀드회사를 찾아가지 않는 이상 자료를 구할 수가 없다. 이렇게 사라져버린 펀드들이 액티브 펀드의 연평균 수익률을 1.5%포인트 정도 까먹는다. 따라서 액티브 펀드의 실제 수익률은 우리가 보는 것보다 훨씬 더 나쁠 수있다.

좀 심하게 말하자면 액티브 펀드는 리스크가 높을 뿐만 아니라 그수익률도 매우 안 좋아 펀드 회사가 그 기록을 없애고 싶어할 정도다. 그런데도 굳이 이런 펀드에 투자하고 싶어진다면 그건 옛 소련에서 스탈린 초상화를 멋지게 손질한 것처럼 펀드를 그럴듯하게 포장했기 때문일 것이다.

더 나쁜 뉴스: 시장 충격

뮤추얼펀드가 투자시장을 지배한 것은 비교적 최근의 일이다. 1960년대 이전만 해도 뮤추얼펀드는 8.5%에 달하는 높은 판매수수료와 그리대단하지 않은 수익률로 인해 투자대중의 마음을 전혀 끌지 못했다.

더구나 당시 많은 투자자들은 뮤추얼펀드라고 하면 1920년대의 "투자신탁"을 연상했다. 투자신탁은 요즘 폐쇄형 뮤추얼펀드와 비슷한 것으로 단지 펀드가 레버리지를 활용해 대출자금으로 투자할 수 있다는 점만 달랐다. 이렇게 레버리지를 이용하는 바람에 많은 투자신탁들이 1929년 주식시장이 붕괴하자 가장 먼저 파산했던 것이다.

그런데 1960년대 들어 모든 게 바뀌었다. 먼저 1957년에 피델리티(Fidelity)는 제럴드 차이(Gerald Tsai)에게 캐피털 펀드(Capital Fund)의 운용을 맡겼다. 차이의 주특기는 성장주 투자였고, 1960년대 중반 무렵 제록스(Xerox)와 IBM, LTV, 폴라로이드(Polaroid) 같은 성장주들이 대유행을 탔다. "고고 시대(Go-Go Years)"로 불렸던 이 시대의 풍경은 1990년대 말의 기술주 거품과 판박이나 다름없었다. 눈이 휘둥그래지는 신기술이 속속 시장에 선보이고, 최첨단 기업들이 주목을 받고, 마침내 이들 기업의 주가는 최근의 거품에서 본 것처럼 천정부지로 치솟았다.

차이는 전형적인 "총잡이"였다. 이런 부류의 펀드매니저는 단기간에 속전속결 식으로 주식을 매매하고 이 과정에서 모두가 경탄하는 수익률을 올리는 것으로 유명하다. 차이가 운용한 캐피털 펀드는 1962년에 68%라는 경이적인 수익률을 올렸고, 1965년에는 다시 50%의 수익률을 거둬 시장 평균인 15%를 크게 앞질렀다. 그러나 차이는 피델리티의 설립자인 에드워드 크로스비 존슨 2세(Edward Crosby Johnson II)로부터 그가 후계자가 아니라는 말을 듣고는 피델리티를 떠나 아주 공격적으로 운용하는 맨해튼 펀드(Manhattan Fund)를 세웠다.

그러나 안타깝게도 이번에 차이가 부딪친 것은 침팬지 증후군이었다. 맨해튼 펀드는 1966~67년을 지지부진하게 보낸 뒤 1968년 추락해 버리고 말았다. 1968년 상반기 중 주식시장은 10%나 상승했는데 맨해튼 펀드는 –6.6%의 수익률을 기록해 뮤추얼펀드 전문기관인 아서 리퍼(Arthur Lipper)의 조사대상 305개 펀드 가운데 299위를 차지했다. 차이는 결국 맨해튼 펀드를 C.N.A. 파이낸셜 코퍼레이션(C.N.A Financial Corporation)에 3000만 달러를 받고 팔았다.

그렇다면 맨해튼 펀드는 왜 이렇게 참담한 실수를 저지른 것일까? 많은 금융평론가들이 이 같은 비극을 낳은 원인으로 차이의 오만함과 투기성을 지적했다.(투자자들의 손실과는 별개로 차이는 유명세를 등에 업고 이곳 저곳에 스카우트됐는데, 결국 프라이메리카(Primerica)의 회장직에까지 올랐다.) 하지만 이들은 훨씬 더 중요한 사실을 놓쳤: 맨해튼 펀드는 훗날 뮤추얼펀드 업계에서 가장 흔한 현상이 돼버린, 운용자산의 팽창에 따른 수익률의 침식을 보여준 첫 번째 사례였다.

운용자산의 팽창이라는 문제를 이해하려면 우선 포트폴리오의 규모와 수익률 간의 관계를 살펴봐야 한다. 가령 당신은 A주식을 사는 게 좋겠다는 생각이 들었다. 당신은 증권회사에 전화해 A주식 1000달러어치를 매수해달라고 주문한다. 누구도 당신의 주문을 주목하지 않을뿐더러, A주식의 거래액은 하루에도 수백만 달러에 달하니 당신의 매수 주문이 거래량에 미치는 영향도 거의 없다.

그런데 이제 당신이 A주식에 2500만 달러를 투자한다고 하자. 이건 상당히 큰 문제를 야기한다. 주가를 꽤 부풀리지 않고서는 전부 매수할 수가 없을 것이다. 달리 말하면 평상시에 체결되는 가격으로는 당신이 원하는 양만큼의 주식이 매물로 나오지 않을 것이라는 말이다.

충분한 양의 주식을 매수하려면 주가가 더 올라야 하는 것이다. 결국 주식을 대규모로 매수할 때는 조금씩 살 때보다 훨씬 더 높은 가격을 지불해야 하고, 이에 따라 전체적인 수익률은 현저히 떨어질 수밖에 없을 것이다. 당신이 주식을 대규모로 매도할 때는 이와 정반대의 일이 벌어진다: 당신은 가격을 상당히 낮춰야 할 것이고, 이에 따라 수익률 또한 크게 떨어질 수밖에 없다.

대규모로 주식을 거래하는 트레이더들 사이에 이 같은 수익률 저하는 "충격 비용(impact cost)"이라고 불린다. 충격 비용은 고스란히 펀드 수익률로 이어진다. 하지만 안타깝게도 충격 비용을 정확히 측정하기란 불가능하다. 이제 맨해튼 펀드에 돈을 맡겼던 불운한 투자자들에게 무슨 일이 벌어졌는지 명백해진다. 차이는 펀드매니저로서 "슈퍼스타"의 명성을 얻은 최초의 인물이자 순식간에 여기서 비롯된 불가피한 운명, 즉 자산 팽창이라는 시련을 겪은 첫 번째 펀드매니저이기도 하다.

차이는 자신의 명성 덕분에 1968년 1~3월 사이 당시로서는 천문학적인 금액인 16억 달러의 펀드 자금을 끌어 모을 수 있었다. 그는 이렇게 엄청난 현금을 투자하면서 추가적인 충격 비용을 부담하지 않을 수 없었다. 그 결과 맨해튼 펀드에 돈을 맡긴 투자자들은 차이가 주식을 사고 팔 때마다 상당한 금액의 "차이 세금"을 낸 셈이 됐고, 이게 결국 맨해튼 펀드의 수익률 저하로 이어진 것이다.

차이가 펀드 업계를 떠난 지 수십 년이 지난 지금까지도 이런 일은 계속 되풀이되고 있다. 자산 팽창의 대표적인 사례는 로버트 샌본(Robert Sanborn)이라는 또 한 명의 슈퍼스타 펀드매니저에게서 찾을 수 있다. 그는 오크마크 펀드(Oakmark Fund)를 운용하다 비교적 젊은 나이에 은퇴했는데, 이 펀드는 1991년 출범 이후 1998년 말까지 연 24.91%의 수익률을 올려 이 기간 중 S&P 500 지수 상승률 연 19.56%를 훨씬 앞섰다. 1992년에는 S&P 500 지수보다 무려 41.28%포인트나 높았다.

샌본의 이 같은 수익률은 무조건 우연의 결과로 돌리기에는 모자랄 정도의 아주 예외적인 것이었다.(차이의 경우 성장주 투자 비중이 과도하게 높았고 수익률 편차도 심했다.) 그런데 오크마크 펀드의 매년 수익률과 운용자산 규모를 들여다보면 아주 흥미 있는 사연을 발견할 수 있다. 아래 표의 첫 번째 줄에서는 오크마크 펀드와 S&P 500 지수 간의 수익률 격차를, 두 번째 줄에서는 운용자산 규모를 나타냈다:

	1992	1993	1994	1995	1996	1997	1998
S&P 지수 대비 수익률	41.30%	20.40%	2.00%	−3.10%	−6.70%	−0.80%	−24.90%
운용자산 (백만 달러)	328	1214	1626	3301	4194	7301	7667

높은 수익률을 좇아 다니는 펀드 투자자들이 만나게 되는 전형적인 패턴을 이 표는 보여준다. 자산 팽창 효과에 따라 투자자들이 더 많이 모여들수록 수익률은 더 떨어지는 것이다. 표에서 보듯이 샌본은 자산 규모가 10억 달러를 훌쩍 넘어서면서부터 펀드 운용에 상당히 애를 먹었음이 분명하다.

그런데 여기서 발견할 수 있는 더 안타까운 사실이 있다: 실제로 초기의 높은 수익률을 만끽한 성공적인 펀드 투자자는 상대적으로 소수라는 점이다. 펀드 투자자의 압도적 다수는 화려한 선전에 휘말려 수익률이 추락하기 직전에 뛰어들었다. 펀드 수익률을 가중평균으로 계산해보면 오크마크 펀드 투자자들의 평균 수익률은 S&P 500 지수 상승률보다 연 7.55%포인트나 낮았다. 〈월 스트리트 저널Wall Street Journal〉의 조나단 클레멘츠(Jonathan Clements)는 "투자자들은 '나는 작년에 최고의 수익률을 거둔 펀드에 투자했어'라고 자랑하지만 대개는 '유감스럽게도 그 펀드에 올해 가입했다'는 사실을 잊고 있다"고 꼬집었다.

마지막으로 우울하면서도 한편 우스운 대목을 지적해야겠다. 지금까지 소개한 대부분의 연구에서는 일군의 전문가 집단이 일관성 있는 수익률을 기록하고 있다는 점을 입증하고 있다. 다름아닌 하위 20%의 펀드매니저들인데, 이들은 우연이라고 부르기에는 훨씬 더 긴 기간 동안 바닥권의 성적을 기록했다. 이런 현상은 충격 비용과 높은 수수료에 기인하는 것이다. 운용수수료를 아주 비싸게 매기고, 차이와 같이 공격적으로 펀드를 운용하는 매니저들은 매년 가장 많은 비용을 사용한다. 안타깝게도 이로 인한 고통은 고스란히 펀드 투자자들에게 돌아가지만 말이다.

대형 연기금 펀드의 수익률

뮤추얼펀드보다 규모가 더 크면서 더 잘 운용되는 자금이 있는데, 바로 연기금들이다. 사실 미국에서 가장 큰 투자자금은 대기업과 정부기관의 퇴직연금 펀드들이다. 대표적인 게 캘리포니아 공무원 퇴직연금(캘퍼스, CALPERS)으로 현재 1700억 달러라는 천문학적인 금액을 운용하고 있다. 이들 퇴직연금 펀드는 억만장자들조차 부러워할 최고 수준의 전문가들이 운용한다.

정말로 능력 있고 탁월한 펀드매니저라면 누구나 이런 퇴직연금 펀드를 운용해보고 싶어한다. 가령 일류 펀드매니저들은 퇴직연금 펀드의 수수료로 운용자산의 연 0.10%를 받는데, 펀드 자산이 100억 달러만 돼도 한 해 수수료 수입이 1000만 달러에 이른다. 이 정도 수입은 뮤추얼펀드 업계의 슈퍼스타 매니저보다도 많은 것이다. 따라서 무슨 특별한 종목 선정 기술이 있다면 틀림없이 이들에게서 발견할 수 있을 것이다. 그러면 이들 대형 퇴직연금 펀드들이 실제로 어떻게 운용되고 있는지 살펴보자.

그림 3-4는 1987~99년 사이 미국 내 대형 퇴직연금 펀드들의 수익률이다. 이 기간 중 거의 대부분의 퇴직연금 펀드들이 평균적으로 비슷한 투자비중을 유지했는데, 주식과 채권이 각각 60%와 40% 정도였다. 따라서 S&P 500 지수 60%와 리먼 채권지수(Lehman Bond Index) 40%를 혼합하면 이들과 비교할 최선의 벤치마크 수익률을 만들 수 있을 것이다. 이미 눈치챘겠지만 90% 이상의 퇴직연금 펀드가 벤치마크 수익률에 뒤졌다. 이처럼 액티브 스타일로 자산운용을 한 결과 그 실적에 실망한 많은 퇴직연금 펀드들이 점차 이런 식의 포트폴리오 운용을 떠나는 추세다. 현재 퇴직연금 펀드의 주식투자 자산 가운데 절반 정도가 인덱스 투자로 운용되고 있고, 캘퍼스는 주식 포트폴리오의 80% 이상을 이렇게 운용한다.

하지만 소액 투자자들은 아직도 이런 방식을 받아들이지 못하고 있

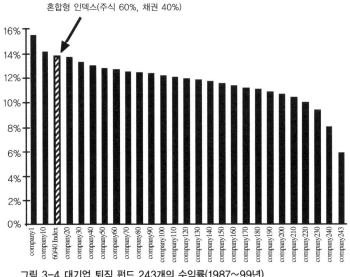

혼합형 인덱스(주식 60%, 채권 40%)

그림 3-4 대기업 퇴직 펀드 243개의 수익률(1987~99년)

다; 희망과 바람이란 늘 경험과 지식을 앞서기 때문이다. 최고의 정보
력과 애널리스트 집단, 막강한 하드웨어 및 소프트웨어까지 보유한 거
대 뮤추얼펀드와 퇴직연금 펀드들마저 종목 선정과 펀드매니저 선택
에서 자주 실패하는데, 도대체 개인투자자가 성공할 확률은 얼마나 될
까? 혹시 자신이 거래하는 증권회사 직원이나 투자자문가는 시장을
이길 것이라고 생각하는 것일까? 설사 꾸준히 시장 평균 이상의 수익
률을 기록할 펀드매니저가 존재한다 하더라도 과연 당신이 이런 펀드
매니저를 찾아낼 가능성은 있는 것일까?

시장의 타이밍을 맞출 수 있다는 웃기는 호언장담

이렇게 고민에 빠진 투자자들이 지푸라기라도 잡는 심정으로 기대는 게 바로 시장의 타이밍을 제대로 포착하면 리스크는 줄이고 높은 수익률을 올릴 수 있을 것이라는 희망이다. 즉 주가가 상승하는 종목은 계속 보유하되 떨어지기 직전에 파는 것이다. 미안하지만 이건 투자업계의 허황한 냉소주의자들이 만들어낸 환상에 불과하다.

투자자들은 딱 두 가지 부류로 나눌 수 있다는 말이 있다: 앞으로 시장이 어떻게 될지 알지 못하는 투자자와 자신이 알지 못한다는 사실조차 모르는 투자자다. 하지만 이보다 더 한심한 세 번째 부류가 있으니 다름아닌 시장전략가다. 상당히 유명한 증권회사의 임원급인 이들은 두둑한 연봉을 받고 매력적인 외모에 옷차림까지 멋지다. 이들이 하는 일이란 자기 회사가 정치, 경제, 투자와 관련된 각종 데이터를 신중하게 분석해 시장의 방향을 예측할 수 있다는 점을 고객들에게 확신시키는 것이다. 하지만 결국 그들이 알고 있는 것은 두 가지뿐이다: 하나는 다른 사람들처럼 그들 역시 시장이 내일 어떻게 될지 모른다는 것이고, 또 하나는 그들의 운명이 스스로 얼마나 아는 체를 잘 하느냐에 달려있다는 점이다.

시장 소식지의 성적표가 얼마나 한심스러운지는 알프레드 코울스가 이미 밝혀냈다. 이로부터 수십 년이 지나 유명 저술가이자 애널리스트 겸 자산운용가이기도 한 데이비드 드레먼(David Dreman)은《역발상 전략: 성공하는 주식투자의 심리학Contrarian Market Strategy: The Psychology of Stock Market Success》에서 1929년 이후 시장전략 전문가들의 의견을 전부 추적해본 결과 77%가 타이밍을 잘못 짚었음을 발견했다. 이는 "전문가"들의 의견에 대한 거의 모든 연구 결과와 동일한 것이다; 전문가들의 의견 가운데 4분의 3은 결국 시장 평균보다 수익률이 떨어졌다.

투자예측을 하는 집단 가운데서도 시장의 타이밍을 전하는 소식지들이 가장 참담한 성적을 기록하고 있다. 금융학자인 존 그레이엄(John Graham)과 캠벨 하비(Campbell Harvey)는 최근 시장의 타이밍을 전하는 시장 소식지 237종의 수익률을 일일이 다 조사했다. 시장의 타이밍을 정확히 맞춘다는 이들 어릿광대의 추천 가운데 옳았던 경우는 25%에도 못 미쳤다. 침팬지도 50%는 맞췄는데, 이보다도 한참 떨어지는 성적이다. 더욱 한심스러운 것은 시장의 타이밍을 꾸준히 맞춘 경우는 전혀 없었다는 사실이다. 그런데 또다시 확인할 수 있었던 사실은 하위권에서는 지속적인 경우가 있었다는 것이다; 정말 놀라울 정도로 꾸준히 틀리는 시장 소식지가 여럿 있었다. 이들은 S&P 500 지수가 연 15.9% 상승했던 13년 동안 무려 -5.4%라는 어처구니없는 수익률을 거둔 유명 시장전략가도 한 명 찾아냈다.

더욱 놀라운 것은 다른 시장 소식지들의 수익률 순위를 매긴 시장 소식지가 있었다는 사실이다; 이 소식지의 발행인은 자신이 일류 투자자문가를 찾아낼 수 있다고 생각한 것이다. 그레이엄과 하비의 연구에서 알 수 있는 것처럼 이 발행인은 사실 동전 던지기 시합의 결과에 점수를 매겼을 뿐이다.(그레이엄과 하비, 코울스를 비롯한 여러 연구 결과에서 얻어낼 수 있는 유력한 전략이 한 가지 있다: 최악의 시장 소식지를 찾아낸 다음 거기서 추천하는 방향과 정반대로 하는 것이다.)

시장 소식지의 필자와 관련해서는 말콤 포브스(Malcolm Forbes)가 남긴 금언을 기억할 필요가 있다: 이 분야에서 유일하게 돈을 버는 쪽은 투자조언을 따르는 사람이 아니라 시장 소식지의 발행자들뿐이다.

금융 저널리스트로 한 시대를 풍미했던 존 브룩스(John Brooks)는 더욱 냉소적이었다: 한때 유명했던 투자자가 시장 소식지를 발행한다면 그건 더 이상 자신의 기술이 먹혀 들지 않는다는 점을 확실히 드러내는 것이다.

"유레카!"를 외친 유진 파마

20세기 전반 금융경제학의 태두가 어빙 피셔였다면 20세기 후반 그 영예는 당연히 유진 파마(Eugene Fama)에게 돌아갈 것이다. 파마의 성공 스토리는 다른 위대한 금융경제학자들에게서도 발견할 수 있는 아주 전형적인 것이다. 그는 부유하게 태어나지도 않았고, 처음부터 학자가 될 생각도 없었으며, 금융 분야를 공부할 계획은 더더욱 없었다. 학부 시절 불어를 전공한 그는 타고난 운동선수였다. 그는 단지 학비를 벌기 위해 시장 소식지를 발행하던 금융학 교수 밑에서 일했는데, 그가 맡은 일은 주식시장의 트레이딩 기법을 분석하는 것이었다. 달리 말하면 시장 평균 이상의 수익률을 내줄 것 같은 투자전략을 찾아내는 일이었다.

그는 역사적 데이터를 살펴본 결과 잘 들어맞는 투자전략이 꽤 여럿 있다는 사실을 발견했다. 그러나 그건 어디까지나 과거에 국한된 것이었다. 그리고 재미있는 일이 벌어졌다. 과거에 그렇게 잘 들어맞았던 투자전략을 찾아내 막상 시장에 적용해보면 아무것도 아닌 게 돼버리는 것이었다. 당시 파마 자신은 알지 못했지만 그는 코울스로 거슬러 올라가는 천재적인 금융 전문가의 반열에 오른 것이었다. 이들이 공통적으로 발견한 사실은, 과거를 무대로 해서 종목 선정이나 시장의 타이밍을 잡는 성공적인 투자전략을 찾아내는 것은 쉽지만, 미래를 무대로 해서는 그런 투자전략 가운데 어느 것도 먹혀 들지 않는다는 것이다.

소위 프로 투자자들조차 아직 이 사실을 제대로 이해하지 못하고 있다. 유명한 시장전략가가 텔레비전에 나와 "이런 사건이 벌어졌으니 시장은 떨어질 것이며, 그 이유는 지금까지 이런 사건이 발생한 열 번 중 아홉 번이나 시장이 떨어졌기 때문"이라고 말하는 경우를 수없이 봤을 것이다. 다소 진부하기는 하지만 "수퍼보울 지표(Super Bowl Indicator)"가 대표적인 예다: 구(舊) NFL 소속 팀이 수퍼보울에서 우승하면 주식시장이 상승하고, 구 AFL 소속 팀이 우승하면 시장이 떨어진다는 것이다.

사실 무작위로 엄청난 양의 데이터를 분석해보면 주식시장 움직임과 아주 밀접한 관계가 있어 보이는 것들을 어렵지 않게 찾아낼 수 있다. 혹자는 농담 삼아 이런 말도 한다. 전세계 각국의 모든 통계지표를 슈퍼컴퓨터로 분석해보니 미국 주식시장의 움직임과 방글라데시의 버터 생산량 추이가 완벽하게 일치했다고 말이다. 물론 나 같으면 굳이 이런 농담을 시장에서 검증해보지는 않을 것이다.

하지만 파마의 타이밍은 완벽했다. 그가 시카고 대학교에서 대학원 과정을 밟을 무렵 메릴린치(Merrill Lynch)가 시카고에 증권가격연구소(Center for Research in Security Prices, CRSP)를 설립했다. 당시로서는 획기적이었던 이 연구소는 고성능 전자컴퓨터를 갖추어, 코울스 시대에는 꿈조차 꾸기 힘들었던 대규모의 주식 데이터를 저장하고 분석

할 수 있었다. 만약 어느 투자 전문가가 1926년 자료까지 언급한다면 그는 틀림없이 CRSP에서 데이터를 구했을 것이다.

파마는 이미 주가가 무작위로 움직이며 예측 불가능하다는 사실을 발견했고, CRSP의 데이터를 통해 이를 확인했다. 그러나 왜 주가는 무작위로 움직여야 하는가? 그 이유는 공식적으로 발표된 모든 정보와 비공식적으로 유통되는 모든 정보가 주가에 이미 반영돼 있기 때문이다.

만약 당신 회사의 재무책임자가 최근 들어 좀 허둥대는 모습이 역력하고 엊그제는 브라질 비자까지 서둘러 받았다면, 당신은 이런 내부자 정보로 이익을 볼 수 있을지도 모른다. 하지만 이런 방법으로 재차 주식을 대량 거래해 이익을 거두기는 불가능하다. 더구나 증권거래위원회(SEC)의 감시망이 갈수록 정교해져 아무도 모르게 이런 일을 벌이기란 점점 더 어려워지고 있다.

주식시장을 주시하는 영리한 애널리스트들이 너무나 많다는 단순한 사실 하나만으로도 이들 가운데 누구도 우위에 설 수 없다는 점을 확실히 알 수 있다. 왜냐하면 주가는 이들의 "판단의 합"에 따라 시시각각 변할 것이기 때문이다. 실은 더 나쁠 수 있다: 독립된 개인의 판단보다는 전문가들의 "판단의 합"이 실제로 더 정확한 경우를 많은 분야에서 발견할 수 있기 때문이다.

비록 금융 분야는 아니지만 판단의 합이 얼마나 정확한가는 1968년 핵잠수함 스콜피온 호의 침몰 사건에서 여실히 입증됐다. 당시 잠수함이 어디에 침몰했는지 정확히 짚어낸 사람은 아무도 없었다. 수십 명의 전문가들이 제시한 침몰 가능성이 가장 높은 지점은 수천 평방마일 해역에 산재해 있었다. 그런데 이 지점들의 평균치와 실제로 잠수함이 침몰한 지점은 불과 220야드밖에 떨어져 있지 않았다. 다시 말해 개별 종목이든 전체 시장이든 적정 주가에 대한 시장의 추정치는 아무리 노련한 종목 선정가보다도 훨씬 더 정확한 것이다. 한번 더 강조하지만 내일의 주가에 대한 가장 정확한 추정치는 다름아닌 오늘의 주가다.

금융경제학자들 사이에 오가는 농담이 하나 있다. 교수와 학생 둘이서 걸어가고 있었다. 그런데 학생이 길에 떨어진 10달러짜리 지폐를 발견하고는 주우려 하자 교수가 제지하면서 이렇게 말했다. "신경 쓰지 말게나. 그게 진짜로 10달러짜리 지폐라면 누가 벌써 집어가지 않았겠나." 시장은 정확히 이런 식으로 움직인다.

A라는 회사의 주가가 현재 40달러인데, 한 똑똑한 애널리스트가 실제로 이 회사의 가치는 50달러라는 사실을 알아냈다고 하자. 그가 일하는 증권회사에서는 즉시 A회사 주식을 최대한 매수할 것이고, 주가는 곧 50달러까지 상승할 것이다. 이렇게 하는 데는 대개 며칠밖에 안 걸리고 극비리에 이뤄진다. 그런데 최초의 애널리스트 혼자서 다 하지 못한다. 대개는 A회사 주가가 오르며 거래량이 늘어나는 것을 눈여겨본 다른 애널리스트들도 이 주식의 가치가 50달러라는 사실을 알아낼 것이다. 주식시장에서는 때로 10달러짜리 지폐가 땅에 떨어져 있는 걸 발견하는 경우가 있지만, 이건 정말 극히 드문 일이다. 이런 횡재를 바라며 살아갈 수는 절대로 없다.

이 세상의 모든 유용한 정보는 전부 주가에 반영됐으며, 그런 점에서 애널리스트는 아무런 의미도 없다는 게 "효율적 시장가설(The

Efficient Market Hypothesis, EMH)"이다. 비록 완벽하지는 않지만 EMH는 적극적인 종목 선정이 필요하다고 생각하는 사람들의 숱한 도전을 이겨냈다. 사실 최고의 주식 애널리스트들은 성공적으로 종목을 선정한다는 증거도 없는 게 아니다. 하지만 아쉽게도 일류 주식 애널리스트가 이렇게 거둔 이익은 앞서 지적한 충격 비용과 또 이를 눈치챈 다른 애널리스트들의 편승으로 인해 크게 줄어든다.

결론적으로 주식 리서치의 효과는 그 비용에 비해 크지 않다. 투자할 종목들의 순위를 매기는 〈밸류라인Value Line〉이 그 단적인 예다. 〈밸류라인〉의 랭킹 시스템을 연구한 대부분의 학자들은 이 시스템이 이론적으로 대단하다고 이야기한다. 하지만 지금까지 지적한 요인들로 인해 〈밸류라인〉의 종목 순위를 이용해 초과 이익을 얻기란 불가능하다. 〈밸류라인〉 최신호가 우편함에 도착했을 즈음에는 너무 때늦은 시점이다. 심지어 〈밸류라인〉 자체도 랭킹 시스템의 효과를 보지 못한다; 이 회사의 대표격인 밸류라인 펀드의 수익률은 최근 15년간 S&P 500 지수에 비해 연 2.21%포인트나 뒤졌다. 펀드 수수료로 인한 격차는 이 가운데 0.8%포인트뿐이었다. 종목별 순위를 발표하는 〈밸류라인〉조차 이 시스템의 유효성을 입증하지 못한다면 과연 인쇄 후 4일이나 지나 집에 배달되는 이 뉴스레터를 읽고 어떻게 시장을 이길 수 있다는 말인가?

대부분의 소액 투자자들이 전혀 깨닫지 못하는 또 한 가지 문제가 있다: 당신이 거래하는 상대방보다 당신이 많이 알아야 돈을 벌 수 있다는 것이다. 그런데 여기서 문제는 그 상대방을 전혀 모른다는 것이다. 알 수 있다면 그들의 이름이 피델리티나 핌코(PIMCO), 골드만삭스(Goldman Sachs)라는 사실을 발견했을 텐데 말이다. 이건 마치 테니스 시합을 하면서 코트 저쪽편의 상대방이 누군지도 모르고 경기를 하는 것과 마찬가지다. 더 안 좋은 소식은 대부분의 경우 상대방이 윌리엄스 자매라는 것이기는 하지만 말이다.

한 달 구독료 225달러짜리 뉴스레터를 본다고 해서, 혹은 유료 인터넷 사이트에 가입했다고 해서, 그렇지 않으면 아주 단순한 종목 선정 공식을 따른다고 해서 자신이 시장을 이길 것이라고 생각하는 소액 투자자들을 보면 참으로 황당하기 이를 데 없다. 이건 마치 작은 보트 한 척으로 제6함대 소속의 항공모함을 상대하는 것과 같다. 이런 식으로 투자해 어떤 성적을 거둘지는 충분히 예상할 수 있을 것이다.

워런 버핏과 피터 린치

프로 펀드매니저의 실패에 관한 이야기를 하다 보면 꼭 손을 높이 치켜들고서는 자신 있게 물어오는 질문이 하나 있다; "워런 버핏(Warren Buffet)과 피터 린치(Peter Lynch)는 어떻습니까?" 효율적 시장가설을 신봉하는 사람들조차도 이들 두 사람의 과거 기록에는 경탄할 수밖에 없고, 금융 분야에서는 아주 드문 "노련한" 이라는 수식어를 쓰지 않을 수 없을 것이다.

우선 데이터를 보자. 두 사람 가운데 버핏의 기록이 훨씬 더 인상적이다. 1965년 초부터 2000년 말까지 그가 운영하는 회사 버크셔 해서웨이(Berkshire Hathaway)의 장부가치는 연 23.6%씩 늘어나 같은 기간 S&P 500 지수 상승률 연 11.8%를 크게 앞섰다. 버크셔의 주가 상승률은 이보다 약간 더 높았는데, 정말 놀라운 수익률이었다. 만약 당신이 1964년에 버핏에게 1만 달러를 투자했다면 2002년 현재 200만 달러가 넘었을 것이다. 더구나 제1장에서 보여준 그래프들과는 달리 실제로 이런 수익률을 거둔 살아있는 투자자들이 존재한다. (굳이 두 명만 이름을 대자면 워런 버핏과 그의 파트너 찰리 뭉거(Charlie Munger)를 들 수 있다.) 하지만 몇 가지 짚고 넘어가야 할 게 있다.

우선 버크셔는 무위험 투자가 아니다. 2000년 3월에 끝난 회계연도에 버크셔의 주가는 거의 반토막이 났지만 시장 평균은 오히려 12% 상승했다. 둘째, 버크셔의 규모가 커지면서 버핏의 성적도 조금씩 떨어져왔다. 최근 4년간 그의 시장 초과 수익률은 연 4%포인트를 밑돈다. 셋째, 이게 가장 중요한 점인데, 버핏은 엄격한 의미에서 투자 매니저가 아니라 사업가다. 그가 인수하는 기업들은 단순히 전통적인 포트폴리오를 구성하는 데 그치지 않는다; 그는 적극적으로 회사 경영에 개입한다. 두말할 필요도 없이 대부분의 기업들은 그가 한 주에 몇 시간을 일하더라도 기꺼이 고위 경영진의 자리를 내주려고 한다.

피터 린치가 거둔 성과 역시 대단하기는 하지만 버핏에는 미치지 못한다. 더구나 그의 이력은 모범적이기는 하지만 한번쯤 생각해볼 필요가 있다. 우선 린치의 공식 경력은 버핏에 비해 무척 짧다. 그가 피델리티에서 일한 것은 1965년부터지만 마젤란 펀드를 운용하기 시작한 것은 1977년부터였다. 게다가 마젤란 펀드는 1981년 중반에야 비로소 일반 투자자에게 개방됐고, 그 이전에는 피델리티의 사주(社主)인 존슨 일가의 전용 투자창구에 그쳤다.

1981년 중반부터 1990년 중반까지 마젤란 펀드는 연 22.5%의 수익률을 거둬 같은 기간 S&P 500 지수의 상승률 연 16.53%를 크게 앞질렀다. 상당히 뛰어난 수익률이지만 버핏이 거둔 성과에는 못 미친다. 사실 이 정도는 그렇게 놀라운 것도 아니다. 이 글을 쓰고 있는 현재 시점을 기준으로 과거 10년간 S&P 500 지수보다 연 6%포인트-린치의 시장 초과 수익률이다-이상 앞선 미국 내 뮤추얼펀드만 열 군데가 넘는다. 운만 좋으면 얼마든지 이런 펀드를 만날 수 있는 셈이다.

린치가 올린 성과에 피델리티의 마케팅 전술이 가세하면서 마젤란 펀드에는 전례 없는 투자자금이 유입됐다. 일반 투자자에게 문호를 개방할 당시 자산 규모가 1억 달러도 채 안 됐던 마젤란 펀드는 9년 뒤 린치가 그만둘 시점에는 160억 달러로 성장했다. 린치의 이름과 얼굴을 모르는 가정주부가 없을 정도였다; 은퇴한 지 10년 이상이 지난 오늘날에도 흰머리에 다소 수척한 그의 외모는 금융계에서 가장 유명한 얼굴이다.

마젤란 펀드의 급성장과 누구나 다 알아줄 정도의 유명세는 그만한 고통을 수반했다. 일이 꼬일려고 그랬던 것인지 린치는 1987년 10월의 블랙 먼데이를 며칠 앞두고 해외출장을 떠나게 됐다. 결국 그해 마젤란 펀드는 시장 평균보다 5%포인트 가까이 떨어지는 수익률을 거뒀다. 조용히 날아드는 비난의 화살과 자신이 아직 마법의 능력을 갖고 있음을 증명하고픈 강력한 욕구가 결합해 그는 1988년과 89년에 다시 한번 훌륭한 수익률을 기록했다. 하지만 마젤란 펀드의 규모가 커짐에 따라 그는 두 가지 측면에서 방향을 수정해야 했다.

하나는 점점 더 대기업에 집중할 수밖에 없었다는 점이다. 마젤란 펀드는 원래 중소형주에 투자하는 펀드였다. 그런데 린치가 그만둘 무렵 마젤란 펀드는 포드(Ford)와 페니메이(Fannie Mae)를 매수하고 있었다. 만약 그가 기막힌 종목을 선정하는 기술을 갖고 있었다면, 담당 애널리스트가 적은 소형주 쪽에서 그 능력을 십분 발휘할 수 있었을 것이다. 그런데 어쩔 수 없이 주무대를 대형주 쪽으로 옮기게 되자 그의 신통력이 사라지고 만 것이다.

다른 하나는 과도한 충격 비용을 피하기 위해 갈수록 더 많은 종목을 매수해야 했다는 점이다. 그가 그만둘 당시 마젤란 펀드는 1700개가 넘는 종목을 보유하고 있었다. 이런 두 가지 방향 수정으로 인해 시장 평균 대비 초과 수익률은 크게 떨어졌다. 그림 3-5에서는 그의 시장 초과 수익률이 얼마나 극적으로 줄어들었는지 생생하게 보여준다. 그가 마젤란 펀드를 운용한 마지막 4년간 S&P 500 지수 대비 초과 수익률은 불과 2%포인트에 그쳤다. 녹초가 된 그는 결국 1990년에 펀드를 떠났다.

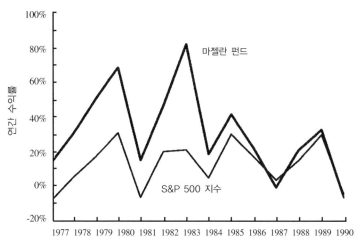

그림 3-5 마젤란 펀드와 S&P 500 지수 수익률 비교(피터 린치 운용 기간)

이제 두 개의 성공 스토리를 차근차근 정리해보면 이런 결론을 내릴 수 있을 것이다:

- 물론 린치와 버핏은 뛰어난 인물이다. 하지만 이 두 사람의 예외가 효율적 시장가설을 부정하지는 못한다. 지난 수십 년간 시장에서 활동한 수만 명의 머니매니저들 가운데 딱 두 명이 걸출한 능력을 발휘했다고 해서 프로 자산운용가들을 전부 인정할 수는 없는 것이다.

- 우리가 버핏과 린치를 찾아낸 것은 과거를 돌아볼 수 있었기 때문이다. 수많은 펀드매니저들 가운데 앞으로 이들 같은 성과를 내줄 펀드매니저를 두 명 골라낼 확률은 0이다.(피델리티는 마젤란 펀드를 외부에 개방하기 전 에섹스와 세일럼이라는 별로 성적이 좋지 않았던 "인규베이터 펀드"를 합병시켰다는 사실을 상기할 필요가 있다.) 이와는 반대로 앞서 설명했던 차이와 샌본처럼 한때 탁월한 성과를 올렸으나 처음의 성공 덕분에 운용자산 규모가 눈덩이처럼 불어나자 수익률이 곤두박질친 경우는 헤아릴 수 없을 만큼 많다.

- 뮤추얼펀드 투자자 입장에서는 피터 린치의 수익률이 결코 꿈처럼 달콤한 게 아니었다. 린치의 이름이 널리 알려진 것은 1983년 이후였다. 그는 최선을 다해 시장을 이겨냈지만, 그 기간은 뭔가 불길한 조짐을 알아채고 펀드를 떠나기 전까지 불과 7년밖에 이어지지 않았다. 많은 사람들이 생각하지 못하는 사실은 일반 투자자들이 린치의 펀드에 접근할 수 있었던 기간은 정확히 9년간이었으며, 그나마 마지막 4년은 그가 초인적인 노력을 다해 거래비용을 절약한 덕분에 겨우 시장 평균보다 약간 더 나은 성과를 거둘 수 있었다는 것이다.

정말로 안 좋은 소식

뮤추얼펀드 매니저들의 수익률이 꾸준히 이어지지 않으며, 적극적인 종목 선정의 결과가 실은 아무것도 아니라는 사실만으로도 매우 실망스러울 것이다. 그럴 수밖에 없다. 왜냐하면 이들이 바로 시장이 때문이다. 따라서 이들 모두가 시장 평균을 넘어서는 수익률을 낼 수는 없다. 안타깝게도 월 스트리트는 워비곤 호수(소설에 나오는 가상의 마을로 이곳에 사는 주민들은 전부 잘 생기고 힘이 세고 평균 이상의 능력을 갖고 있다–옮긴이)와 달라 모두가 평균 이상이 될 수 없다.

안 좋은 소식 한 가지는 뮤추얼펀드를 잘 고른다고 해봐야 결국은 무작위적인 수익률을 손에 쥘 뿐이라는 점이다. 그런데 이보다 더 안 좋은 소식은 그마저도 비싸다는 것이다. 판매수수료가 따로 붙지 않는 펀드를 골라도 여전히 많은 비용을 부담해야 한다. 펀드에 대해 속속들이 꿰뚫고 있다는 투자자들조차 자신이 얼마나 많은 비용을 부담하고 있는지 잘 모른다.

대부분의 투자자들이 펀드를 소개한 설명서나 사업보고서에 나와 있는 보수비용 비율(expense ratio, ER)이 펀드 투자에 따르는 비용의 전부라고 생각한다. 그렇지 않다. ER은 단지 펀드의 자문수수료 및 관리비용일 뿐이고, 이것 말고도 세 단계의 비용이 더 있다. 하나는 거래수수료인데, 이건 ER에 포함되지 않는다. 다만 1996년에 SEC가 펀드 투자자들에게 반드시 보고하도록 했다. 하지만 거래수수료는 펀드의 사업보고서에 구렁이 담 넘어가듯 슬쩍 적혀 있는 데다, 당신이 회계학 전공자라 해도 펀드 자산의 얼마를 쓴 것인지 알 수 없게 돼있다.

다음은 주식 매매 시 지불하는 매수호가와 매도호가의 차이인 "스프레드(spread)"다. 주식을 매수할 때는 늘 매도호가보다는 약간 더 높은 가격을 지불하는데, 그래야 "시장 조성자(market maker)"가 약간의 이익을 가져가기 때문이다.(대부분의 증권거래소는 시장 조성자를 두고 있다. 이들은 매수자와 매도자 역할을 모두 수행하며, 시장이 제 기능을 할 수 있도록 언제든 매도 가능한 유가증권을 공급한다.) 이 스프레드는 유동성이 좋은 대형주의 경우 0.4%정도지만 기업 규모가 작아질수록 더 커진다. 아주 작은 소형주의 겨우 최대 10%가 될 수도 있고, 이머징마켓 주식은 1~4% 수준이다.

마지막으로 추가돼야 할 것은 시장 충격 비용이다. 이건 앞서 살펴봤듯이 추정하기가 무척 어렵다. 개인투자자들의 경우에는 개별 종목을 매수하면서 이런 충격 비용을 전혀 신경 쓸 필요가 없지만 뮤추얼펀드에게는 상당히 중요한 문제다. 충격 비용이 얼마나 큰가는 펀드의 규모와 매수하는 기업의 크기, 해당 종목의 거래량에 달려있다. 대개의 경우 충격 비용은 스프레드와 같다고 할 수 있다.

요약하자면 뮤추얼펀드의 비용은 네 단계로 나눌 수 있다:

- 보수비용
- 거래수수료
- 스프레드(매수호가와 매도호가의 차이)
- 시장 충격 비용

결국 이들 네 단계 비용을 모두 합치게 되면 대형주 펀드가 가장 싸고, 중소형주 펀드가 그 다음이며, 이머징마켓 펀드가 가장 비싸다고 할 수 있다. 이를 구체적인 수치로 나타낸 것이 표 3-1이다.

DDM으로 계산한 20세기의 명목 주식 수익률은 연 9.89%였으며, 앞으로 투자자들이 손에 쥘 실질 수익률은 이보다 훨씬 적을 것이라는 점을 떠올리기 바란다. 더구나 뮤추얼펀드 투자자들은 이 같은 수익률조차 얻을 수 없다. 왜냐하면 여기서 펀드의 각종 투자 비용을 차감해야 하기 때문이다.

이제 문제가 무엇인지 분명해졌을 것이다. 표 3-1의 맨 아래는 액티브 펀드에 투자했을 때의 실제 비용이다. 엄격히 말하자면 이건 약간 과대 계상된 것이다. 애널리스트나 리서치 부서에서 쓴 비용은 사실 전부를 비용이라고 할 수 없는데, 리서치를 통해 추가 수익을 올릴 수도 있기 때문이다. 하지만 대개의 경우 그 효과는 비용에 미치지 못한다. 그렇다면 표 3-1의 맨 위에 있는 보수비용 가운데 얼마가 리서치에 쓰여진 것일까? 대충 절반이라고 하자. 그 정도면 펀드 투자자에게 유리한 것이다. 이제 주식 수익률이 9.89%라고 한다면, 액티브 펀드의 리서치 부서가 까먹는 수익률은 대형주 펀드의 경우 1.5%포인트, 소형주 펀드는 3.3%포인트, 이머징마켓 펀드는 8%포인트에 달한다. 결

표 3-1 유형별 액티브 뮤추얼펀드의 비용 차이

	대형주	소형주 및 해외주식	이머징마켓
보수비용	1.30%	1.60%	2.00%
거래수수료	0.30%	0.50%	1.00%
스프레드	0.30%	1.00%	3.00%
시장 충격 비용	0.30%	1.00%	3.00%
합계	**2.20%**	**4.10%**	**9.00%**

국 펀드 투자자에게 돌아가는 수익률은 각각 8.4%, 6.6%, 1.9%에 불과하다. 그리 매력적이지 않은 수익률이다.

　뮤추얼펀드 업계는 최근 높은 수익률 덕분에 아주 번창했고, 이러저러한 비용을 문제없이 숨길 수 있었다. 하지만 1990년대 말의 이머징마켓 펀드처럼 수익률은 낮으면서 비용이 높으면 투자자들이 대거 이탈한다는 사실은 알아둬야 할 것이다.

빌 파우스의 반짝이는 아이디어

1970년으로 접어들자 프로 투자자들은 소위 전문 머니매니저들의 실패를 보여주는 엄청난 데이터를 더 이상 무시할 수 없게 됐다. 실은 그때까지 자산운용업계는 "신이 내린 손" 이론을 내세우고 있었다: 기막힌 종목을 골라낼 "신이 내린 손"을 찾아내 그에게 투자하라. 만약 그가 감각을 잃게 되면 새로운 "신이 내린 손"을 찾아내면 된다. 하지만 이런 발상은 금방 바닥을 드러냈다: "신이 내린 손"은 없으며 단지 운 좋은 침팬지가 있을 뿐이다.

　자신이 일생을 바쳐온 직업이 실은 아무것도 아니며, 그동안 쌓아온 모든 전문기술이 허상이라는 사실에 직면했을 때만큼 인간의 성격을 제대로 시험하는 경우도 없을 것이다. 대부분의 머니매니저들은 이 시험에 들지 못하고, 여전히 깊은 부정의 단계에 빠져있다. 이 장의 마지막 부분에서는 액티브 펀드매니저들이 어떻게 자기 합리화를 하는지 설명할 것이다.

　벤저민 그레이엄이나 피터 번스타인(Peter Bernstein), 제임스 버틴

(James Vertin), 찰스 엘리스(Charles Ellis) 같은 최고의 대가들은 자신의 믿음을 몇 번이고 다시 살펴봤으며, 실제 투자 과정에서 이를 조정해나갔다. 그러면 이들이 확인한 내용이 무엇인지 잠시 돌아보자:

- 머니매니저들이 거둔 총수익률은 시장 전체의 합과 같다. 왜냐하면 그들이 바로 시장이기 때문이다.
- 투자자들의 평균 순수익률은 시장 수익률에서 액티브 펀드의 비용을 뺀 것이다. 이 비용이 평균 1~2% 수준이므로 투자자들에게는 시장 수익률보다 1~2%포인트 낮은 수익률이 돌아가는 것이다.
- 계속해서 시장 평균을 앞서는 뛰어난 능력의 머니매니저는 거의 없다고 봐야 한다. 하지만 진짜로 슬픈 사실은 1~2%의 비용만큼이라도 시장 평균보다 꾸준히 앞서는 머니매니저조차 찾기 힘들다는 것이다.

1960년대 말 멜론 뱅크(Mellon Bank)에서 일하던 윌리엄 파우스(William Fouse)라는 젊은이가 이런 내용을 전문적으로 조사해봤다. 새로이 등장한 포트폴리오 평가 기술에 흥미를 느껴 직장 동료들의 수익률을 평가해본 것이다. 그는 깜짝 놀랐다. 시장을 이긴 머니매니저가 단 한 명도 없었다. 요즘은 수천 개의 뮤추얼펀드 수익률이 〈월 스트리트 저널〉에 나와있어 S&P 500 지수와 쉽게 비교할 수 있다. 그런데 불과 30여 년 전만 해도 투자자들은 뮤추얼펀드 수익률과 지수 상승률을 비교할 생각조차 하지 않았고, 펀드 회사에 수익률을 물어보는 경우도 드물었다. 더욱 안타까운 일은 오늘날에도 대개의 투자자와 증권회사 직원들이 펀드의 수익률을 계산해보거나 벤치마크 지수와 비교하지 않는다는 것이다.

그러나 파우스에게 해결책은 분명해 보였다. S&P 500 지수를 구성하는 모든 종목을 매수하는 펀드를 만드는 것이었다. 이렇게 하면 비용을 최소화할 수 있을 뿐만 아니라 시장 수익률과 거의 같은 성과를 거둘 수 있었다. 하지만 그의 아이디어는 처음부터 말도 안 된다는 부정적인 평가에 묻혀버렸다. 그는 곧 새로운 직장을 알아봐야겠다고 결심했다. 다행히 파우스는 현대 금융시장의 새로운 아이디어를 적극적으로 수용하던 웰스 파고(Wells Fargo)에 새 둥지를 틀 수 있었다.

1971년 웰스 파고 신탁부서의 보수적인 책임자 제임스 버틴은 최초의 인덱스펀드를 만드는 계획을 마지못해 승인했다. 하지만 이건 엄청난 실패작이었다. 당초 파우스가 제시했던 아이디어를 따르지 않고, 뉴욕증권거래소(NYSE)에 상장된 1500개 전종목에 똑같은 금액씩을 투자하기로 한 것이다. 그런데 각 종목들의 주가는 오르내림이 들쭉날쭉 하기 때문에 이런 방식으로 투자할 경우 각 종목의 투자 포지션을 똑같이 유지하기 위해 끊임없이 매수와 매도를 반복해야 한다. 결국 액티브 펀드에 비해 비용이 줄어들지 않는 것이다. 웰스 파고는 1973년에야 파우스의 최초 아이디어, 즉 S&P 500 지수 구성종목을 시가총액 비율에 따라 보유하는 방식(이렇게 하면 종목별 주가 움직임에 따라 매수와 매도를 반복할 필요가 없다)을 채택했다.

그러면 "인덱스펀드"가 정확히 무엇인지 정의할 필요가 있다. 인덱스펀드란 지수를 구성하는 전종목 혹은 거의 대부분의 종목을 보유하는 펀드를 말한다. 따라서 인덱스펀드는 시장을 이기기 위한 종목 선정을 하지 않는다. 일반적이지는 않지만 특정한 범주, 예를 들어 대형주, 가치주, 성장주에 속하는 모든 종목을 보유하는 펀드를 인덱스펀드라고 지칭하는 경우도 있다. 현재 거의 모든 인덱스펀드가 "시가총액 방식"을 따르고 있다. 이 방식은 어느 종목의 주가가 두 배로 뛰거나 반토막이 나더라도 지수에서 차지하는 비중은 결과적으로 동일하기 때문에 재조정을 위한 매수나 매도가 불필요한 것이다. 해당 종목이 지수 구성종목으로 존재하는 한 주가가 변동했다고 해서 그 주식을 사거나 팔지 않아도 된다는 말이다.

웰스 파고의 인덱스펀드는 처음부터 일반 투자자들을 상대로 한 게 아니었지만 이 정책은 곧 바뀌게 된다. 1976년 9월 존 보글이 세운 신생 펀드회사인 뱅가드 그룹이 일반 투자자들을 상대로 한 첫 S&P 500 인덱스펀드를 출시했다. 뱅가드 펀드가 시작부터 성공가도를 달린 것은 아니었다. 이 펀드는 출시 2년이 지나도록 1400만 달러의 자산을 모으는 데 그쳤고, 1988년이 되어서야 운용자산 규모 10억 달러를 넘어 펀드 업계에 명함을 내밀 정도가 됐다. 하지만 인덱스펀드가 소액투자자들에게도 유리하다는 사실이 분명해지면서 뱅가드 펀드는 비상하기 시작했다. 최근 몇 년 사이 뱅가드 500 인덱스펀드는 자산 규모 면에서 펀드 업계 1위 자리를 놓고 마젤란 펀드와 엎치락뒤치락 하고 있다.

사실대로 말하자면 뱅가드 500 인덱스펀드는 "너무" 유명해졌다. 주요 주가지수 가운데 S&P 500 지수의 상승률이 최근 몇 년간 가장 높았다. 그러다 보니 "핫머니(hot money)"가 펀드에 유입됐고, 순진한 투자자들이 단순히 높은 수익률만 좇아 펀드에 투자한 것이다.

이로 인해 인덱스펀드에 영향을 미치는 새로운 현상이 발생했는데,

던의 법칙(Dunn's Law)이라는 것이다. 던의 법칙이란 특정 자산 유형의 수익률이 다른 자산 유형보다 더 높을 경우 이 특정 자산 유형을 대상으로 한 인덱스펀드는 액티브 펀드에 비해서도 훨씬 더 나은 성과를 거둔다는 것이다. 가령 1994~98년 사이 뱅가드 500 인덱스펀드는 매년 소위 "대형주" 분야의 펀드 가운데 상위 25% 안에 들었다. 그런데 2000년에는 하위 50%로 떨어졌다. 이런 순위 변동은 S&P 500 지수가 1994~98년에는 다른 모든 지수들을 앞섰던 반면 2000년에는 주요 지수들 가운데 최악의 수익률을 기록했기 때문이다.

그러면 인덱스펀드는 실제로 어떤 성적을 냈을까? 이를 제대로 판단하기 위해서는 같은 유형에 있는 펀드들과 비교하는 것이다. 가령 대형 성장주 인덱스펀드가 대형 성장주 펀드 전체에서 순위가 얼마인지 알아보는 것이다. 다음 표는 뱅가드 인덱스펀드와 S&P/Barra 인덱스 펀드들이 세계적인 뮤추얼펀드 조사기관인 모닝스타(Morningstar Inc.)의 같은 유형 펀드 가운데 순위가 얼마인지 나타낸 것이다. 여기서 순위는 퍼센트 개념으로 상위 1%에서 최하위인 100%까지 매긴 것이며 대상기간은 2001년 3월 31일까지 5년간이다.

표에서 보듯이 9개 유형 중 7개 유형에서 인덱스펀드가 평균 이상의 성적을 거두었고, 4개 유형에서는 상위 25% 안에 들었다. 이 밖에도 몇 가지 더 지적해야 할 게 있다.

우선 모닝스타의 데이터베이스에는 생존자 편향으로 인해 각 유형에서 사라져버린 펀드들이 제외됐다. 그렇지 않았다면 인덱스펀드의 순위가 더 올라갔을 것이다. 둘째, 비교대상 기간을 길게 잡을수록 인덱스펀드의 상대적인 우위가 두드러질 것이다. 〈월 스트리트 저널〉의 조나단 클레멘츠가 말했듯이 "수익률은 올라가기도 하고 내려가기도 하지만 비용은 영원하다."

2001년 3월 31일까지 15년간으로 기간을 늘려잡아 대형 성장주, 대형 가치주, 대형주 혼합, 소형주 혼합 등 4개 유형에서 인덱스펀드의 순위를 매겨본 결과는 각각 24%, 17%, 20%, 23%였다.

비용이 많이 들어가는 침팬지를 피하는 최선의 방법은 무조건 비용을 최소화하고 인덱스펀드로 시장 전체를 매수하는 것이다.

인덱스펀드 및 인덱스	순위(%)
뱅가드 대형 성장주	28
뱅가드 500 인덱스펀드(대형주 혼합)	20
뱅가드 대형 가치주 펀드	34
바라 중형 성장주 인덱스펀드	8
S&P 400 중형주 인덱스(중형주 혼합)	23
바라 중형 가치주 인덱스	24
뱅가드 소형 성장주 펀드	73
S&P 600 소형주 인덱스(소형주 혼합)	63
가드 소형 가치주 펀드	30

바이 앤드 홀드 전략은 어떤가?

이렇게 묻는 독자도 있을 것이다. "시장이 그렇게 효율적이라면 일단 매수한 주식은 계속 갖고 있으면 되지 않을까? 그렇게 하면 영원히 매도하지 않을 테니 자본이득세도 물지 않을 것이다.(인덱스 펀드는 가끔 구성종목 교체로 인해 주식을 매도하고 자본이득세도 내야 한다.)

또 전혀 주식을 거래하지 않으므로 비용 역시 인덱스 펀드보다 더 적을 것이다."

그러나 당신 혼자서 포트폴리오를 구성해서는 안 되는 중요한 이유가 한 가지 있다. 잘못된 주식을 살 수 있는 리스크 때문이다. 아마도 15개 이하의 종목을 보유하면서도 충분히 위험분산 효과를 거둘 수 있다는 말을 들어봤을 것이다. 단기적인 변동성을 낮춘다는 측면에서는 이 말이 맞다. 그러나 당신의 포트폴리오가 직면한 진짜 위험은 단기적인 변동성이 아니라 장기적인 수익률이 낮아질 수 있다는 점이다.

다시 말하면 변동성이 적은 15개 종목으로 나름대로의 포트폴리오를 구성할 수 있지만 그러면 수익률이 형편없을 수 있다. 그림 3-6은 충분한 종목을 보유하지 않았을 때의 리스크를 보여준다. 각각 15개, 30개, 60개 종목으로 구성된 포트폴리오를 무작위로 1000개씩 만들어 수익률을 조사해본 것인데, 마지막에 포트폴리오의 금액이 얼마가 됐는지 시장 수익률과 비교했다. 그림 맨 왼쪽에 있는 막대들이 15개 종목으로 구성한 포트폴리오다.

중간의 회색 막대와 그 위를 지나는 굵은 수평선은 순위로 매겨 50%로 딱 중간인 시장 수익률을 나타낸다. 30년간 시장 수익률로 계속 투자하면 재산이 1달러가 된다고 하자. 맨 왼쪽의 가장 높은 막대는 수익률 순위가 상위 5%로 다른 무작위 포트폴리오 95%를 앞서고 30년 후 재산은 2.50달러로 시장 평균 포트폴리오에 비해 150%나 더 많아진다. 수익률 순위가 상위 25%면 30년 후 재산은 1.50달러로 시장 평균보다 50% 더 불어난다.

그림 3-6을 잘 보면 포트폴리오 수익률이 얼마나 운에 의해 좌우되

는지 알 수 있다. 60개 종목으로 구성한 포트폴리오는 웬만한 소규모 뮤추얼펀드와 비슷하다. 여기서 주목해야 할 사실은 20개 포트폴리오 가운데 하나는 30년 후 재산이 1.77달러 이상으로 늘어나 시장 평균보다 77%나 앞서는데, 이건 순전히 운만 좋으면 얻을 수 있는 것이다. 다시 말해 30년간 시장 평균보다 매년 2%포인트 이상 초과 수익률을 올린 포트폴리오도 단지 운이 좋아 생겨난 것일 수 있으며, 이 포트폴리오를 운용한 펀드매니저는 뮤추얼펀드 업계의 "명예의 전당"에라도 들어갈 수 있을 것이다.(역시 운이 좋지 않아 수익률 순위가 95%에 그친 포트폴리오도 어느 특정한 해에 시장 평균을 앞섰을 가능성은 10%가 넘는다.)

이제 다시 15개 종목으로 구성한 포트폴리오로 돌아가보자. 당신이 운이 나빠 네 번째 막대, 즉 수익률 순위가 하위 25%인 포트폴리오에

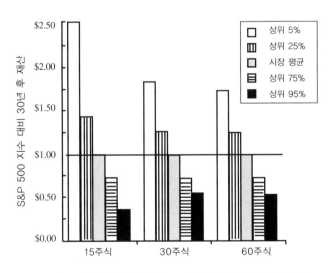

그림 3-6 분산 투자하지 않은 포트폴리오의 30년 후 재산 변화

투자했다면 30년 후 재산은 70센트밖에 남아있지 않을 것이다. 또 진짜로 불운해서 하위 5%에 드는 포트폴리오에 투자했다면 수중의 재산은 40센트로 쪼그라들 것이다.

이제 포트폴리오의 투자 종목을 30개, 60개로 늘려가면 수익률 차이가 상당히 줄어든다는 점에 주목하기 바란다. 이렇게 하면 운이 좋아도 그렇게 대단한 성과를 올리지 못하는 반면, 운이 나빠도 아주 참담한 결과를 얻지 않는 것이다. 마지막으로 주식시장에 상장된 모든 종목을 보유하게 되면 늘 시장 수익률과 똑같은 성과를 거둘 것이므로 수익률이 평균에 못 미칠 염려는 하지 않아도 된다.

그림 3-6은 포트폴리오 분산효과에 숨어있는 아주 결정적인 역설을 보여준다. 투자 포트폴리오를 소수의 종목에 집중할수록 뛰어난 성과를 올릴 확률은 높아진다. 하지만 이와 동시에 운이 나쁠 경우 부진한 수익률을 올릴 가능성도 커진다. 우리가 왜 투자를 하는가라는 문제에 정곡을 찌르는 것이다. 우리는 두 가지 목표를 가질 수 있다: 하나는 부자가 될 가능성을 최대화하는 것이다. 다른 하나는 목표에 미달할 가능성을 최소화하는 것인데, 가난한 여생을 보낼 가능성을 어떻게든 줄이는 것이다.

그런데 이 두 가지 목표가 서로 상충된다는 사실을 깨달아야 한다. 가령 당신이 1000달러의 돈을 투자해 1년 안에 100만 달러로 불리고자 한다. 이렇게 할 수 있는 합법적으로 유일한 방법은 기도를 드린 다음 복권을 사는 것뿐이다. 물론 복권을 산 돈은 거의 날려버릴 것이다. 좀더 현실적인 수준에서 이야기하자면, 10년 후 은퇴를 앞두고 그때까지 연 30%의 수익률을 올리고 싶다. 이건 충분히 가능한 일이다. 모닝스타의 데이터베이스를 뒤져보면 2615개 주식 가운데 113개가 지난 10년간 연평균 30% 이상의 수익률을 올렸다. 물론 2615개 주식 가운데 496개는 마이너스 수익률을 기록했고, 파산한 기업들의 주식은 이 데이터베이스에 빠져있다. 또 885개 주식만이 S&P 500 지수보다 더 높은 수익률을 거뒀다.

다시 강조하지만 포트폴리오를 몇 개 종목에 집중하게 되면 부자가 될 가능성은 최대화할 수 있다. 하지만 불행하게도 이 방법은 가진 재산을 날려버릴 가능성도 최대화한다. 시장 전체를 보유하게 되면, 즉 인덱스펀드 방식으로 투자하면 시장 수익률만큼 보장이 되므로 부자가 될 가능성은 줄지만 재산을 날려버릴 가능성은 최소화할 수 있다.

그림 3-6을 길게 똑바로 바라보라. 시장 수익률이라고 해서 결코 확실한 것은 아니다: 시장 수익률이 어떻게 될지는 누구도 알 수 없다. 하지만 적절한 분산 투자를 하지 않는다는 것은 불확실한 수익률에 그대로 노출되는 것이며 라스베이거스에 가서 도박을 하는 것과 마찬가지다. 시장 리스크를 부담해야 하는 것만으로도 벅차다. 바보가 아닌 다음에야 굳이 분산투자를 하지 않음으로써 추가적인 리스크를 부담하려 들지 않을 것이다. 이런 문제는 피하는 게 상책이다. 우수한 인덱스펀드에 투자해 시장 전체를 보유하라.

인덱스 투자가 "안 맞는" 이유, 다른 합리화 구실

투자업계에서 일한다는 게 그리 생산적이지 못하다는 사실이 이제 뼈아프게 와 닿을 것이다. 확실한 데이터를 두 눈으로 확인했다면 자신의 잘못을 인정하는 게 지적으로 올바른 일일 것이다. 그러나 유감스럽게도 투자업계는 자기 반성에 인색한 편이다.

오히려 왜 인덱스 투자를 해서는 안 되며 액티브 펀드에 계속해서 돈을 맡겨야 하는지 합리화하고 변명만 늘어놓는다. 그게 더 쉽기 때문이다. 그러면 이들이 말하는 공통적인 이유들을 들어보자:

- "인덱스에 투자한 사람들 전부 작년에 아주 망했어요." 맞는 말일 수 있다. 어떤 해에는 "인덱스 투자"(그냥 S&P 500 지수에 투자했다고 하는 말과 같다)가 대부분의 액티브 펀드보다 수익률이 떨어지기도 한다. 가령 1977년과 78년, 79년에 뱅가드 500 인덱스펀드는 전체 주식형 펀드 가운데 백분율 순위가 각각 85%, 75%, 72%에 그쳤다. 이유는 던의 법칙 때문이었다: 이 3년 동안은 소형주가 대형주보다 수익률이 훨씬 더 좋았다. 그런데 S&P 500 지수의 구성종목은 대형주 일색이다 보니 상대적으로 더 뛰어난 소형주의 수익률을 따라갈 수 없었던 반면 액티브 펀드매니저들은 마음 놓고 소형주를 편입했던 것이다. 사실 어느 해에 S&P 500 인덱스펀드의 순위가 얼마나 되는지는 대충 감을 잡을 수가 있는데, 대형주 수익률이 좋은 해에는 상위권에 들었을 테고, 소형주 수익률이 좋은 해에는 하위권에 들었을 것이다. 하지만 여기서 훨씬 더 중요한 점을 지적해야 할 것 같다. 다름아닌 "인덱스 투자의 이점"인데, 연간 1~2%포인트로 별로 크지는 않다. 매년 시장 평균을 1~2%포인트 앞서는 액티브 펀드가 상당수 있는 것도 사실이다. 하지만 "수익률은 오르고 내릴 수 있지만 비용은 영원하다"는 말을 상기하기 바란다. 시간의 지평을 길게 잡을 경우 액티브 펀드가 인덱스 투자를 이길 가능성은 비용 부담으로 인해 갈수록 사

라질 것이다.

- "인덱스 투자는 대형주에는 맞지만, 소형주에는 효과가 없어요. 적극적인 종목 분석이 필요하지요." 이건 던의 법칙을 살짝 돌려서 이야기한 것이다. 그렇다: 지난 10년간 소형주 인덱스펀드는 성적이 아주 안 좋았다. 하지만 이건 소형주의 수익률이 워낙 나빴기 때문이다.

  소형주 인덱스펀드로는 가장 오래된 디멘셔널 펀드 어드바이저스(DFA)의 소형주 인덱스펀드는 지난 15년간 살아남은 전체 소형주 펀드 가운데 백분율 순위로 상위 23%에 올라있다. 이 기간 동안 소형주 수익률이 좋았을 때는 소형주 인덱스펀드도 괜찮았다. 가령 1992~94년의 경우 DFA의 소형주 인덱스 펀드는 모닝스타 소형주 펀드 가운데 상위 13%에 랭크됐고, 2001년 8월까지 3년간의 수익률에서는 상위 29%에 올랐다. 생존자 편향을 감안했다면 아마 훨씬 더 상위권을 차지했을 것이다. 소형주의 경우에도 액티브 펀드매니저들이 성공적인 종목 선정을 할 수 있다. 하지만 소형주는 대형주보다 거래비용이 훨씬 더 비싸게 먹혀 종목 선정에 따른 이득보다 거래비용의 증가로 인한 손실이 더 커질 수 있다.

- "시장이 약세일 때는 액티브 펀드매니저들이 인덱스 펀드보다 더 낫지요." 이 말은 완전히 틀린 것이다. 액티브 펀드매니저들은 그렇게 할 수 없다. 예를 들어 1973년 1월부터 1974년 9월까지 미국 내 주식형 펀드는 평균 −47.9%의 수익률을 기록했지만 S&P 500 지수는 −42.6%를 기록해 오히려 더 나았다. 또 1987년 9~11월 사이 주식형 펀드의 평균 수익률은 −28.7%로 S&P 500 지수의 −29.5%보다 약간 높았다. 사실 대부분의 액티브 펀드가 운용자산의 5~10%를 현금으로 보유하는 반면 인덱스펀드는 기본적으로 자산 전부를 투자한다는 점을 고려하면 이건 참으로 황당한

일이 아닐 수 없다.

- "시장이 패닉에 빠져들면 인덱스펀드는 어쩔 수 없이 보유 주식을 매도할 수밖에 없고 펀드 투자자들은 자본이득세를 물어야 하지요." 이런 주장은 좀 미묘한 구석이 있다: 시장이 패닉에 빠지면 인덱스펀드 투자자들도 자금을 인출하려 들 것이고, 따라서 펀드가 매도하는 주식에는 주가가 오른 종목도 포함될 것이므로 투자자들은 생각지도 않았던 자본이득세를 내야 한다. 하지만 언뜻 봐도 이건 말이 안 된다. 액티브 펀드 투자자들이나 인덱스펀드 투자자들이나 모두 더 나은 수익률을 추구한다. 주가가 올라갈 때 매수하려 하고, 주가가 떨어질 때는 손절매를 할 수도 있다. 이런 점에서 가장 취약한 펀드가 뱅가드 500 인덱스펀드인데, 이 펀드는 워낙 오래된 데다 규모도 커서 25년 전에 현재 주가의 10분의 1도 안 되는 가격에 매수한 주식을 아직도 보유하고 있다. 9.11 사태가 벌어졌을 때도 이 펀드 투자자들은 전혀 패닉에 빠지지 않았고, 펀드 자금 유출도 극히 미미했다.

- "인덱스펀드에 투자하면 결국 평범한 수익률에 만족해야 합니다." 절대로 그렇지 않다: 거꾸로 아주 훌륭한 수익률을 보장한다. 비교 대상 기간이 10년을 넘어가면 대부분의 머니매니저들은 지수를 이기지 못한다. 머니매니저이자 작가이기도 한 빌 셜시스(Bill Schultheis)는 액티브 펀드와 인덱스펀드 간의 선택을 야바위 노름에 비유했다. 당신 앞에 10개의 상자가 있고, 각각의 상자 안에는 1000달러에서 1만 달러까지 1000달러 단위로 들어있다. 당신에게는 두 가지 선택이 있다. 하나는 무작위로 아무 상자나 들춰서 그 안에 들어있는 돈을 가져가는 것이다. 다른 하나는 상자를 들추지 않고 무조건 8000달러를 받는 것

이다. 그렇다. 당신은 지수를 이길 수 있다. 하지만 앞서 설명한 것처럼 비용이 따르기 때문에 액티브 펀드매니저들은 침팬지보다도 못한 결과를 낼 수 있는 것이다. 그리고 당신은 이보다 훨씬 더 좋지 않은 수익률을 올릴 수 있다.

마지막으로 인덱스 투자 전략을 겨냥한 합리적인 비판이 한 가지 있다: 인덱스 투자로는 결코 대박을 터뜨리지 못할 것이고, 큰돈을 벌 수도 없을 것이다. 앞서 살펴봤듯이 분산 투자를 제대로 하지 않으면 재산을 다 날려버릴 가능성이 커진다. 자칫 여생을 아주 궁핍하게 보낼수도 있는 것이다. 대박을 터뜨릴 기회를 놓친다는 건 많은 투자자들에게 아쉬운 일일 것이다. 하지만 선택은 당신에게 달려있다; 아무도 당신 대신 해주지 않는다.

시장은 쉽게 이겨낼 수 없는 아주 가공할 힘을 갖고 있는 존재다. 투자자문가인 오비-완 케노비(Obi-Wan Kenobi)가 그의 고객들에게 해주는 말은 틀림없는 것이다: "인덱스에 투자한다는 것은 바로 이 힘을 이용하는 것이다."

제3장 요약

1. 프로 머니매니저들 사이에서도 종목 선정 기술이 있다는 증거는 거의 없다; 머니매니저들의 상대적 수익률을 연도별로 조사해보면 거의 무작위적이다.
2. 누구도 시장의 타이밍을 맞출 수는 없다.

3. 평균적인 머니매니저의 총수익률(비용 공제 전)은 시장 수익률과 같다.

4. 머니매니저의 기대 수익률(비용 공제 후)은 시장 수익률에서 비용을
빼 것이다.

5. 만족스러운 수익률을 얻는 가장 믿을 만한 방법은 시장 전체를 보유하
는 것, 즉 인덱스에 투자하는 것이다.

4	완벽한 포트폴리오
	The Perfect Portfolio

지금까지 배운 내용들을 하나씩 정리해보자:

- 리스크와 수익률은 불가분의 관계다. 높은 수익률을 원한다면 리스크가 높은 자산, 가령 주식 같은 투자상품을 매수해야 한다.

- 당신은 시장을 이길 수 없다. 그렇다고 너무 슬퍼하지는 말라. 다른 누구도 그렇게 할 수 없으니까.

- 아무도 시장의 타이밍을 맞추지 못한다. 당신이든 누구든 마찬가지다. 케인즈가 말했듯이, 정기적으로 찾아오는 손실의 고통을 불평 없이 맞이하라. 그게 주식을 가진 자의 의무다.

- 주식을 몇 종목만 보유하는 것은 위험하다. 이런 리스크를 감수하는 것은 평균적으로 볼 때 제대로 보상받을 수 없다는 점에서 매우 바보 같은 짓이다.

이 말이 무슨 의미인지는 이제 확실히 이해했을 것이다: 현명한 투자자라면 반드시 시장 전체를 보유하는 방식으로 주식투자를 할 것이다. 그러면 우리가 지금부터 공부해야 할 내용은, 주식 투자의 비중을 얼마로 해야 하는지, 그리고 "시장"이 무슨 의미인지 정확히 파악하는 것이다.

이 두 가지 문제, 즉 당신의 전재산 가운데 얼마를 주식에 투자할 것인지, 또 서로 다른 여러 유형의 주식에 얼마씩 자산을 배분할 것인지가 "자산 배분"의 핵심이다. 투자자였던 게리 브린슨(Gary Brinson)은 1980년대에 동료들과 함께 두 편의 논문을 발표했다. 그는 여기서 "투자 수익률의 차이 가운데 90%이상이 자산 배분에 기인하는 것이며, 종목 선정이나 타이밍에 따른 차이는 10%도 안 된다"고 지적했다.

이후 수많은 학자와 현장 투자자들이 그가 발표한 논문에 반론을 제기했다. 하지만 이들이 제기한 반론에서 놓친 게 하나 있다: 투자 수익률 가운데 얼마가 종목 선정이나 타이밍에 따라 결정되느냐는 중요한 문제가 아니라는 점이다. 물론 종목 선정과 타이밍이 투자 수익률에 결정적인 영향을 미친다는 사실은 모두가 알고 있다. 다만 누구도 종목 선정과 타이밍의 결과를 좌지우지할 수 없다. 당신이 자의적으로 영향을 미칠 수 있는 유일한 요소는 자산 배분뿐이다. 다시 말하면 당신은 시장의 타이밍을 맞추거나 개별 종목을 기가 막히게 선정할 수 없고, 당신의 투자 리스크와 수익률에 스스로 영향을 미칠 수 있는 유일한 요소는 바로 자산 배분이기 때문에, 이것을 투자 전략의 핵심으로 삼아야 한다는 것이다.

우리가 할 수 있는 것과 할 수 없는 것을 분명히 해두는 게 중요하다. 서로 다른 포트폴리오의 성과를 비교할 때 반드시 그 준거로 삼아야 할 게 현재까지의 기록이다. 다양한 주식 자산 유형의 월간 혹은 연간 수익률은 쉽게 파악할 수 있으므로, 이를 "표준편차 최적화(MVO)" 도구로 옮겨 정확한 구성비를 산출해내는 게 최선이다. 하지만 이렇게 한다 해도 여전히 과거시제일 뿐이다; 미래의 포트폴리오 전략에 대해서는 거의 아무것도 알 수 없다. 혹시 누가 당신에게 미래의 최적 자산배분 전략을 알고 있다고 말해온다면 조용히 뒤돌아서 쏜살같이 도망쳐라.

한 가지 예를 들어보겠다. 1970년부터 1989년까지 20년간 최고의 수익률을 올린 주식 자산 유형은 일본 주식과 미국 소형주, 귀금속 관련주였다. 금융시장에서 MVO가 쓰이기 시작한 게 1980년대 말이었다. 이 무렵 당시까지의 자료를 입력한 뒤 최적의 포트폴리오를 뽑아봤다면 십중팔구 일본 주식, 미국 소형주, 귀금속 관련주가 나왔을 것이다. 이들 주식은 그 후 10년간 최악의 수익률을 기록했다. 사실 과거의 수익률에 기초해 주식 포트폴리오를 짜게 되면 참담한 결과로 이어지기 십상이다.

그렇다면 어떤 포트폴리오가 앞으로 최고의 수익률을 올려줄지 예측할 수 있을까? 물론 안 된다. 그렇게 하려면 앞으로 어떤 자산이 어떻게 움직일지 상당히 정확하게 예측할 수 있어야 한다. 이건 마치 시장의 타이밍을 맞추는 것이나 마찬가지인데, 앞서 본 것처럼 불가능한 일이다. 만약 그렇게 할 수 있다면 MVO 따위는 필요 없을 것이다. 그냥 시장에서 최고의 수익률을 올려줄 자산을 매수하면 될 테니 말이다.(혹은 윌 로서스가 말한 것처럼 앞으로 오를 주식만 사면 된다.)

관건은 포트폴리오에 있다

무엇보다 중요한 건 당신의 모든 금융자산, 즉 노후준비 자금과 자녀 학자금, 비상용 자금을 모두 하나의 포트폴리오로 운용해야 한다는 것이다. 가령 당신이 S&P 500 인덱스펀드를 보유하고 있다고 하자. 이 펀드의 수익률이 지난해 10%를 기록했다면 그 안에 포함된 개별 종목 몇 개가 반토막이 났든 80%가 떨어졌든 전혀 걱정하지 않을 것이다. 그렇지 않은가? 이런 식으로 전세계 주식시장에 걸쳐 분산 투자한 포트폴리오를 보유할 수도 있다. 그러면 신문 주식면이나 펀드 실적보고서를 통해 각국에 투자한 주식의 수익률을 금방 알 수 있을 것이다. 아래는 이해를 돕기 위해 몇 가지 주식 자산 유형이 1998년과 1999년, 2000년에 거둔 수익률을 나타낸 것이다:

	1998년	1999년	2000년
미국 대형주(S&P 500 지수)	28.58%	21.04%	-9.10%
미국 소형주(CRSP 9~10)	-7.30%	27.97%	-3.60%
해외 주식(EAFE)	20.00%	29.96%	-14.17%
REITs(윌서 REIT)	-17.00%	-2.57%	31.04%

이 표에 나온 결과는 아주 전형적인 것이다. 1998년을 보자. 우선 분산 투자한 포트폴리오의 성적은 꽤 좋았다. 미국 대형주가 가장 높은 수익률을 거뒀고, REITs는 적지 않은 손실을 기록했다. REITs의 이해 수익률에 실망한 많은 투자자들이 REITs를 환매했을 것이다. 그랬다면 곧 후회하게 됐을 텐데, 2000년에는 다른 주식 자산 유형의 수익률은 전부 부진했지만 REITs만큼은 유일하게 아주 뛰어난 수익률을 기록했기 때문이다. 1998년과 1999년에 아주 훌륭한 성적을 거뒀던 미

국 대형주와 해외 주식은 2000년에 수익률이 급전직하했다.

여기서 핵심은 개별 자산 유형의 연도별 수익률 차이는 무시하라는 것이다. 대개의 경우 이들 자산 유형의 수익률은 평균으로 수렴한다. 중요하게 다뤄야 할 문제는 매일매일의 변동이 아니라 전체 포트폴리오의 장기적인 움직임이다. 포트폴리오를 구성하고 있는 개별 자산 유형의 수익률을 챙겨야만 직성이 풀리겠다면 가능한 한 그 기간을 길게 잡아야 한다.

공부도 하고 경험도 쌓은 투자자들은 대부분 이런 자산 유형의 수익률 등락을 현명하게 받아들인다.(이런 등락을 활용해 이익을 보는 경우도 있지만 이건 나중에 설명할 것이다.) 반면 일부 투자자들은 그렇게 하지 못한다. 만약 당신이 이런 투자자라면, 즉 포트폴리오 전체는 괜찮은 수익률을 거뒀지만 한 가지 자산 유형이 부진했다고 해서 흥분하는 성격이라면, 자산을 직접 운용하지 말아야 한다. 분명히 말하지만 매년 포트폴리오를 구성하는 한두 개 자산 유형은 부진한 수익률을 보이게 마련이다. 더구나 2000년 같은 경우에는 대부분의 자산 유형이 실망스러운 성적을 냈다.

자본시장의 숙명과도 같은 자산 유형들의 일상적인 변동성을 제대로 소화해내지 못한다면 유능한 투자자문가를 찾아 투자 의사결정을 맡겨야 한다. 정상적인 시장의 움직임에 감정적으로 일희일비(一喜一悲)해 대응한다면 절대로 정확한 판단을 내릴 수 없다.

이 장에서는 여러 단계에 걸쳐 자산 배분 과정을 탐색할 것이다. 그러면 자산 배분에서 가장 중요한 의사결정 문제부터 시작해보자: 투자 자산 가운데 얼마를 위험자산에 투자할 것인가?

1단계: 위험 자산과 무위험 자산

본질적으로 이 세상에는 두 가지 금융자산밖에 없다: 하나는 수익률이 높으면서 리스크도 높은 금융자산이며, 또 하나는 수익률이 낮으면서 리스크도 낮은 금융자산이다. 당신의 포트폴리오가 어떻게 움직이느냐는 이들 두 가지 금융자산을 어떻게 조합하는가에 달려있다. 제1장에서도 살펴봤듯이 모든 주식은 위험 자산이며 장기 채권도 마찬가지다. 유일한 무위험 자산은 신용도가 높은 단기 채권으로, 단기 국채, 우량 기업의 단기 회사채, 양도성 예금증서(CD), 단기 지방채 등이다. 무위험 자산은 인플레이션과 이자율 변동의 영향을 받지 않도록 만기가 최장 5년 미만이라야 한다. 만기가 길지만 인플레이션으로 인한 부정적 영향을 받지 않는 재무부의 인플레이션 보장 채권(TIPS) 역시 무위험 자산이라고 보는 시각이 있다.

지금부터는 위험 자산과 무위험 자산의 비중이 다른 다양한 포트폴리오를 만들어 시장의 등락에 따라 이들 포트폴리오가 어떻게 움직이는가를 설명할 것이다. 그렇다고 위험 자산의 비중을 얼마로 했을 때 미래 수익률이 얼마가 될 것인지 예측하려는 것은 아니다. 이미 언급했듯이 과거의 수익률 자료는 향후 리스크를 예측해주는 훌륭한 지표가 될 수 있지만 미래 수익률까지 말해주지는 않는다.

그러면 가장 간단한 포트폴리오부터 시작하자: 단기 국채와 미국 주식 두 가지만으로 포트폴리오를 구성하는 것인데, 그림 4-1부터 4-5까지는 이들 두 가지 자산의 비중을 100/0, 75/25, 50/50, 25/75, 0/100으로 바꿨을 때 각각의 수익률을 나타낸 것이다.

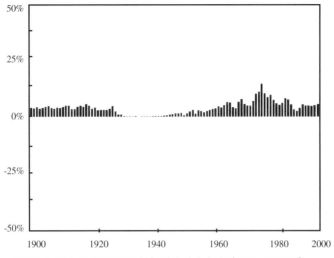

그림 4-1 단기 국채 100%로 했을 때의 연간 수익률(1901~2000년)

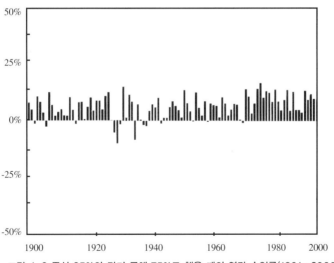

그림 4-2 주식 25%와 단기 국채 75%로 했을 때의 연간 수익률(1901~2000년)

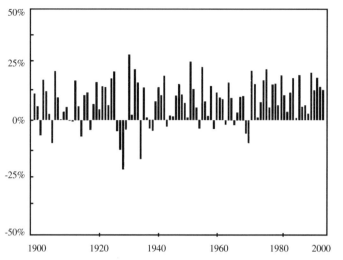

그림 4-3 주식 50%와 단기 국채 50%로 했을 때의 연간 수익률(1901~2000년)

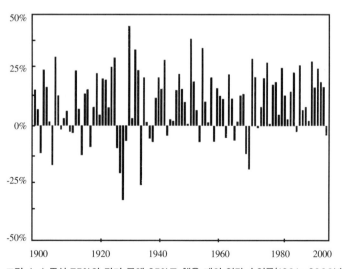

그림 4-4 주식 75%와 단기 국채 25%로 했을 때의 연간 수익률(1901~2000년)

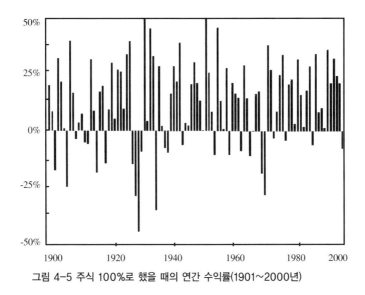

그림 4-5 주식 100%로 했을 때의 연간 수익률(1901~2000년)

그림을 보면 쉽게 알 수 있듯이 주식의 비중을 늘릴수록 부진했을 때의 손실폭이 더 커진다. 그만큼 리스크에 더 많이 노출됐다는 말이다. 표 4-1은 단기 국채와 주식의 구성비를 더욱 세분화해 1901~2000년의 장기 수익률과 1973~74년 약세장 시기의 수익률 및 손실의 크기를 나타냈다. 마지막으로 그림 4-6에서는 이들 포트폴리오의 장기 수익률과 1973~74년의 수익률을 함께 표시했다.

그림 4-6이야말로 이 장의 핵심을 보여주고 있다고 할 수 있는데, 그런 의미에서 가만히 음미해볼 필요가 있다. 이 그림에서는 포트폴리오의 수익률 대비 리스크의 교환관계가 그대로 드러나 있다. 왼쪽 세로축에 적혀 있는 숫자는 포트폴리오의 연간 수익률이다. 포트폴리오가 위에 표시돼 있을수록 수익률이 더 높다. 가로축에 적혀 있는 숫자는 리스크를 표시하고 있는데, 포트폴리오가 왼쪽에 자리잡을수록 리

스크가 더 크다.

그런데 먼저 다소 혼동되는 용어부터 정리하고 넘어가자. 지금까지 "고정소득 유가증권(fixed-income securities)"에 대해 장기 채권(bond)과 단기 채권(bill)이라는 용어를 써왔다. 그런데 장기 채권과 단기 채권은 만기에 따라 구분되는 것이기도 하지만, 장기 채권은 통상 정기적으로 이자를 지급하는 채권인 반면, 단기 채권은 통상 할인된 가격으로 발행된 다음 만기에 액면가격으로 상환하는 채권이다. 가장 많이 거래되는 단기 채권은 단기 국채와 기업에서 발행하는 상업어음이다.

만기가 긴 장기 채권에 투자하는 건 바보짓이나 마찬가지다. 변동성이 심하고, 인플레이션에 극히 취약하며, 장기 수익률 또한 낮으니 말이다. 이런 이유로 포트폴리오에서 천덕꾸러기 대접을 받는다. 대부분의 전문가들은 장기 채권의 만기를 가능한 한 짧게, 5년 미만이면 좋고 적어도 10년 미만으로 가져가라고 말한다. 따라서 이 시점 이후부터 "주식과 채권"이라고 말할 때, 이 채권은 그것이 재무부가 발행한 국채든, MMF든 CD든, 단기 회사채든 단기 지방채든 만기가 5년 미만인 채권이라는 점을 기억하기 바란다. 따라서 이 장에서 쓰는 채권이라는 용어에는 수익률 대비 리스크의 교환관계를 도저히 받아들이기 힘든 장기 국채나 장기 회사채를 제외시켰다. 좀 혼란스러울 것이라는 점은 인정한다. 사실 정확한 용어를 사용하자면 "주식과 만기가 비교적 단기인 고정소득 유가증권"이라고 해야겠지만, 이건 너무 중언부언하는 느낌이기 때문이다.

표 4-1과 그림 4-6은 리스크와 수익률의 교환관계를 극명하게 보여

표 4-1 주식과 채권의 비중을 달리했을 때의 수익률 비교

(1901~2000년 및 1973~74년 약세장)

주식/채권 투자 비중	1901~2000년 연간 수익률	1973~74년 수익률
100%/0%	9.89%	-41.38%
95%/5%	9.68%	-38.98%
90%/10%	9.46%	-36.52%
85%/15%	9.23%	-34.03%
80%/20%	8.99%	-31.48%
75%/25%	8.74%	-28.89%
70%/30%	8.48%	-26.25%
65%/35%	8.21%	-23.57%
60%/40%	7.93%	-20.84%
55%/45%	7.64%	-18.07%
50%/50%	7.35%	-15.25%
45%/45%	7.04%	-12.38%
40%/60%	6.72%	-9.47%
35%/65%	6.40%	-6.51%
30%/70%	6.06%	-3.51%
25%/75%	5.72%	-0.46%
20%/80%	5.36%	2.64%
15%/85%	5.00%	5.78%
10%/90%	4.63%	8.97%
5%/95%	4.25%	12.21%
0%/100%	3.86%	15.49%

준다. 여기서 핵심은 주식과 채권 사이의 선택은 이것이냐 저것이냐의 문제가 아니라는 점이다. 포트폴리오 전략의 가장 중요한 첫 번째 단계는 자신이 리스크를 얼마나 감내할 수 있는가를 평가하는 것이

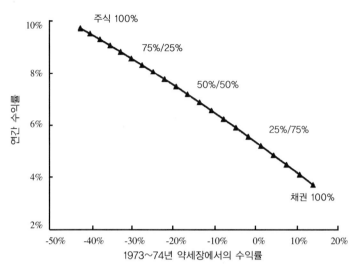

그림 4-6 주식과 채권의 투자 비중에 따른 포트폴리오 리스크와 수익률(1901~2000년)

다. 그래야 위험 자산과 무위험 자산 간의 전반적인 균형, 즉 주식과 단기 채권의 비중을 결정할 수 있다.

많은 투자자들이 이 문제를 반대로 접근한다. 은퇴 후에 필요한 자금이나 자녀 학자금, 주택 구입 자금을 만들려면 어느 정도의 수익률이 필요한지 먼저 결정하는 것이다. 이건 잘못된 것이다. 포트폴리오 리스크가 자신이 감내할 수 있는 수준을 넘어버리면 상황이 나빠졌을 때 자신의 당초 계획을 포기해버릴 가능성이 높아진다. 그렇다고 해서 최저 수익률을 미리 설정하지 말라는 얘기는 아니다. 가령 당신이 은퇴 이후를 대비해 많은 돈을 저축해놓았지만 자녀들에게 유산을 남겨주거나 특별히 기부할 계획도 없다면 아주 낮은 수익률만 보장돼도 앞으로의 생활에 걱정이 없을 것이다. 이런 경우라면 당신의 리스크 감내 수준이 아무리 높더라도 고수익/고위험 위주로 포트폴리오를 구성할 이유가 없다.

한 가지 더 고려해야 할 사항이 있는데, 앞으로 주식 수익률이 과거에 비해 더 낮아질 가능성이 있다는 점이다. 그림 4-6에 나타난 포트폴리오 곡선의 기울기는 꽤 급한 편으로, 20세기에는 추가적인 리스크에 괜찮은 수익이 뒤따랐음을 말해준다. 하지만 향후 수익률과 리스크의 교환관계는 그림 4-7처럼 바뀌어 위험 자산과 무위험 자산 간의 수익률 차이가 훨씬 더 적어질 수 있다. 이 그림은 주식과 채권의 수익률을 각각 연 7%, 연 5.5%로 상정한 것이다. 이렇게 되면 포트폴리오 전부를 주식으로만 채워가면서까지 굳이 고위험을 감내할 실익이 적어질 것이다.

마지막으로 구상과 실행에는 엄청난 간격이 있다는 점을 다시 강조

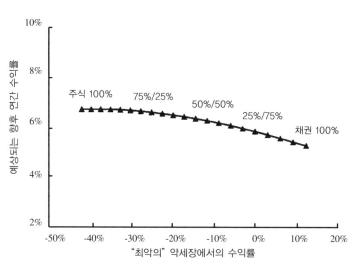

그림 4-7 앞으로 예상되는 포트폴리오 리스크와 수익률

해야겠다. 백지 위에 혹은 컴퓨터 화면에 포트폴리오 전략을 멋지게 만들어놓는 것과 그것을 실제로 실행하는 것은 전혀 차원이 다른 문제다. 머릿속으로 30%의 손실 가능성을 계산하는 것은 마치 컴퓨터 시뮬레이터로 비행기 추락사고를 훈련하는 것과 같다; 실제로 당해 보면 몇 백 배 더 가슴이 저민다. 만약 당신이 이제 막 투자를 시작한 경우라면 보수적인 입장을 견지하라. 초기에는 당신의 리스크 감내 능력을 과소평가하다가 시간이 지난 다음에 위험 자산의 비중을 높이는 게 처음부터 무리하게 위험 자산을 욕심 내는 것보다 훨씬 낫다.

1920년대와 1960년대 수백만 명의 투자자들이 자신들은 주식 투자 비중이 높아도 이를 충분히 감내할 수 있다고 생각했다. 결국 두 경우 모두 주식시장이 폭락하자 이들은 거의 한 세대 가까이 시장을 떠나버렸다. 당신의 포트폴리오에 내재된 리스크는 포트폴리오의 주식 비중이 얼마나 되는가와 직접적으로 연관돼 있다는 점에서 투자 초기 단계에는 주식 투자 비중을 비교적 적게 가져가는 게 낫다. 물론 이건 전통적으로 투자의 세계에 전해져 내려온 속설과 상충되는 것이다: 젊은 투자자일수록 손실을 봐도 만회할 수 있는 기간이 충분하므로 공격적으로 투자해야 한다는 속설이다. 하지만 이렇게 처음부터 공격적으로 투자하는 전략의 문제점은, 초기에 큰 손실을 입은 다음 그 상처로 인해 주식시장을 떠나버리면 영원히 손실을 만회할 수 없다는 점이다.

지금까지의 설명을 집약하면 자산 배분의 대원칙 한 가지를 얻을 수 있다: 자신의 리스크 감내 능력을 확신할 수 없다면 주식 투자 비중을 낮게 잡아야 한다.

2단계: 글로벌 주식 비중

왜 해외 주식에까지 분산 투자해야 할까? 그것은 국내 주식시장이 한쪽으로 쏠릴 때 해외 주식시장은 반대 방향으로 움직이거나 최소한 쏠리는 정도가 그렇게 심하지 않을 수 있기 때문이다. 최근의 자료를 보자.

20세기 초 국제 자본시장은 지금보다도 훨씬 더 긴밀히 연결돼 있었다. 영국 투자자가 미국 채권이나 프랑스 주식을 사는 건 일반적이었고, 국가간 자본이동을 막는 규제도 거의 없었다. 두 차례의 세계대전을 겪으며 이런 상황은 바뀌었다; 국제적인 자본이동도 아주 느린 속도로 회복됐을 뿐이다. 현대적인 의미에서 국제적인 분산 투자의 역사는 모건스탠리의 EAFE(유럽, 호주 및 극동지역) 지수가 처음 발표된 1969년부터 시작됐다고 할 수 있다. 이 지수 덕분에 2000년 말까지 32년간의 해외 주식 수익률을 정확히 파악할 수 있다. 이 기간 중 EAFE 지수는 연평균 11.89% 상승해 S&P 500 지수의 상승률 12.17%보다 약간 낮았다.

이처럼 해외 주식의 수익률이 미국 주식에 비해 낮거나 기껏해야 비슷한 수준이라면 굳이 해외 주식에 투자하는 이유는 무엇일까? 두 가지가 있다: 리스크와 수익률이다. 그림 4-8은 두 지수의 연간 수익률을 나타낸 것이다. 두 지수의 수익률 차이가 상당히 큰 해가 꽤 여러 차례 있었음을 확인할 수 있을 것이다. 특히 1973년과 74년을 보면 EAFE는 S&P 500 지수보다 하락폭이 작았다: 두 해 동안 EAFE는 33.16%의 손실을 기록한 반면 S&P 500 지수는 37.24%나 하락했다. 이 말은 해외

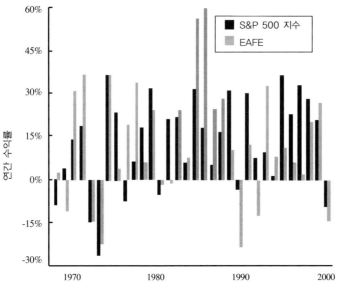

그림 4-8 미국 주식과 해외 주식의 수익률(1962~2000년)

주식에 투자한 글로벌 투자자들이 약간 더 나은 안전판을 확보하고 있다는 의미다.

그림 4-9에서 나타낸 것처럼 수익률을 10년 단위로 나눠보면 해외주식을 포함한 분산 투자의 필요성이 보다 극명하게 드러난다. 1970년대의 경우 S&P 500 지수의 수익률은 물가상승률보다도 낮았다.(실질 수익률이 마이너스였다는 말이다.) 반면 EAFE 지수는 물가상승률을 너끈히 앞질렀다. 1980년대에도 EAFE 지수가 S&P 500 지수 상승률을 1970년대와 비슷한 수준으로 추월했다는 것을 알 수 있다.

따라서 1970년대와 80년대에는 글로벌 분산 투자가 꽤 좋은 성과를 거둔 셈이다. 만약 어느 미국인이 이 시기에 은퇴했는데 미국 주식만 포트폴리오에 편입시키고 있었다면 낮은 수익률로 인해 상당히 고생

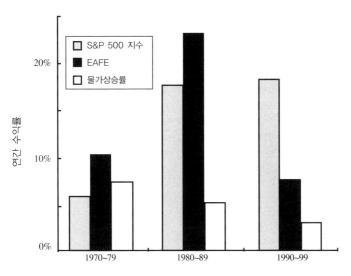

그림 4-9 S&P 500 지수와 EAFE, 인플레이션 비교(10년 단위)

했을 것이다. 1990년대에는 해외 주식도 평균회귀의 법칙을 벗어나지 못해 글로벌 분산투자 역시 시련을 겪어야 했다.

해외 주식의 수익률이 미국 주식보다 약간 낮은 편이기는 하지만 글로벌 분산 투자의 필요성은 바로 이 수익률에 있다. 대부분의 투자자들은 처음 자산 배분을 몇 십 년씩 계속해서 그냥 가져가지 않는다. 다양한 자산 유형의 수익률이 해마다 바뀌기 때문에 포트폴리오를 "재조정"해야 한다고 생각한다. 포트폴리오 재조정이 무엇인지 알려면 1985~86년에 무슨 일이 벌어졌는지 살펴보면 간단하다.

2년간 S&P 500 지수의 수익률은 매우 높아 57%에 달했다. 그러나 EAFE 지수는 무려 166%나 상승했다! 만약 처음에 해외 주식과 미국 주식의 비중을 50/50으로 가져갔다면 2년이 지나 포트폴리오의 비중이 63/37로 변했을 것이다. 포트폴리오 재조정이란 더 높은 수익률을 거둔 자산(여기서는 해외 주식)을 팔아 더 낮은 수익률을 거둔 자산(여기서는 미국 주식)을 매수해 최초의 비중 50/50으로 자산 배분을 맞추는 것을 의미한다.

이렇게 1969년부터 2000년까지 미국 주식과 해외 주식의 비중을 2년마다 재조정해 50/50 자산 배분을 유지했을 경우 연평균 수익률은 12.62%가 된다. 이 같은 수익률은 EAFE 지수보다 앞선 S&P 500 지수 상승률보다도 0.45%포인트 높은 것이다. 왜 이런 결과가 나온 것일까? 재조정을 통해 최초의 자산 배분 계획으로 돌아가다 보니 주가가 높은 주식은 팔고 주가나 낮은 주식은 사게 됐기 때문이다. 따라서 장기적으로 국제적인 분산 투자는 리스크를 줄여줄 뿐만 아니라 수익률도 높여준다. 하지만 주의해야 할 게 있다: 1990년대의 경우에서 분명히 알 수 있듯이 해외 주식으로 분산 투자한다고 모든 문제가 해결되는 것은 아니다. 분산 투자의 효과를 보려면 적어도 15~20년은 돼야 한다.

최근까지도 대개의 미국 투자자들은 굳이 해외 주식으로 분산 투자해야 할 필요를 못 느꼈다. 이건 선택사항이 아니었다. 미국 투자자들이 해외 주식에 투자한 지 100년이 지났지만 왠지 성가시고 낯선 데다 비용도 많이 들었다. 또 해외 주식에 투자하는 미국 펀드회사가 문을 연 지 50년이 다 됐지만 1980년대 초 이전까지는 본격적인 해외 주식 투자가 이뤄지지 않았다. 뱅가드 그룹이 누구나 투자할 수 있고 수수료도 싼 해외 인덱스펀드를 미국에서 처음으로 출시한 것은 1990년이 되어서였다.

그러면 해외 주식으로 적정한 자산 배분을 한다면 얼마를 해야 할까? 여기에는 상당히 복잡한 문제가 뒤따른다. 효율적 시장가설의 신봉자라 해도 머리를 절레절레 흔들지 모른다. 현재 미국 주식시장의 시가총액은 13조 달러에 불과한데 나머지 전세계 주식시장의 시가총액은 20조 달러에 달한다. 글로벌 주식시장이 효율적이라고 생각한다면 시가총액 비중에 따라 포트폴리오 주식의 60% 이상을 해외 주식에 투자해야 할 것이다. 이건 사실 글로벌 분산 투자를 아무리 좋아하는 투자자라도 좀 과한 비중이다.

그렇다면 보다 합리적인 자산 배분 방법은 없을까? 무엇보다 해외 주식이 포트폴리오 주식의 50%를 넘어서는 안 된다. 왜냐하면 첫째, 해외 주식은 미국 주식에 비해 연간 기준으로 변동성이 크다. 둘째, 보유비용이나 거래비용이 모두 더 비싸다. 가령 뱅가드 그룹의 해외 인덱스펀드의 경우 미국 인덱스펀드에 비해 연간 비용으로 0.2%포인트를 더 부담한다. 마지막으로 해외 주식의 배당금에 대해서는 해당국 정부가 1차적으로 세금을 부과하는데, 나중에 이를 공제받지 못할 수 있다.

"최적의" 해외 주식 투자 비중에 대해서는 전문가들마다 의견이 분분하지만 주식 보유액의 15~40% 선이 적정하다는 데는 대부분이 동의한다. 해외 주식 투자 비중을 얼마로 할 것인가는 자신의 포트폴리오 수익률과 국내 주식 수익률 간의 오차를 얼마나 받아들일 것인가에 달려있다. 그림 4-9를 다시 보자. 어느 투자자가 해외 주식 투자 비중을 높게 가져갔다면 1990년대에는 마음이 편치 않았을 것이다. 비록 수익률은 만족스러운 편이었지만 해외 주식으로 분산 투자하지 않았더라면 훨씬 더 높은 수익률을 거뒀을 것이라고 후회할지 모른다. 따라서 글로벌 주식에 분산 투자한 포트폴리오의 장기 수익률이 미국 주식에만 투자한 포트폴리오보다 약간 더 높다 하더라도 글로벌 포트폴리오의 수익률이 상대적으로 떨어지는 기간이 10~15년씩 이어질 수도 있는 것이다.

일시적이기는 하지만 어쨌든 S&P 500 지수보다 떨어지는 수익률을 도저히 견딜 수 없다면 해외 분산 투자 비중을 줄이는 게 상책이다. 반대로 이 같은 일시적 오차에 상관하지 않겠다면 해외 분산 투자 비중을 최대 40%까지 끌어올려도 무방하다. 하지만 자산 배분 비율을 얼마로 하든 중요한 것은 아무리 힘든 경우에도 당초의 투자 비중을 지켜나가는 것이다.

3단계: 규모와 가치

1단계와 2단계, 즉 주식과 채권, 그리고 해외 주식과 국내 주식 간의 자산 배분 비율을 결정했다면 문제의 80%를 해결한 셈이다. 사실 이렇게 세 가지 자산 유형 혹은 뮤추얼펀드만 갖고도 지낼 수 있다: 미국 주식, 해외 주식, 단기 채권, 이 정도면 충분하다.

하지만 당신의 자산 배분 방안에 추가할 만한 가치가 있는 비교적 간단한 몇 가지 포트폴리오가 더 있다. 앞서 살펴본 것처럼 가치주와 소형주의 수익률은 시장 평균보다 약간 더 높았다. 물론 가치주와 소형주의 분산 투자 효과는 그렇게 확실한 것은 아니다. 가령 1973~74년 약세장에서는 가치주의 수익률이 –23%로 성장주의 –37%보다 좋았다. 하지만 1929~32년 약세장에서는 가치주의 수익률이 –78%에 달했지만 성장주는 –64%에 그쳤다. 학자들은 가치주의 수익률이 성장주보다 약간 더 높은 이유는 리스크가 더 크기 때문이라고 지적한다. 이들 기업은 경기 침체기에 보다 취약하다는 것인데, 1929~32년 약세장에서 이 같은 사실이 여실히 드러났다.

하지만 성장주가 오히려 더 위험한 시기도 있다. 다음 장에서 살펴보겠지만 투자 대중들은 가끔씩 첨단기술을 이끌어 가는 선두 기업에 과도하게 열광하곤 한다. 1990년대 말 기술주와 닷컴 주식에서 보았던 것처럼 이런 성장주의 주가는 비이성적으로 치솟는다. 그러나 거품이 꺼지면 엄청난 손실만 남는다. 반면 은행주나 자동차주, 철강주에서는 거품 걱정을 할 필요가 없다.

소형주가 대형주보다 더 위험하다는 것은 당연한 사실이다. 중소기업은 아무래도 기반이 취약하다. 이보다 더 중요한 문제는 하루 거래량이 매우 적다 보니 약세장에서 매도자 몇 명만 동시에 물량을 내놓아도 주가가 급락할 수 있다는 점이다. 1929~32년에 소형주는 85%나 주가가 떨어졌고, 1973~74년에는 58%나 하락했다. 그렇다면 왜 소형주에 투자하는 것일까? 그 이유는 아주 장기적으로 봤을 때 소형주의 수익률이 좀더 높기 때문이다; 앞서 그림 1-18에서 설명한 것처럼 소형 가치주가 특히 더 그렇다.

그러면 당신의 포트폴리오에서 소형주와 가치주의 투자 비중은 얼마로 해야 할까? 이것 역시 당신이 수익률 오차를 얼마나 견딜 수 있느냐에 달려있다. 소형주와 가치주의 수익률은 1990년대처럼 10년 이상 장기간에 걸쳐 시장 평균을 밑돌 수 있다. 지난 30년간의 주식시장 전체 수익률과 소형주 및 대형 가치주, 소형 가치주의 수익률을 비교해 보자. 1970~99년까지 소형 가치주가 연 16.74%로 가장 높은 수익률을 기록했고, 대형 가치주 15.55%, S&P 500 지수 13.73%, 소형주 11.80% 등의 순이었다.

그런데 10년 단위로 세분화해 보면 최근 10년간은 이 순위가 역전돼 S&P 500 지수의 수익률이 가장 높고, 소형 가치주가 가장 낮았다. 다시 한번 시장 평균과의 수익률 오차에 직면한 셈이다: 이 같은 수익률 오차를 얼마나 견뎌낼 수 있는가? 만약 시장 전체에 투자하는 당신 이웃보다 수익률이 떨어진다고 해서 잠을 이루지 못한다면 소형주나 가치주에는 투자하지 않는 게 좋다.

그러면 소형주와 가치주의 투자 비중은 얼마로 해야 할까? 일반적으로 말하자면 소형주보다는 대형주에 더 많이 투자해야 한다. 대형주에서는 가치주와 성장주의 균형을 맞추는 게 합리적이다. 소형 성장주는 상대적으로 수익률은 낮고 리스크는 크므로, 소형주에서는 성장주보다는 가치주에 더 많이 투자해야 한다. 하지만 당신의 투자 비중이 시가총액 비율과 어긋날수록 당신의 수익률도 주식시장 전체의 움직임과 달라질 수밖에 없다. 그럴 경우 일시적으로 시장 평균을 밑도는 수익률이 나오면 심한 스트레스를 받을 것이다.

4단계: 업종

업종별 자산 배분은 어떻게 해야 하나? 전기전자, 자동차, 은행, 항공 업종에는 얼마씩 투자하는 게 좋을까? 이건 크게 걱정하지 않아도 된다; 일단 인덱스펀드를 통해 시장 전체에 투자했다면 모든 업종의 주식을 보유한 셈이기 때문이다. 특별히 업종별 자산 배분으로 수익률을 더 높일 수 있는 유일한 방법은 장래에 가장 높은 수익률을 가져다줄 유망업종에 투자하는 것이다. 그런데 이건 앞서 설명한 것처럼 운수소관이나 다름없다.

업종별 자산 배분에 집착하는 게 그리 좋지 않은 이유는 또 있다: 유망업종 자체가 사라져버릴 수 있기 때문이다. 예를 들어 19세기 말 철도회사는 미국 주식시장 시가총액의 거의 전부를 차지했다. 그러나 1950년대로 접어들 무렵 철도회사는 자동차회사와 항공사에 밀려나 사양길로 접어들었다. 1980년에는 에너지 주식이 폭발적인 인기를 끌었지만 10년도 안 돼 주식시장의 시가총액 비중이 4분의 1로 쪼그라들었다. 유망업종을 좇아 투자할 때의 가장 큰 리스크는 자칫 다음 세대의 사양업종으로 빠져들 수 있다는 점이다.

그러나 내가 어쩔 수 없이 깊은 관심을 기울이는 두 가지 분야가 있으니 바로 REITs(부동산 투자신탁)와 귀금속 관련주다. 이 두 분야의 역사적인 수익률과 미래의 기대 수익률은 시장 전체와 비교해도 전혀 뒤지지 않는다. 그리고 앞서 본 것처럼 다른 주식들이 전부 하락할 때 이 두 분야의 주식은 괜찮은 수익률을 거뒀다. 다만 안타깝게도 다른 주식들이 전부 높은 수익률을 기록할 때 이 두 분야의 주식은 부진했다.(DFA의 댄 휠러(Dan Wheeler)가 지적했듯이 분산 투자의 문제점은 우리가 원하든 원치 않든 늘 그렇게 된다는 것이다.) 결국 이것 역시 시장 평균과의 수익률 오차에서 자유롭지 못하다는 말이다: 다른 주식들에 비해 수익률이 떨어질 때 이를 얼마나 참고 견딜 수 있는가?

REITs는 이 같은 수익률 오차와 높은 변동성을 수반하기 때문에 전체 주식 자산 가운데 15% 이상 투자하면 안 된다.

금이나 은, 플래티넘을 채굴하는 기업의 주식인 귀금속 관련주는 역사적으로 상당히 낮은 수익률을 기록했는데, 물가상승률을 겨우 웃도는 수준이었다. 그뿐만 아니라 시장 평균을 밑도는 부진한 수익률이 꽤 오랜 기간 이어졌고 변동성도 아주 높았다. 그런데 이런 주식에 투자할 필요가 있을까? 세 가지 이유가 있다.

첫째, 귀금속 관련주의 수익률은 전세계 어느 금융시장의 움직임과도 상관없이 독립적으로 움직인다. 글로벌 주식시장이 폭락할 때도 귀금속 관련주는 상승세를 탈 수 있다. 예를 들어 1973~74년의 경우 금 관련주는 28% 상승했다. 1929~32년에는 비록 정확한 수치를 확인할 수 없지만 이 시기에도 다른 투자상품은 전부 죽을 쑤었지만 금 관련주는 꽤 좋았다.

둘째, 귀금속 관련주는 인플레이션이 다시 맹위를 떨치게 되면 높은 수익률을 기록할 것이다. 인플레이션 시기에는 대개 귀금속이나 부동산, 각종 "수집품" 같은 "유형자산"의 투자 효과가 좋다.

셋째, 귀금속 관련주의 들쭉날쭉한 변동성이 포트폴리오 재조정에서 유리하게 작용한다. 가령 당신의 포트폴리오에 귀금속 관련주를 편입시킨 다음 주가가 떨어지면 재조정을 위해 추가로 매수하고 주가가 올라가면 추가로 매도하게 되면 이들 주식에서만 연 3~5%포인트의 추가 수익을 더 거둘 수 있다. 물론 이렇게 하려면 시장 분위기와 역행해야 하므로 나름대로 훈련을 쌓아야 한다. 당신이 이들 주식을 팔 때는 여기저기서 사는 게 좋다는 이야기가 들려올 것이고, 또 당신이 살 때는 다른 사람들이 너도나도 매도에 나설 것이기 때문이다.

　여기서 흥미로운 사실을 하나 발견할 수 있는데, 어떤 특별한 자산을 포트폴리오에 편입할 경우 역사적인 수익률보다 약간 더 좋은 성과를 거둘 수 있다는 것이다. 이런 결과를 얻으려면 그 자산은 변동성이 높으면서 시장의 다른 부분과 같은 방향으로 움직여서는 안 된다. 금 관련주가 대표적인 이런 자산이고, REITs와 이머징마켓 주식, 해외 소형주 등도 여기에 포함시킬 수 있다. 하지만 이런 이점은 투자 비중의 재조정에 따른 것이므로, 포트폴리오에 자금이 계속 들어오거나 최소한 돈이 빠져나가지 않아야 얻을 수 있다.

　한마디로 귀금속 관련주는 선택하기 나름이다. 금 관련주가 불안하다면 매수하지 말라. 만약 이런 자산을 매수한다 하더라도 포트폴리오에서 차지하는 비중은 아주 작아야 한다.

실제 사례

자산 배분의 전체적인 과정이 어떤 것인지 몇 가지 사례를 통해 알아보자. 다시 강조하지만 앞으로 10년, 혹은 20년, 30년에 걸쳐 여러 종류의 주식으로 최적의 자산 배분을 할 수 있을 것이다. 하지만 불행하게도 이런 자산 배분 방법을 미리 알 수는 없다.(단기적으로는 수익률이 가장 높은 자산에 100% 투자하고, 장기적으로는 수익률이 높은 두세 가지 자산에 전부 투자하는 경우도 있을 것이다.) 하지만 무엇보다 자산 배분은 적절한 분산 투자로 이뤄져야 하며 어떤 상황에서도 아주 양호한 움직임을 보여야 한다.

그러면 찰리라는 가상의 인물에서 시작해보자. 찰리는 위험 자산에 투자하는 것을 싫어하고 최대한 단순한 방법을 선호한다. 하지만 그의 이웃 해리가 블루칩 주식에 투자해 짭짤한 수익을 거뒀다는 게 마음에 걸리는 것도 사실이다. 몇 년 뒤면 은퇴해야 할 그는 지금까지 살아오면서 주식시장이 침체에 빠진 경우를 몇 차례나 목격했다. 그는 주식 투자비중이 50%를 넘으면 잠을 못 이룰 것임을 잘 알고 있다. 찰리에게 적합한 자산 배분은 이런 식일 것이다:

- 35% 미국 주식(S&P 500 지수가 아닌 "전체 주식시장")
- 10% 해외 주식
- 5% REITs
- 50% 단기 채권

찰리의 포트폴리오에서 주식 투자 수익률은 시장 평균에서 크게 벗어나지 않을 것이다. 따라서 이제 해리와 이야기하면서 크게 스트레스 받는 일은 없을 것이다. 무엇보다 좋은 점은 이렇게 할 경우 매년 몇 시간만 내면 포트폴리오 재조정을 끝낼 수 있다는 것이다.

이제는 그 반대쪽에 있는 웬디를 살펴보자. 그녀는 대기업 회계부서에서 컴퓨터 네트워크 담당으로 일하고 있다. 현재 28세인 그녀는 숫자와 씨름하는 게 전혀 어렵지 않다. 더구나 아버지를 닮아 투자하기를 좋아하는 데다 리스크를 두려워하지 않는다. 웬디에게 적합한 자산 배분은 이런 식일 것이다:

- 10% S&P 500 지수

- 10% 미국 대형 가치주
- 5% 미국 소형주
- 7.5% 미국 소형 가치주
- 7.5% REITs
- 2.5% 귀금속 관련주
- 10% 유럽 주식
- 7.5% 일본 및 태평양 연안국 주식
- 7.5% 이머징마켓 주식
- 7.5% 해외 가치주
- 25% 단기 채권

여기서 주목해야 할 것은 첫째, 주식과 채권의 자산 배분이 75/25라는 점이다. 이 말은 주식과 채권의 기대 수익률을 고려해 주식의 투자 비중을 상당히 높게 잡았다는 것이다. 다음으로는 투자하는 주식의 절반 가까이가 해외 주식이며, S&P 500 지수에는 일부만 투자한다는 점이다.

마지막으로 이건 절대 간단한 포트폴리오가 아니다: 웬디는 무려 10가지의 서로 다른 주식 자산을 보유해야 한다; 더구나 그녀는 한 걸음 더 나아가 정크본드와 해외 채권에도 투자할 생각을 갖고 있다.

아마도 투자 성적표는 웬디가 찰리보다 나을 것이다. 그녀는 주식 투자 비중이 높을 뿐만 아니라 수익률이 상대적으로 우수한 가치주와 소형주에도 더 많이 투자했다. 물론 장담은 할 수 없다. 투자의 세계에 확실한 것은 없으니 말이다. 하지만 찰리는 웬디가 자신보다 더 나은 수익률을 거둔다 해도 여전히 굼벵이 같은 포트폴리오를 고집할 것이다. 그래야 포트폴리오를 크게 걱정하지 않을 수 있고 시장이 안 좋을 때도 마음 놓고 잠자리에 들 수 있기 때문이다.

찰리와 웬디는 사실 양 극단의 사례다. 두 사람 사이에는 이런 식의 중도적인 자산 배분이 가능할 것이다:

- 25% 미국 주식시장 전체
- 10% 미국 대형 가치주
- 10% 미국 소형 가치주
- 5% REITs
- 10% 해외 주식
- 40% 단기 채권

당신이라면 나름대로의 특별한 상황을 고려해야 할 테니 위의 사례와는 전혀 다른 자산 배분 방법을 택할 것이다.

찰리와 웬디를 비교할 때 가장 극명하게 드러나는 것은 분산 투자에 따라 얻는 이점과 시장 평균과의 수익률 오차로 인한 고통이 서로 동행한다는 것이다. 아주 고도로 분산 투자한 포트폴리오는 높은 기대 수익률과 낮은 리스크라는 훌륭한 이점이 있지만 시장 평균과의 오차라는 대가—당신의 포트폴리오 수익률이 S&P 500 지수나 다른 친구의 포트폴리오 상승률보다 한참 뒤처질 위험성—를 치러야 한다. 더구나 시장 평균과의 수익률 오차는 1990년대 말처럼 때로는 상당 기간 지속되기도 한다.

제4장 요약

1. 과거의 포트폴리오 수익률은 미래의 포트폴리오가 거둘 성과를 아주 희미하게 비춰줄 뿐이다. 지난 10년 혹은 20년간의 자료를 기초로 포트폴리오를 설계해서는 안 된다.

2. 자신에게 가장 적합한 자산 배분을 위해서는 리스크와 시장 평균과의 수익률 오차, 포트폴리오의 복잡성을 스스로 얼마나 받아들일 수 있는 가를 알아야 한다.

3. 가장 중요한 자산 배분 결정은 위험 자산(주식)과 무위험 자산(단기 채권 및 CD, MMF) 간의 투자 비중을 정하는 것이다.

4. 기본적으로 분산 투자해야 할 주식 자산은 해외 주식과 REITs다. 해외 주식은 주식 투자의 40% 미만으로 해야 하고, REITs는 15% 미만이라야 한다.

5. 소형주와 가치주, 귀금속 관련주 투자는 해볼 만한 것이기는 하지만 반드시 해야 하는 것은 아니다.

두 번째 기둥

투자 역사

The History of Investing

시장이 미쳐 날뛸 때

한 세대에 한 번 정도는 주식시장에 광기가 휘몰아칠 때가 있다. 이런 시기가 지나고 나면 거의 대부분의 투자자들이 큰 내상을 입는다. 심지어 생명을 잃는 투자자도 많이 볼 수 있다. 주식시장이 몇 년째 계속 바닥을 기고 있다면 이런 걱정을 할 필요가 없겠지만, 그렇지 않다면 한번쯤 주위를 돌아볼 필요가 있다.

주식시장은 언제든 폭락할 수 있다. 또 수십 년 이상 침체의 늪에서 허우적거릴 수도 있는데, 이 점을 많은 투자자들이 잊고 있는 것 같다. 제5장과 제6장에서는 상당히 정상적인 상황에서 주식시장이 극심한 풍요감과 침체기에 빠져드는 문제를 다룰 것이다. 대개의 투자자들은 평생에 걸쳐 이런 풍요감과 침체기를 몇 차례는 경험할 것이다.

시장의 광기를 충분히 이해하는 것과 미친 듯이 치솟았다가 나락으로 추락하는 시장에 적절히 대응한다는 것은 전혀 차원이 다른 문제다. 주도면밀하게 대비했는데도 실패하는 경우가 있다. 그러니 전혀 대비하지 않고 있다면 100전100패가 불가피할 것이다.

5 이상 과열: 광기의 역사

Tops: A History of Manias

단순한 변화가 아닌 진보는 그것을 얼마나 잘 기억하느냐에 달려있다.
과거를 기억하지 못하는 자는 그것을 되풀이할 수밖에 없다.

조지 산타야나(George Santayana)

이 세상에 새로운 것이란 없다. 미처 읽지 못한 역사가 있을 뿐이다.

래리 스웨드로(Larry Swedroe)

기업가들은 대개 인지능력은 뛰어나지만 기억력은 형편없다.

월터 배젓(Walter Bagehot)

갑자기 시장의 폭발적 상승과 붕괴를 설명한다고 하니 의아해할 독자들이 있을지도 모르겠다. 이 책은 어디까지나 실용적인 해설서지 역사적인 사실을 다룬 다큐멘터리 서적이 아니기 때문이다. 하지만 투자의 네 가지 핵심 영역, 즉 투자 이론과 역사, 심리, 비즈니스 가운데 역사적 사실에 대한 지식을 결여했을 경우 가장 심각한 상처를 입을 수 있다. 가까운 예로 롱텀 캐피털 매니지먼트(LTCM)의 주역들을 떠올려보라. 그들은 역사적으로 수없이 발생했던 금융시장의 급격한 변동을 무시했고, 결국 1998년에 미국의 금융 시스템을 파국 직전으로 몰고갔다.

　역사에 대한 지식이 필요하지 않은 분야도 많다. 의학 지식의 기원과 발전사를 전혀 모르고서도 뛰어난 의사가 될 수 있고, 회계사나 엔지니어 역시 마찬가지다. 반면 훌륭한 외교관이나 법률가, 군인이 되기 위해서는 반드시 역사를 알아야 한다. 그러나 투자의 세계만큼 지나간 과거에 관한 지식이 성공에 필수불가결한 분야도 없다.

　학자들이 좋아하는 논쟁거리 가운데 하나는 역사의 추진 동력이 과연 반복적으로 순환하는 것인지, 아니면 새로운 것이 출현해 발전해 나가는 것인지에 관한 문제다. 그런데 이것은 투자의 세계에서 전혀 논쟁거리가 되지 않는다; 거의 똑같은 양태의 투기 광풍이 한 세대에 한 번씩 정확하게 되풀이되기 때문이다. 한바탕 소용돌이가 휩쓸고 지나간 다음의 모습에는 다소 차이가 있지만, 어쨌든 이 역시도 연구할 가치가 충분하다.

　투기의 역사에 관한 내용을 쓰고 있자니 나도 모르게 소름이 돋는 느낌이 든다. 지금 이렇게 컴퓨터 키보드를 두드리고 있지만, 어쩌면 역사적으로 최대의 거품이었을지도 모를 허망한 잔치가 이제 막 끝났기 때문이다. 그런 점에서 우리 세대의 투기 광풍은 지나갔고, 새로운 소용돌이가 휘몰아치려면 다시 30년을 기다려야 할지도 모른다. 그때가 되면 이 장에서 이야기할 경고의 메시지들이 가슴에 사무치게 와 닿을 것이다.

　투기 광풍이 한 차례 몰아치고 나면 늘 그랬던 것처럼 리스크가 높은 투자상품에 쏠렸던 투자자들이 한꺼번에 안전 자산으로 빠져나가면서 자산가격이 급락했다. 이런 모습이 이번에도 재현될지는 정확히 알 수 없다. 이 장의 내용이 최근의 사실들과는 관계없는 것이라 해도 그 함의는 여전히 이 책에서 가장 중요하다고 하겠다. 당신이 만약 투자 이론과 심리, 비즈니스를 전부 마스터했다 하더라도 주위 사람 전부가 정신을 잃었을 때 똑바로 정신을 차리지 않는다면 모든 노력이 허사로 돌아갈 것이기 때문이다.

기술 혁명과 주식 수익률

기술적 진보가 경제 발전의 원동력이 되고, 경제 발전이 주가 상승을 견인한다. 이건 분명한 사실이다. 만약 어떤 강력한 악의 세력이 등장해 기술 혁신은 물론 과학적 발명까지 중지시켜버린다면 우리 생활수준은 그 시점 이후 더 향상되지 못할 것이다; 기업 이익도 정체될 것이고, 주가 역시 늘 그래왔듯 단기적인 등락은 있겠지만 장기적으로는 더 이상 상승하지 못할 것이다. 이 점은 너무나도 명백하다: 주식 수익률의 가장 큰 동력은 기술적 진보가 얼마나 빠르게 이뤄지느냐 하는 것이지 그 절대적인 수준이 아니기 때문이다.

최근 열린 한 투자 컨퍼런스에서 강연했을 때의 일이다. 참석자들 모두 내가 의사라는 사실을 알고 있었고, 그래서 바이오 기술 혁명이 의학 분야에 얼마나 큰 변화를 가져왔는지 물어왔다. 나는 대답하기를, 유전자 치료와 DNA 기반의 진단기법, 혈관 촬영술 같은 기술 혁명이 있었지만 의료 현장에는 그렇게 대단한 진보를 가져다 주지 않았다고 했다.

사실 의학 분야의 가장 획기적인 발전은 60여 전에 이루어졌다. 다름아닌 항생제와 페니실린의 발명이었다. 과거 세균성 폐렴이나 수막염 같은 질병은 일단 발병하면 수백만 명의 생명을 앗아갔는데, 이제는 예방할 수 있게 됐다. 항생제와 페니실린은 특히 수많은 어린 생명을 구하는 데 기여했다. 반면 요즘의 의학기술 발전은 주로 나이든 노인에게 도움을 주는 것들이다. 나는 앞으로 항생제 혁명 같은 획기적인 의학기술의 발전이 또 나타날 수 있으리라고 생각하지 않는다.

우리는 기술적 진보가 끊임없이 가속화하면서 이루어진다고 생각하는데, 실제로는 전혀 그렇지 않다. 기술 혁신은 강력한 분출로 나타난다. 더구나 가장 폭발적이었던 분출은 최근의 기술 혁신이 아니었다. 인류 역사상 가장 영향력이 컸던 과학적 진보의 사례를 들자면 2세기 전으로 거슬러 올라가야 한다. 1820년부터 1850년까지의 폭발적인 기술혁신은 사회 각계각층의 모든 사람들의 삶을 송두리째 바꿔놓았다. 요즘 같으면 이런 변화를 상상하지도 못할 것이다. 아주 짧은 기간 동안 운송수단의 속도는 10배나 빨라졌고, 거의 실시간 통신이 가능해졌다.

예를 들어보자. 1800년대 초까지만 해도 토머스 제퍼슨(Thomas Jefferson)이 몬티첼로(제퍼슨이 버지니아 주 샬러츠빌에 세운 사저–옮긴이)에서 필라델피아까지 가는 데 열흘이나 걸렸다. 비용도 많이 들었고 몸도 피곤했으며 위험했다. 그런데 1850년 무렵에는 증기선으로 단 하루 만에 갈 수 있었다. 비용도 크게 줄었을 뿐만 아니라 훨씬 편해졌고 안전했다.

통신 혁명은 더욱 극적이었다. 유사 이래 정보의 전달 속도는 물리적인 거리에 비례했었다. 그런데 1837년 전신이 발명되자 실시간 전신은 정치, 경제, 군사적인 측면 모두에서 요즘 최첨단 기술로도 감히 상상할 수 없는 엄청난 변화를 몰고 왔다. 1884년 미국 대통령 선거에서 그로버 클리블랜드(Grover Cleveland)가 당선됐다는 뉴스는 뉴욕에서 샌프란시스코와 런던으로 즉시 전송됐다. 이미 한 세기 반 가까이 전부터 주요 뉴스의 실시간 전송이 이루어졌다는 말이다. 현대 통신기술의 발달 덕분에 달라진 점은 중요성이 떨어지는 수많은 뉴스들까지 실시간으로 퍼뜨려진다는 점이다.

그렇다고 해서 기술 혁명이 경제 전반과 금융시장에 미친 파급까지 이렇게 빠르게 이루어진 것은 아니다. 전혀 그렇지 않다. 증기기관과 내연기관이 나온 뒤에도 거의 한 세기 동안 마차가 운송수단으로 쓰였다. 연구소에서나 쓰이던 컴퓨터가 사무실을 거쳐 가정에까지 들어오기까지는 수십 년의 세월이 필요했다. 전화가 처음 발명된 초기 시절에는 부유층의 전유물에 그쳤다. 보통사람들이 일상적으로 장거리전화를 걸 수 있게 된 것은 비교적 최근의 일이다.

이런 비유를 떠올린다면 기술의 확산을 쉽게 이해할 수 있을 것이다. 묵직한 강철 손잡이가 달린 펌프를 이용해 우물물을 퍼 올린다고 해보자. 손잡이를 한번 올렸다가 내릴 때마다 물이 쏟아져 나와 긴 파이프를 타고 흘러간다. 손잡이를 들어올린 사람의 시각으로 보자면 물은 단속적으로 분출해 나오는 게 틀림없다. 기술 혁명으로 따지자면 발명가나 최초 투자자들인 셈이다. 그런데 파이프 저쪽 편에 있는 사람들에게 물은 꾸준히 흘러나오는 것으로 보인다. 대부분의 소비자와 일반 투자자들이 바로 이들이다.

그림 5-1은 1820년 이후 미국과 영국의 연도별 국내총생산(GDP) 추

이를 세미로그화해서 나타낸 것이다. 앞에서 본 것처럼 세미로그화해서 나타내면 실질 성장률이 시각적으로 분명해진다. 두 나라의 성장률이 비교적 완만하게 꾸준히 이어지고 있다는 점에 주목하기 바란다. 미국의 연평균 성장률은 3.6%, 영국은 1.9%수준이다.(1871년에 영국의 GDP가 미국에게 추월당하는데, 콘솔 금리의 역전은 이보다 25년쯤 지나 일어난다.) 두 나라 성장률의 차이 가운데 3분의 2는 인구 증가율 때문이며, 나머지 3분의 1은 노동생산성의 격차에 따른 것이다.

미국과 영국은 지난 두 세기 동안 전세계적인 기술 발전을 이끌어왔다. 두 나라는 끊임없이 새로운 기술을 만들어냈고, 이것은 주가 상승의 원동력이 됐다.

물론 더 빠르게 성장한 나라들도 있다. 가령 제2차 세계대전 이후 50년 동안 일본 경제는 연 6.65%라는 경이적인 성장률을 기록했다. 그러나 이 같은 성장은 기술 혁신의 결과라기 보다는 다른 선진국 "따라잡기" 덕분이었다. 그래서 지금도 일본의 노동생산성은 미국이나 서구 유럽 국가들에 비해 훨씬 떨어진다. 또 그림 5-1이 앞서 제1장에서 나온 그림 1-1과 거의 같은 것은 그 변동요인이 동일하기 때문이다.

이제 재미있는 사실을 발견할 수 있다. 기술 발전은 단속적으로 분출하듯이 이루어지는 반면 경제활동에 따른 보상이나 투자 수익은 비교적 꾸준하게 나타난다. 그런데 기술적인 아이디어를 자본화하는 것 역시 기술혁신의 과정처럼 단속적으로 일어난다. 신기술에 대한 투자는 최초의 발견에 이은 흥분이 한창 달아올랐을 때 불붙기 때문이다. 이런 투자는 대개 사업성이 형편없다. 초기 자동차 회사에 투자했던 거의 대부분의 투자자들이 손실을 본 게 좋은 예다. 마찬가지로 RCA 가 초기 라디오 산업의 개척자였음은 분명하지만, 대부분의 RCA 투자 자들은 1929년 주가 폭락과 함께 원금마저 날려버렸다.

　J.P. 모건은 상아탑의 학자들이 논문을 발표하기 훨씬 이전에 이미 새로 문을 여는 신기술 기업의 경우 투자 수익률이 매우 낮다는 사실 을 간파하고 있었다. 그래서 그는 어느 정도 궤도에 오른 기업이 아니 면 투자하지 않았다. 딱 한 번 예외가 있었는데, 1879년 에디슨이 백열 전구를 발명했을 때였다. 모건과 에디슨은 이 발명이 세상을 바꿔놓을 것이라고 확신했다. 당시 에디슨은 전구를 만들 공장과 전기를 생산할 발전소를 세우는 데 필요한 자본이 없었고, 모건은 컨소시엄을 구성해 이 자금을 댔다. 늘 그렇지만 이렇게 얻어진 사업상의 성과 가운데 알 짜는 최초 발명자에게 돌아가지 않았다. 더욱 슬픈 사실은 직류 기술

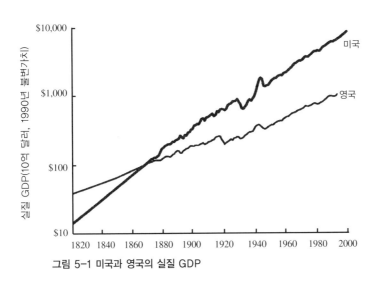

그림 5-1 미국과 영국의 실질 GDP

을 사용했던 에디슨 일렉트릭(Edison Electric)이 보다 효율적인 교류 기술을 채택한 웨스팅하우스(Westinghouse)에게 점차 밀려났다는 것이다. 결국 두 회사는 합병하게 됐는데, 에디슨은 갖고 있던 재산을 전부 내놓아야 했다. 하지만 모건은 늘 그래왔듯이 큰 돈을 벌었다.

그렇다면 요점은 무엇인가: 새로 발명된 기술을 자본화하는 것, 즉 펀딩 작업은 아주 군침이 도는 일이다. 만약 제2, 제3의 IBM이나 마이크로소프트가 될 기업이라면 누구라도 처음부터 돈을 대려고 하지 않겠는가? 가끔씩 사람들의 상상력을 휘저어놓는 신기술이 등장한다. 그러면 이런 기술을 개발하는 기업들에게 엄청난 자본이 몰려든다. 달리 말하면, 새로운 기술에 막대한 자본이 흘러가는 이유는 기술 혁신을 만들어낸 사람이 돈을 필요로 하기 때문이기도 하지만, 신기술에 솔깃해진 투자 대중이 자본을 대고 싶어하는 욕구가 크기 때문이다.

지난 수 세기를 뒤돌아보면 이런 사이클이 예기치 않은 시차를 두고 돌발적으로 출현했다. 그 과정을 잘 살펴보면 세 가지 특징을 발견할 수 있다: 가장 중요한 첫 번째 특징은 한 나라의 거대기업들이 자본을 모으는 것은 대중들이 환상에 사로잡혀 있는 아주 짧은 기간 동안 이라는 점이다. 두 번째는 국가 경제의 번영과 성공은 신기술의 발명자와 경제적 후원자 덕분이라고 할 수 있다. 마지막으로 신기술에 투자한 사람들의 수익률은 매우 낮다.

좀더 구체적으로 설명해보자. 우리가 주식을 매수한다거나 뮤추얼 펀드에 돈을 넣는다고 할 때 엄격한 의미로는 투자했다고 할 수 없다. 사실 우리가 주식을 산 돈은 곧장 기업으로 가는 게 아니라 나보다 앞서 주식을 보유하고 있던 사람에게로 가는 것이기 때문이다. 경제적인 용어로 말하자면 투자한 것이 아니라 저축한 셈이다. 우리가 어느 기업이 설비나 인력을 갖추는 데 필요한 자본을 대는 것은 소위 "기업 공개(IPO)" 주식을 살 때뿐이다. 이런 경우만 진짜로 투자한 것이라고 할 수 있다. 우리가 주식을 사고파는 것은 대부분 "2차 시장 (secondary market)"에서다; 회사 입장에서는 우리가 사고파는 데 별 관심이 없다. 주식 거래와 회사는 아무런 관계도 없기 때문이다.

그런데 여기에 음미해볼 만한 대목이 있다: "진짜 투자", 즉 IPO 주식을 매수한 경우의 투자 수익률은 아주 형편없다는 것이다. 노련한 투자자들은 이미 오래 전부터 알고 있던 이 같은 사실은 1991년에 제이 리터(Jay Ritter)라는 학자가 확실하게 밝혀냈다. 신생 기업의 주식에 투자하는 것은 손해라는 것이다. 물론 주식 모집을 주선하는 증권회사는 제외하고 말이다. 1975년부터 1984년까지 IPO 주식의 투자 수익률은 연 10.37%로 시장 수익률 17.41%보다 크게 낮았고, 물가상승률보다는 불과 3%포인트 높았다. 제이 리터는 학자다운 어투로 이렇게 결론지었다. "투자자들은 젊은 성장기업들의 잠재적인 이익 창출 능력에 대해 과도할 정도로 낙관적인 생각을 갖곤 한다." 이런 결론은 제1장에서 살펴보았던 소형 성장주의 수익률과도 일치한다. 대부분의 IPO 주식이 소형 성장주의 범주에 포함되기 때문이다.

IPO 주식 투자자들은 사실 의도하지도 않았고 그렇다고 대단히 칭송받는 것도 아니지만, 낮은 투자 수익률을 감수하면서 경제 구성원 모두의 번영을 뒷받침해준다는 점에서 자본주의 시스템의 박애주의자라고 할 수 있다. 단속적으로 나타나는 이런 박애주의적 탐닉이야말로 투자자(아니 저축자)들이 반드시 배워야 할 대목이다.

거품 형성의 선행조건

앞서도 말했듯이 주식거래소의 역사는 파리와 암스테르담, 런던에서 시작됐다. 영국에서 최초의 "주식거래소"는 체인지 앨리 인근의 커피하우스 몇 곳이었다. 17세기 말 이들 커피하우스는 세계에서 주식 거래가 가장 활발하게 이뤄지는 최신식 거래소였다. 당시 "주식중매인(stock jobber)"이라고 불렸던 증권 브로커들이 지금의 뉴욕증권거래소(NYSE)나 시카고상업거래소(CME)의 플로어에 와서 주식을 거래하는 광경을 지켜본다면 전혀 이상하게 느끼지 않을 것이다. 이들에게는 오히려 스타벅스에서 커피를 주문하는 모습이 더 이상하게 보일 것이다.

금융시장의 이 같은 혁명적인 변화에 힘입어 당대의 떠오르는 신기술이 무대 위로 등장했다. 1687년 뉴잉글랜드의 선장 윌리엄 핍스(William Phipps)가 침몰한 스페인 해적선에서 32톤의 은을 건져 올렸다. 자신은 물론 선원들과 자신의 황당한 꿈을 믿어준 후원자들 모두를 큰 부자로 만들어주기에 충분한 돈이었다. 이 사건은 투자자들의 상상력을 자극했다. 오래지 않아 특허를 얻은 신종 "수중탐사 장비"가 쏟아져 나왔고, 곧이어 수중탐사를 전문으로 하는 회사들이 우후죽순처럼 등장해 주식을 발행했다. 특허 장비는 거의 대부분 쓸모 없는 것으로 밝혀졌지만, 이와는 관계없이 해당 장비를 사용하는 수중탐사 회사들의 주가를 띄우는 데는 한몫 했다. 수중탐사 회사들의 주가 뻥튀기는 1689년에 최고조에 달한 다음 몰락의 길을 걸었는데, 아마도 최초의 기술주 거품이라고 할 수 있을 것이다. 소설《로빈슨 크루소

Robinson Crusoe》를 쓴 대니얼 디포(Daniel Defoe)는 당시 한 수중탐사 회사의 경리부서에서 일하며 업계 사정을 잘 알고 있었지만, 그 자신도 거품 붕괴로 인해 파산해야 했다.

수중탐사 회사들은 이익을 내기는커녕 제대로 된 사업에 착수하지도 못했다. 투자자들은 금방 이를 알아챘고, 광기는 오래가지 않았다. 당시의 정확한 주가나 수익률은 기록이 없어 알 수 없지만, 수중탐사 회사에 투자한 사람들은 원금마저 전부 날려버렸을 것이다. 그런 점에서 닷컴 광기와 매우 유사하다. 사실 핍스 선장의 경우를 제외하고는 어떤 수중탐사 회사도 이익을 올리지 못했고, 심지어 바닷물 속에 가라앉은 보물선 탐사를 어떻게 하려고 했는지조차 불분명하다. 요즘 식으로 말하자면 이들 회사는 비즈니스 모델 자체가 뚜렷하지 않았던 셈이다.

당시 이들 회사의 주식은 몇 달간 천정부지로 치솟았다. 300여 년 전이라고는 하지만, 말도 안 되는 프로젝트를 내세워 자본을 끌어 모으는 건 그리 대단한 일이 아니었다. 이런 기업의 주가가 일시적이나마 급등한 것 역시 아주 이상한 일이 아니었다. 주식시장이란 결국 그렇게 움직이는 것이니 말이다.

도대체 비즈니스 모델도 불명확한 기업이 어떻게 주가를 띄울 수 있는지 상상이 되지 않는다면 이런 예를 생각해보자: 당신이 잘 알고 지내는 톰이라는 친구가 어느날 찾아와 자기 농장 지하에 엄청난 석유가 매장돼 있다고 이야기한다. 톰이 추정하기에 유전의 가치는 1000만 달러에 달하는데, 이를 생산하려면 상당한 자금이 필요하다. 만약 당신이 자본을 댄다면 이익의 절반을 주겠다고 제안한다. 그렇다면 당신은 톰에게 얼마를 투자할 것인가?

사실 톰은 좀 엉뚱한 구석이 있기는 하지만, 석유탐사 엔지니어로 일하다 은퇴한 인물이고, 따라서 말도 안 되는 소리를 지껄이지는 않았을 것이다. 당신은 그런 점을 감안해 그의 농장에서 1000만 달러의 유전이 발견될 가능성이 1000분의 1이라고 판단한다. 따라서 당신이 투자했을 경우 당신에게 돌아올 몫은 1000만 달러의 절반, 즉 500만 달러의 1000의 1인 5000달러다. 여기에 10배의 "리스크 프리미엄"을 얹어 계산하면 당신이 톰에게 투자할 금액은 500달러가 적당하다고 할 것이다.

톰의 사업은 성공 가능성이 상당히 낮은 만큼 할인율, 즉 리스크에 대한 보상비율을 아주 높게 잡았다. 이처럼 기대되는 현금흐름의 가능성이 낮을 경우 높은 할인율을 석용할 섯이기 때문에 해낭 기업의 주가는 매우 낮아질 것이다. 또한 당신은 계속해서 리스크 프리미엄을 재평가할 것이고, 톰의 사업 성공 가능성도 시시각각 달라질 것이므로 당신이 톰의 사업에 투자한 지분 가치도 계속 변할 것이다.

성공 가능성이 불명확한 기업의 주식이라 하더라도 어느 정도의 가치는 가지고 있으며, 그 가치도 계속 변동한다. 이런 일은 그리 특이한 것도 아니다. 사실 지금도 이런 일은 쉽게 볼 수 있고(당신 역시 "바이오테크(biotech)" 주식에 투자한 적이 없는가?) 300년 전에도 틀림없이 그랬을 것이다. 그런데 도저히 이해할 수 없는 이유로 인해 투자자들이 사업의 가치를 합리적으로 평가하지 못할 때가 있다. 주가란 일단 오르기 시작하면 그 자체의 생명력을 갖고 버블을 만들어내고야 만다.

화폐금융 이론가 하이만 민스키(Hyman Minsky)가 들려주는 거품에 대한 설명은 아주 체계적이다. 거품이 만들어지기 위해서는 적어도 두 가지의 선행조건이 충족돼야 한다고 민스키는 주장한다. 첫 번째는 "변위요인(變位要因, displacement)"인데, 현대적인 의미로는 혁명적인 기술이나 금융수단의 대변혁을 떠올리면 될 것이다. 두 번째는 신용의 팽창으로, 투기에 사용할 수 있는 자금을 쉽게 빌릴 수 있다는 것이다. 나는 여기에 두 가지 요소를 추가하고자 한다. 우선 투자자들이 지난번의 투기적 광기를 망각해야 한다; 거품이 대략 한 세대에한 번씩 발생하는 것은 이 때문이다. 또 한 가지는 기대 수익과 리스크프리미엄을 계산할 줄 아는 합리적인 투자자들이 단지 귀에 솔깃한 루머만 듣고 주식을 매수하는 사람들한테 밀려나야 한다. 안타깝게도거품이 한창일 때는 늘 이런 일이 벌어진다.

내가 추가한 두 가지 요소를 한마디로 요약한다면 "풍요감(euphoria)"이 될 것이다. 투자자들은 가격이 오르고 있다는 단 한 가지 이유만으로 자산을 매수한다. 풍요감이 만연하게 되면 그 파급은상상을 초월한다. 헤지펀드 매니저인 클리프 애스네스(Cliff Asness)가1990년대의 온라인 트레이딩에 대해 이야기한 내용을 들어보자:

라스베이거스에서 비디오 포커를 해본 적이 있는지 모르겠다. 나는 해봤다. 아주 중독성이 높은 도박이다. 합리적으로 생각해보면 오랜 시간에걸쳐 하면 할수록 돈을 잃게 돼있는데도 자리를 떠날 수가 없다. 그런데비디오 포커의 승률이 당신에게 유리하다고 가정해보자. 당신이 누르는버튼이나 화면, 판돈은 모두 똑같다. 그러면 이제 당신은 돈을 잃는 대신 부자가 될 것이다. 라스베이거스가 정말로 이렇다면 당신은 무슨 수를 써서라도 다른 사람을 밀어내고 비디오 포커판의 한 자리를 차지할 것이다. 그리고는 환자용 변기를 옆에 두고서 절대 자리를 내주지 않을 것이다. 이런 식의 비디오 포커판이 벌어진다면 그 중독성은 코카인 따위와는 비교가 안 될 것이다.

경제사가인 찰스 킨들버거(Charles Kindleberger)는 좀더 냉정하게 표현한다: "가까운 친구가 부자가 되는 것을 보는 일만큼 인간의 물질적 행복과 판단력에 혼란을 불러일으키는 일은 없을 것이다." 다시 정리하자면 거품이 만들어지기 위해서는 다음 네 가지가 필요하다:

- 중대한 기술 혁명 또는 금융시장 관행의 대변혁.
- 풍부한 유동성, 즉 신용의 팽창.
- 이전 거품의 망각. 대개 한 세대가 걸린다.
- 경험이 부족한 투자자들이 시장을 이끌어가면서 이미 검증된 유가증권 평가 방식을 무시해버린다.

그러나 현재의 상황이 어떻든, 투자자들이 주식을 사는 이유가 단지 지금 주가가 오르고 있기 때문이라면 거품은 언제든 발생할 수 있다. 거품은 마치 스스로 생명을 가진 것처럼 커간다. 그래서 더 이상 태울 나무가 없어야 꺼지는 장작불과 같이 거품도 연료가 다 떨어져야 비로소 꺼진다. 여기서 연료란 민스키가 지적했듯이 대개 대출자금이나 신용을 이용해 매수하는 것이다.

남해회사 거품

수중탐사 회사 거품은 사실 앞으로 등장할 거대한 투기극의 서곡에 불과했다. 대부분의 거품은 무대에 올려진 셰익스피어의 희극과 비슷하다: 배우들의 의상이나 대사, 역사적 배경은 다소 낯설기도 하지만, 극의 구성과 유혹에 빠지기 쉬운 인간의 결점은 누가 봐도 영락없는 우리 자신의 모습이다.

남해회사(South Sea Company) 거품이 어디서 비롯됐는지를 알려면 약간의 설명이 필요하다. 우선 이 거품은 하나가 아니라 두 개의 거품인데, 둘 모두 1720년에 시작됐다: 첫 번째 거품은 프랑스에서, 두 번째는 곧 뒤따라 영국에서 발생했다. 제1장에서 본 것처럼 정부가 국채를 발행한 것은 투자의 세계에서 비교적 최근의 일이다. 하지만 중세 말기로 접어들면서 전쟁을 벌이던 각국 정부는 채권을 발행해 막대한 전비를 조달할 수 있다는 점을 알게 됐고, 채권 발행을 멈출 수 없었다. 결국 17세기 중반 스페인 정부는 더 이상 이자를 지급할 수 없는 지경에 이르렀고, 프랑스 정부 역시 깊은 빚의 수렁에 빠져들었다.

재정 위기에 빠져있던 프랑스에 아주 독특한 인물이 한 명 등장했다: 스코틀랜드 출신의 존 로(John Law)였다. 1694년에 벌인 결투에서 상대를 죽인 혐의로 사형을 선고받고 복역하던 중 탈출한 그는 네덜란드 암스테르담에서 은행 시스템을 공부한 뒤 프랑스로 들어와 미시시피 회사(Mississippi Company)를 세웠다. 그는 당시 프랑스의 실권자였던 오를레앙 공작(Duke of Orleans)의 환심을 사 미시시피 회사는 1719년에 두 건의 독점 사업권을 따냈다: 프랑스령 북미 대륙과의 무역 독점권이 그 하나고, 프랑스 정부가 발행한 랑뜨(rente, 영국의 콘솔이나 프레스티티와 유사한 연금채권–옮긴이)를 미시시피 회사 주식으로 살 수 있는 권리가 또 하나였다. 두 번째 권리는 특히 프랑스 왕실 쪽에 아주 매력적인 것이었는데, 투자자들 스스로 정부 채권을 미시시피 주식으로 교환함으로써 전쟁 부채 부담을 덜 수 있었다.

존 로의 이 같은 "시스템"에는 상당히 주목할 만한 장치가 숨어있었다. 다름아닌 미시시피 회사의 주가가 오를수록 이 회사는 더 많은 통화를 발행할 수 있다는 것이었다. 물론 당시 모든 은행들은 독립적으로 은행권을 발행했다. 이런 관행은 20세기 이전의 금융 메커니즘에서 이상한 일이 아니었다. 재정상태가 건전한 가까운 지역의 은행이 발행한 은행권은 액면가치를 가졌다. 만약 멀리 떨어져 있는 은행이나 새정상태가 나쁜 은행이 빌행한 은행권이라면 액면가치에 비해 할인된 가격으로 통용됐다.(물론 현대적인 은행들도 은행어음 형태로 대출해줄 때 통화를 발행하는 셈이 된다.)

이제 거품 발생에 필요한 모든 요건이 갖추어졌다: 금융 시스템의 대변혁, 미시시피 회사의 신규 통화 발행에 따른 유동성 팽창, 그리고 투기 광풍이 몰아친 지 이미 30년이라는 세월이 흘렀다. 1720년에 미시시피 회사의 주가가 오르자 이 회사는 은행권을 추가로 발행해 이 돈으로 주식을 더 많이 매수했고, 그 결과 주가는 더 올랐다. 명목상의 막대한 부가 창출됐고, 백만장자(millionaire)라는 말도 이때 만들어졌다. 뜨거운 열기가 유럽 대륙을 휩쓸었고, 엄청난 규모의 자본과 함께 새로운 기업들이 우후죽순처럼 새로 출현했다.

여기에는 새로운 기술도 한몫 했는데 확률의 법칙이었다. 페르마

(Pierre de Fermat)와 파스칼(Blaise Pascal)이 수학의 한 영역으로서 확률 분야를 새로이 개척했고, 1693년에는 천문학자이자 영국 왕립협회 회원이었던 에드먼드 핼리(Edmund Halley)가 최초로 사망률표를 개발했다. 사망률표가 만들어지자 보험회사 설립 붐이 일었는데, 이는 런던에 투기 열풍이 불면서 특히 심해졌다.

중세 왕조만 부채에 시달렸던 건 아니다. 1719년 무렵 영국 정부도 스페인 왕위계승 전쟁으로 인해 막대한 부채를 짊어지고 있었다. 영국 정부는 이미 1710년에 남해회사로 하여금 투자자들이 보유한 국채를 회사 주식으로 교환해주는 대가로 이 회사에 미국 내 스페인 식민지에 대한 무역 독점권을 주었다. 또 남해회사가 정부 부채를 인수하는 대가로 별도의 연금채권을 지급하기도 했다.

그러나 무역 독점권을 얻은 남해회사나 미시시피 회사 모두 돈을 벌지는 못했다. 미시시피 회사는 사업에 활용하지도 못했다. 남해회사 역시 전쟁과 스페인의 비타협 정책으로 인해 남미 대륙과는 무역을 할 수 없었다.(남해회사의 임원은 어떤 경우에도 남미 대륙과의 무역거래에 참여할 수 없었다.) 미시시피 회사는 사실상 투기를 위한 유령회사일 뿐이었다. 남해회사는 그나마 정부로부터 일정한 수입원을 확보했다는 점에서 이보다는 약간 더 복잡한 상황이었다.

그런데 정부와 남해회사 간의 거래 구조가 아주 특이했다. 남해회사는 일정한 수량의 주식을 발행해 투자자들이 보유한 정부 채권과 교환해줄 수 있었다. 다시 말해 투자자들은 자신들이 갖고 있는 정부 채권이나 연금채권을 주고 회사 주식을 가져갈 수 있었다. 따라서 남해회사의 주가가 높아질수록 이 회사가 투자자에게 지급할 주식의 수는 줄어들고, 회사 입장에서는 더 많은 주식을 공개시장에서 팔 수 있었다.

남해회사는 당연히 자기회사 주식의 주가를 높이려고 했다. 1720년에 유럽 금융 시스템을 강타한 유동성 폭발 덕분에 남해회사는 그렇게 할 수 있었다. 어느 시점이 되자 주가가 스스로 생명력을 갖고 움직였다. 투자자들도 가격 변동이 없는 국채나 연금채권을 가격이 올라가기만 하는 주식과 교환하는 게 마냥 즐거웠다. 남해회사 임원들 입장에서도 주가가 급등한 덕분에 더 많은 주식을 일반에게 팔 수 있어 좋았다: 국채와 교환해주고 남은 주식은 돈을 받고 팔았다. 현금을 주고 남해회사 주식을 매수한 투자자들은 20%도 안 되는 돈만 내면 나머지는 신용으로 충당할 수 있었다. 남해회사의 경우에는 그나마 20%도 안 되는 증거금마저 대출금으로 내는 경우가 많았다. 마침내 1720년 여름 영국과 프랑스 두 나라의 주가가 천정을 쳤다; 거품이 시작될 무렵 130파운드 정도 했던 주가가 1000파운드까지 치솟았지만, 마지막 주식 판매는 하루도 안 돼 다 팔려나갔다. 이 와중에 남해회사는 냄새 나는 뒷거래를 하고 있었다. 정부는 주가 급등에 대해 계속 경고했고– 수중탐사 회사 거품을 기억하는 노련한 인물들이 아직 남아 있었다– 의회에서도 주가 상승을 제한하는 조치를 검토했다. 남해회사에서는 이를 막기 위해 왕비를 포함한 유명인사들에게 뇌물용 주식(실은 위조한 것들이었다)을 불법적으로 뿌렸고, 결국 주가 상승 제한 조치는 물거품이 돼버렸다.

당시 투기극을 둘러싼 환상이 얼마나 대단했는지는 "거품 회사들"의 출현에서 단적으로 드러난다. 투기 붐 덕분에 자본 조달이 용이해지면서 온갖 유형의 회사들이 등장해 쉽게 속아넘어가는 대중들을 상대로 주식을 발행했다. 물론 이들 회사 대부분은 합법적이었지만 너무 앞서갔다. 가령 어떤 회사는 호주 근방에 세워졌고(제임스 쿡(James Cook) 선장이 호주 대륙을 발견하기 반 세기 전이었다), 또 어떤 회사는 기관총을 생산한다고 내세웠으며, 런던까지 활어(活魚)를 운반할 수 있는 선박을 건조하겠다는 회사까지 있었다. 드러내놓고 사기꾼 회사임을 광고하는 경우는 드물었지만, 가히 인구에 회자될 만한 유명한 문구를 정관에 명시해놓은 회사도 있었다. "엄청난 이권을 실현함을 회사의 목적으로 한다. 다만 이 이권이 무엇인지는 아무도 알지 못한다." 재미있는 것은 당시 설립된 190개의 거품 회사 가운데 두 회사는 살아남았다는 것이다: 지금은 대형 보험회사가 된 로열 익스체인지(Royal Exchange)와 런던 어슈어런스(London Assurance)다.

거품 회사들이 자본을 끌어가자 남해회사는 이들과 경쟁을 벌일 수밖에 없었다. 이 와중에 의회는 1720년 6월 「거품법(Bubble Act)」을 통과시켰다. 「거품법」에 따라 새로 설립되는 모든 회사는 의회의 허가를 받아야 했고, 기존 회사들도 허가 받은 설립 목적 이외의 영업을 할 수 없었다. 역설적이게도 이렇게 몰락은 시작됐다. 당시 많은 보험회사들이 남해회사와 그 주주들에게 막대한 자금을 대출해줌으로써 투기붐에 기름을 끼얹고 있었는데, 당초 허가 받은 본연의 사업으로 돌아오자 이 같은 대출이 중단된 것이다. 또 당시 대표적인 거품 회사 가운데 하나였던 스워드 블레이드 컴퍼니(Sword Blade Company) 역시 허가 받은 사업은 도검(刀劍)을 만드는 것뿐이었다. 「거품법」에 따라 시장에서 신용이 사라지자 그 효과는 즉각 나타났다: 거품이 꺼져버린 것이다. 10월이 되자 거품은 완전히 사라졌다.

남해회사 거품은 조지 국왕(King George)에서 일반 평민들에 이르기까지 모두가 투기붐에 휩싸였던 진짜 광기였다. 조나단 스위프트 (Jonathan Swift)는 당시 영국의 분위기를 아주 적절하게 요약했다:

> 런던을 다녀온 사람을 붙잡고 그곳에서는 무엇을 믿느냐고 물었다. 그러자 남해회사 주식이라고 답했다. 그러면 영국은 무슨 정책을 펴고 있느냐고 다시 물었다. 대답은 똑같았다. 무엇을 거래하느냐고 물었다. 역시 남해회사 주식이었다. 도대체 그곳에서는 무슨 사업을 하느냐고 물었다. 한결같이 남해회사 주식이라는 대답뿐이었다.

그 시절 런던의 금융가를 방문했던 한 외국인은 딱 한 문장으로 표현했다. "마치 미친 사람들이 한꺼번에 정신병원을 탈출해버린 광경이었다."

미시시피 회사나 남해회사 어느 곳도 해외무역에는 별 관심이 없었다. 미시시피 회사는 해외무역에서 문자 그대로 단 한 푼의 수익도 올리지 못했지만 남해회사는 정부로부터 받는 약간의 수입이 있었다. 이 현금 흐름을 기초로 남해회사의 가치를 냉정하게 평가한다면 주당 150달러 정도 되는데, 이 금액은 투기 열풍이 가라앉은 뒤의 주가와 정확히 일치한다.

그러면 이제 거품이 커지기 위해 필요한 네 가지 전제조건을 생각해보자. 우선 민스키의 "변위요인"은 정부의 부채를 민간기업의 주식으로 바꿔준 전례 없는 대체방식이었다. 두 번째로 신용의 팽창이 있었는데, 특히 미시시피 회사는 은행권을 무제한적으로 찍어냈다. 세 번째는 앞서 수중탐사 투기극이 벌어진 뒤 30년이란 세월이 흘렀다는 점이다. 마지막 조건은 자산 가치를 제대로 평가하지 못하는 비전문가들의 시장 지배력이 커졌다는 것이다.

비록 피셔의 배당금 할인 방식이 나오기 2세기 전의 일이기는 하지만 투자자들은 이미 오래 전부터 수입의 흐름을 어떻게 평가해야 할지에 대해 본능적으로 감을 잡고 있었다. 마치 야구 선수가 탄도 방정식을 모르더라도 공이 어디로 날아갈지 아는 것처럼 말이다. 합리적인 투자자였다면 남해회사 주식의 내재가치가 100파운드냐, 아니면 200파운드냐를 놓고 논쟁을 벌일 수 있었겠지만, 1000파운드 이야기는 제정신을 갖고는 꺼내지 못했을 것이다. 하물며 이보다 훨씬 더 투기적이었던 거품 회사들의 경우에는, 앞서 살펴본 톰의 유전 투자 평가 방식에 따를 때 가히 상상을 초월한 가격이었다.

거품의 핵심은 이렇게 말할 수 있다: 아주 짧은 기간 동안 가격은 계속 오르고 그것을 의심하는 사람은 아무도 없다. 따라서 수많은 투자자들이 사업내용이 모호한 회사의 주식을 터무니없이 높은 가격, 즉 아주 낮은 할인율을 적용해 매수한다. 거품은 하늘 끝까지 전속력으로 내달린다. 그리고는 시장의 붕괴를 남기고 사라져버린다. 동시에 지식인부터 일반 대중에 이르기까지 장밋빛 환상에서 고통스럽게 깨어난다. 아마도 남해회사 투기극에 말려들었던 가장 유명한 인물은 아이작 뉴턴 경(Sir Isaac Newton)일 것이다. 그는 이런 말을 남겼다. "나는 천체의 운동은 계산할 수 있지만 대중의 광기는 계산할 수 없다."

대운하 투기 열풍

대규모 운하는 현대인의 삶을 근본적으로 바꿔놓은 교통수단이자 최초의 기술적 대역사(大役事)라고 할 수 있다. 때는 1758년, 사랑에 실패한 브리지워터 공작(Duke of Bridgewater)은 자신의 광산에서 캐낸 석탄을 30마일 떨어진 섬유공장 단지로 수송할 수 있는 운하를 건설하겠다는 야심찬 계획을 구상했다. 그의 재산 전부를 쏟아 부은 끝에 9년 만에 완공된 이 운하는 엄청난 이익을 가져다 주었다. 이 영향으로 그 후 20년 만에 영국 전역에는 1000마일 이상의 운하가 건설됐다.

초창기 운하회사들의 수익률은 상당히 좋았고, 덕분에 이들 회사의 주가도 급등했다. 자연히 초기 투자자들이 거둔 높은 수익률은 주목의 대상이 됐고, 너도나도 이들을 따라 하려는 움직임이 나타났다. 새로이 건설되는 운하들은 수익성이 형편없었지만 얼빠진 대중들에게서 나온 막대한 자본이 운하 건설에 투입됐다. 최고 연 50%에 달했던 초창기 운하회사들의 배당금은 여기저기서 경쟁적으로 운하가 개통되면서 사라져갔다.

유동성이 고갈되면 거품은 터지기 마련이다. 이번 경우에는 프랑스 대혁명으로 인해 상품가격 전반이 폭락하면서 대출시장이 말라버렸다. 1800년대로 접어들 무렵에는 운하회사 가운데 20%만이 배당금을 지급했다.

운하회사 거품은 어쨌든 사업을 통해 정상적인 이익을 거두었으며, 또 광범위하면서도 지속적인 방식으로 이 사회에 긍정적인 영향을 미쳤는데, 이 두 가지 측면에서는 최초의 거품이었다. 비록 운하를 통과하는 평균 속도는 시속 몇 마일에 불과했지만, 당시 육로 수송은 이보다 훨씬 더 느렸을 뿐만 아니라 위험했고 믿을 수도 없었다. 그래서 운하가 등장하기 전까지는 육로보다 차라리 바다를 통한 수송이 훨씬 더 효율적이었다. 가령 런던에서 글래스고로 가는 데는 육로를 이용하는 것보다 배를 타는 게 몇 배나 더 빠르고 안전했으며 비용도 적게 들었다. 물론 배를 타는 것 역시 신뢰성은 떨어졌다. 그런데 운하가 건설됨으로써 마침내 내륙에 흩어져 있던 수천 개의 마을이 외부 세계와 접하게 됐고, 이로써 영국이라는 나라 전체가 완전히 새로운 시대로 들어설 수 있었다.

운하 건설을 둘러싼 투기 열풍은 신기술의 투자 잠재력에 도취해버리는 사람들에게 훌륭한 교훈을 하나 전해준다. 비록 처음에는 수익성이 대단히 높다 하더라도 나중에는 치열한 전쟁터로 변할 수밖에 없다는 것이다. 현금 수입만큼 많은 경쟁자를 불러오는 것도 없으니 말이다. 진짜 "독보적인 기술"이라고 잠시 안심할 수는 있겠지만 절대로 오래가지 못한다; 결국은 경쟁자들이 몰려들 것이고 처음에 쉽게 들어왔던 이익도 순식간에 사라져버릴 것이다.

운하 건설이 만들어낸 법칙은 오늘날까지도 그대로 이어지고 있다. 운하와 같은 혁명적인 발명은 사회 전반에 장기적인 번영과 발전을 가져다 주지만, 운 좋은 초기 투자자들에게는 단기적인 이익을 줄 뿐이고, 뒤늦게 뛰어든 대부분의 투자자들에게는 큰 손실을 입힌다.

기술 투자의 기본 법칙

혁신적인 기술의 자금 조달이라는 측면에서 운하 거품은 또 한 가지의 전형을 만들어냈다: 결국 이익을 보는 것은 기술을 구현해낸 사람이 아니라 그 기술을 사용하는 사람이라는 것이다. 장기적으로 볼 때 운하 사업자는 새로운 운송수단으로 운하를 사용한 사업자들, 특히 새로이 번창하게 된 내륙 도시에서 건설업과 제조업을 영위한 사업자들만큼 이익을 거두지 못했다.

이런 전형을 가장 잘 보여주는 사례는 운하 거품이 불었을 무렵 발명된 항해용 시계(marine chronometer)다. 해상무역으로 돈을 벌려면 한 치의 오차도 없는 아주 정밀한 항해가 필수적이다. 그러려면 위도와 경도를 아주 정확하게 잴 수 있어야 한다. 이 가운데 위도는 비교적 쉽게 잴 수 있다. 이미 수백 년 전부터 선장들은 태양의 높이만 정확히 측정하면 위도를 파악할 수 있었다.

그러나 경도는 이렇게 쉬운 문제가 아니었다. 18세기가 되자 선원들은 경도를 측정하는 가장 확실한 방법은 고도의 정밀시계를 개발하는 것이라고 생각하게 됐다. 일단 항해 선박에서 정오(해가 가장 높이 뜬 시각)가 언제인지 정확히 알아내고, 그와 동시에 런던은 그 시각에 몇 시 몇 분인지 알아낸다면 지금 배가 런던에서 동쪽 혹은 서쪽으로 얼마나 멀리 떨어져 있는지 파악할 수 있다.

이를 위해서는 6주 이상의 항해 기간 중 하루 오차가 0.25초 이내인 시계가 필요했다. 마침내 1761년에 존 해리슨(John Harrison)이라는 장인이 놀라운 물건을 만들어냈다. "H4"라고 불린 그의 시계는 오늘날까지도 기술적 불가사의로 여겨진다; 두 세기 반 전이라는 점을 감안하면 우주선을 만들어낸 것에 비견할 만하다. 그러나 여기서도 핵

심은 다른 데 있다: 이렇게 결정적인 발명 덕분에 진짜 큰 돈을 번 사람은 해리슨도 아니고, 그의 자식도 아니고, 그의 사업 후계자도 아니었다. 사실 투자의 역사에서 시계산업이 지나간 흔적은 찾기 힘들다. 스와치(Swatch)나 롤렉스(Rolex)가 나오기 전까지 주목할 만한 시계 회사도 없었다. 하지만 이 기술의 사용자들, 가령 동인도회사(East India Company)를 비롯한 영국과 네덜란드의 대규모 무역회사들은 해리슨이 발명한 시계 덕분에 큰 돈을 벌었다. 그런 점에서 이 경우 역시 일찌감치 기술 투자의 기본 법칙을 보여준 대표적인 사례라고 할 수 있다: 새로운 기술로 가장 큰 이익을 거두는 쪽은 그 기술을 만들어낸 사람이 아니라 그 기술을 사용하는 사람이다.

철도주 광기

항해용 정밀시계의 발명이 투자 거품을 일으키지 않은 이유는 그 효과를 금방 알 수 없었기 때문이다. 그런 점에서 아주 혁명적인 기술이면서 그 효과를 즉각 알 수 있었던 대표적인 발명이 바로 증기기관차였다. 19세기에 증기기관이 나오기 전까지 육로를 통한 장거리 여행은 부유층의 전유물이었다. 부자가 아니면 값비싼 역마차 요금을 낼 수 없었고, 여섯 마리 말이 끄는 자가용 마차는 웬만한 갑부가 아니면 타고 다닐 수 없었다. 더구나 당시 마차로 여행을 하려면 도로 사정은 형편없었고 안전 문제도 컸던 데다 느리고 체력적으로 무척이나 힘들었다.

그런데 철로가 놓이자 육로 여행은 갑자기 싸졌고 안전해졌고 빨라졌으며 훨씬 더 편해졌다. 무엇보다 증기기관은 그 어떤 발명품보다 극적이고 낭만적이며 미적 여운까지 있었다. 당시 유명 여배우였던 패니 켐블(Fanny Kemble)은 조지 스티븐슨(George Stephenson)이 제작한 로켓(Rochet) 호의 기관사실에 앉아 처음으로 기차 여행을 해본 경험을 이렇게 적었다:

> 어린 망아지가 콧바람을 불듯이 증기를 쉭쉭 내뿜으면 나도 모르게 이 기차를 쓰다듬어주고 싶어져. 기차는 시속 35마일이라는 빠른 속도로 내달리고 있어. 하늘을 나는 새보다 더 날렵해. 미끄러지듯 공기를 가르고 나아가는 이 느낌은 타보지 않고는 상상하기 힘들 거야. 책을 읽을 수도 있고 글까지 쓸 수 있거든. 일어서서 모자를 벗으면 상쾌한 바람이 얼굴을 때리고, 눈을 감으면 마치 날아가는 것 같아. 말로 표현할 수 없는, 정말 낯설면서도 감동적인 느낌이야. 하지만 이상한 것은 그런데도 조금도 무섭지 않고 너무너무 안전하다는 생각이 든다는 거지.

이 무렵 사람들에게 기차 여행이 얼마나 대단한 것이었는지는 이 책을 읽는 독자들은 이해하기 어려울 것이다. 아마도 제트여객기와 개인용 컴퓨터(PC), 인터넷, 여기에 갓 볶아낸 에스프레소 커피를 한데 합쳐놓은 정도라고 할까. 최초의 증기기관차 노선은 1825년에 개통된 달링턴과 스톡턴 간 노선이었고, 리버풀과 맨체스터 간 노선이 1831년에 개통됐다. 이들 노선의 철도회사는 괜찮은 배당금을 지급했고 주가도 급등세를 탔다. 철도주의 급등세에 힘입은 강세장으로 인해 풍요감이 만연했고, 결국 1837년 거품이 꺼지면서 주가는 급락세로 돌아섰다.

그런데 그 이전에는 물론 그 이후에도 볼 수 없었던 주식시장의 두 번째 광기가 출현했다. 이 광기는 빅토리아 여왕이 1842년에 첫 기차 여행을 한 게 계기가 됐는데, 여왕이 기차를 탔다는 사실 자체가 대중들의 기차 여행에 대한 열정에 불을 붙인 것이다. 물론 요즘 세태에서는 상상하기 어려운 일이다. 마치 현대인들이 표준시간을 "인터넷 타임(Internet time)"이라고 부르는 것처럼 1840년대에는 사람들이 "기차가 다니는 시간(railway time)"을 표준시간으로 여겼다. 유사이래 처음으로 사람들은 몇 날 며칠이 아니라 몇 시간 몇 분으로 거리를 이야기하기 시작했고, "기적 소리에 잠을 깼다"는 표현이 처음 만들어졌다.

1844년 말에는 3대 철도회사가 10%의 배당금을 지급했다. 1845년 초에는 16개의 신규 철도 노선 건설계획이 발표됐고, 50개의 새로운 철도회사가 설립허가를 받았다. 새로이 출범한 철도회사들은 10%의 배당금 지급을 보장하는 한편, 상하원 의원과 고위 관료들을 이사로 참여시켰는데, 이들에게는 자사 주식을 뇌물로 건넸다. 신규 철도회사는 수십 만 파운드의 광고비를 지출하면서 주식을 모집했다. 이런 광고비 덕분에 수많은 신문과 잡지들이 앞다퉈 철도 여행에 관한 기사를 실었다. 이 무렵 건설 계획이 발표된 신규 철도 노선의 총연장은 무려 8000마일로 기존 철도 노선의 4배에 달했다.

1845년 여름이 끝나갈 무렵 기존 철도회사의 주가는 500%나 올랐고 450개 이상의 철도회사가 새로 설립됐다. 철도 노선은 인도 벵갈지역에서 남미 가이아나에 이르기까지 전세계로 뻗어나갔다. 아일랜드에서만 100개가 넘는 신규 노선 건설계획이 발표됐을 정도다. 거품의 막바지 단계에 이르자 문자 그대로 아무 곳에서 아무 곳을 연결하는 철도 노선이 계획됐는가 하면, 더 이상 도시를 잇는 노선은 만들 수조차 없었다. 민스키의 "변위요인"은 명확했다. 신용팽창 역시 충분히 이뤄졌다: 1840년대에는 투자자가 주식을 사면서 매수가격의 일부만 낸 다음 철도 건설 자금이 필요할 때마다 추가로 매수대금을 납입하는 방식이 일반적이었다. 하지만 모든 거품이 그렇듯 갑작스럽게 신용이 위축되면 거품은 꺼지고 만다. 1845년에는 건설 중인 철도 노선에 필요한 자금을 대기 위해 주식 매수대금의 추가 납부를 요구하자 주주들이 기존 주식을 팔아야 했다. 결국 이런 상황은 1845년 10월에 끝났다. 〈더 타임스The Times〉는 당시의 허망했던 투기극을 전하면서 처음으로 "거품"이라는 단어를 대중적인 금융용어로 사용했는데, 기사의 첫 문장은 이렇게 시작했다:

거대한 부의 거품이 바로 우리 눈앞에서 꺼져버렸다.

급격한 유동성 위축이 그 후 몇 년간 영국 금융시장을 강타했다. 콘솔 가격까지 떨어졌고 영란은행마저 휘청거릴 정도였다. 가격이 떨어지지 않은 유일한 상품은 금뿐이었다.

1990년대 말까지 뜨겁게 타올랐던 기술주 거품은 터지기 전부터 많은 사람들이 거품이라고 이야기했다는 점에서 극히 이례적이었다. 그런데 이전에도 그런 경우가 있었다. 1845년 여름 정상적인 사고를 가진 사람이라면 누구나 철도주 투기가 비극으로 끝날 것이라고 예상했다. 언론에서도 철도주 투기가 어떻게 끝날 것인가에 관해 여러 차례 지적했다. 당시 총리였던 로버트 필(Robert Peel)의 경고는 오히려 수

위가 낮은 편이었다: "철도 투기를 둘러싼 광기에 정부가 직접 개입한다 해도 약효가 없을 것 같습니다. 언론에서 그렇게 지적했는데도 대중들이 임박한 위험에 대해 관심을 기울이지 않는 이유가 진짜 궁금합니다." 한마디로 영국에서 가장 많은 정보를 갖고 있는 총리조차도 할 수 있는 일이라고는 의회에 나가 "이상 과열(irrational exuberance)!"을 큰소리로 외치는 것 외에 별 도리가 없었다.

미국은 남북전쟁 이후 철도주 광기에 빠져들었다. 하지만 철도회사의 파산이나 신용위축의 파장을 감안할 때 영국에 비해서는 규모가 작았다. 아마도 그 이유는 미국의 철도회사들이 주로 채권 형태로 자금을 조달하는 바람에 주식시장이 그만큼 거품에 덜 취약했기 때문일 것이다.

규모는 작았지만 미국 철도회사들이 겪은 거품 역시 시사하는 바가 크다. 철도회사든 운하회사든 유사한 노선을 갖고 사생결단의 경쟁을 벌임으로써 상당수가 파산했고 투자 수익률도 매우 낮았다. 그러나 철도가 가져다 준 사회적 효과는 미국 대륙 전체의 판을 완전히 새로 짜고 그 성장기반까지 마련했을 정도로 대단했다. 결국 철도 건설에 따른 경제적 이익을 손에 쥔 사람들은 철도 노선의 중심지로 급부상한 시카고와 오마하, 새크라멘토 같은 도시의 사업가와 건설업자, 부동산 중개업자들이었다.

1920년대의 거대한 거품

1929년 10월 30일 목요일 아침에 발행된 미국의 연예전문지 〈버라이어티Variety〉를 보면 그저 가벼운 기사들뿐이다. 그런데 실은 이때가 미국 금융시장 역사상 가장 긴, 그리고 최악의 시장 붕괴가 막 시작된 시점이었었다. 주식시장은 10월의 급락 이후 곧 다시 반등해 낙폭을 상당 부분 만회했다. 1930년 초의 다우존스 평균주가는 1929년 개장 지수보다 높았다. 하지만 그 후 2년간 주식시장은 하염없이 떨어져 주가는 이전 고점에 비해 반의반 토막에도 미치지 못하는 지경에 이르렀고, 경제 전체는 깊은 수렁에 빠져들었다.

주식시장이 이렇게 곤두박질치려면 반드시 그에 앞서 역사적인 거품이 형성돼야 한다. 주식시장의 침체와 거품은 늘 함께 하는 것이니 말이다. 이번에도 "변위요인"은 기술이었다. 20세기 초의 기술혁신 속도는 18세기 이후 두 번째로 빠른 것이었다. 비행기와 자동차, 라디오, 발전기, 그리고 전구를 비롯한 온갖 전기기구가 불과 몇 십 년 만에 쏟아져 나왔다. 또 이번에도 신용 팽창이 투자붐에 불길을 당겼다.

아이러니하게도 그 빌미를 제공한 장본인은 당시 영국의 재무장관이었던 윈스턴 처칠(Winston Churchill)이었다. 처칠은 금본위제를 재차 확인하는 한편 파운드화의 가치를 제1차 세계대전 이전 수준인 4.86달러로 고정시켰다. 하지만 영국의 전시 인플레이션으로 인해 파운드화는 고평가될 수밖에 없었다. 따라서 영국의 수출품 가격은 상대적으로 비싸졌고 수입품 가격은 상대적으로 싸졌다. 그 결과 영국의 무역수지는 급격히 악화돼 금 보유고가 바닥날 지경이었다. 무역수지 적자의 전통적인 해결책은 흑자를 내는 상대국으로 하여금 금리를 낮추도록 하는 것이다; 상대국의 금리가 낮아지면 투자 매력도가 떨어져 자금이 외국으로 흘러나오고 그러면 무역수지 적자국의 문제도 자연스럽게 해결되는 것이다.

그런데 안타깝게도 미국의 저금리는 자금 차입을 용이하게 만들었다. 1927년 무렵 미국 경제는 한창 호황기를 지나는 시기였는데, 영국의 필요에 따른 미국의 저금리는 여기에 신용 팽창이라는 기름을 부은 형국이었다. 대부분의 미국 금융 당국자들도 문제의 심각성을 알고 있었다. 그러나 당시 연방준비제도이사회(FRB) 의장 벤저민 스트롱(Benjamin Strong)과 영란은행 총재 몬태규 노먼(Montagu Norman)은 친구 사이였다. 스트롱은 스스로 총대를 메고 저금리 정책을 밀고 나갔다. 이건 마치 볏짚을 들고 불길 속으로 뛰어드는 것이나 마찬가지였다.

거품 형성에 필요한 세 번째 요소가 여기에 가세했다. 뜨거웠던 철도 투기붐이 휩쓸고 지나간 지 어느새 한 세대가 지난 것이다. 그리로 계속 가면 낭떠러지라고 경고해줄 노회한 인물들을 찾아보기 힘들어졌다. 이제 마지막 요소가 더해지며 거품은 절정에 다다랐다. 자산가치의 법칙이 무엇인지도 모르는 수백만 명의 무지한 대중들이 단지 주변 사람들이 쉽게 돈 버는 모습만 보고는 시장에 뛰어든 것이다. 이들보다 더 많은 지식을 갖고 있는 소위 전문가들도 상당수 이 대열에 동참했다. 그렇게 해서 1927년부터 2년 반 사이 주가는 150% 이상 올랐다.

1920년대의 강세장은 거대한 거품이었음에는 틀림없지만 역사상 가장 "이성적인" 거품이기도 했다. 1920년부터 1929년까지 실질 GDP는 50%가까이 증가해 낙관론자들이 예측했던 과학적 진보가 낳은 "새로운 시대(new era)"가 정말로 온 것 같았다. 더구나 오늘날의 기준으로 보면 당시 주가는 상당히 낮은 수준이었다. 1928년까지 미국 주식시장의 주가수익비율(PER)은 10배 정도에 불과했고 배당 수익률도 5%에 달했다. 1929년 여름 주가가 정점에 달했을 때조차도 PER은 20배 수준이었고 배당 수익률은 3%에 약간 못 미쳤다. 어쨌든 요즘 기준으로 보면 상당히 양호한 셈이었다.

질풍노도와도 같았던 1920년대의 대강세장은 단지 지나고 나서보니 거품이었다고 단정지을 수 있는 것이다. 그렇지 않다면 그 후 주가가 90%나 폭락한 것을 어떻게 설명할 수 있겠는가? 물론 당시 개별 주식 가운데는 터무니없을 정도로 과대평가된 종목이 있었고, 말도 안 되는 투기와 "작전"이 난무했던 것도 사실이다. 하지만 1920년대의 거품은 수치에 의해 엄밀히 검증되기 보다는 그저 전설처럼 인구에 회자되고 있을 뿐이다.

1920년대를 특징짓는 단어를 하나 꼽는다면 주식 풀(stock pool)이 첫 번째가 될 것이다. 주식 풀이란 돈 많은 투기꾼들이 형성한 세력을 말하는데, 이들은 주가를 끌어올리기 위해 거래소의 스페셜리스트(상장된 각 종목들이 거래될 수 있도록 호가를 제공하는 플로어 트레이더)까지 끌어들였다. 이들은 특정 종목의 주가가 쌀 때 천천히 대규모로 매집한 다음 세련된 솜씨로 아주 조심스럽게 서로 매매를 주고받으며 거래량을 늘림과 동시에 주가도 끌어올린다. 이렇게 거래량이 증가하며 주가가 상승하는 게 주가 시세표를 통해 읽혀질 즈음에는 이미 해당 종목이 손을 타기 시작한다. 이들의 작전이 제대로 들어맞으면 대중들의 투기적인 매수 열기에 힘입어 주가는 천정부지로 치솟고, 바로 이 순간 세력들은 "매도"로 돌변해 이 종목에서 빠져나오는 것이다.

주식 풀을 제대로 실행하기 위해서는 고도의 기술이 요구된다. 아마도 역사상 최고의 지휘자는 조셉 P. 케네디(Joseph P. Kennedy Sr.)였을 것이다. 작전 세력의 우두머리로 활동하던 그는 증권거래위원회(SEC)의 초대 위원장에 임명됐는데, 루즈벨트(Franklin Delano Roosevelt) 대통령은 왜 그를 위원장으로 임명했는지 그 이유를 이렇게 설명했다: "도둑을 잡으려면 도둑이 필요한 법입니다."

사실 SEC가 설립된 것은 「1934년 증권법(the Securities Act of 1934)」이 만들어진 다음이고, 그 이전까지는 주식 풀이 법적으로 문제가 없었다. 가장 유명했던 주식 풀은 당시 "라디오"라는 약칭으로 불렸던 RCA(Radio Corporation of America) 종목에 대한 작전이었다. 라디오 주식 풀에 가담한 인물들의 면면을 보면 지금 봐도 놀라울 정도다: 월터 크라이슬러(Walter Chrysler), U.S. 스틸(U.S. Steel)의 찰스 슈왑(Charles Schwab), 라디오의 설립자이자 사장인 데이비드 사르노프(David Sarnoff)의 부인 미세스 데이비드 사르노프, 퍼시 록펠러(Percy Rockefeller), 윌슨 대통령 보좌관 출신인 조셉 투멀티(Joseph Tumulty), 한창 작전이 실행 중일 무렵 민주당 전국위원회 의장을 맡고 있던 존 J. 라스콥(John J. Raskob).

1920년대를 특징짓는 두 번째 단어는 "투자신탁(investment trust)"이라는 이름의 기관이다. 투자신탁은 요즘의 뮤추얼펀드와 마찬가지로 전담 매니저가 주식과 채권으로 구성된 대규모 포트폴리오를 운용했다. 다만 투자신탁은 주식시장에서 일반 종목처럼 거래됐는데, 소액 투자자들 입장에서는 이 종목을 매수하면 전문가가 잘 분산 투자해놓은 포트폴리오에 투자하는 효과가 있었다. 그런 점에서 아직도 주식시장에 몇 종목 남아있는 폐쇄형 펀드가 투자신탁과 거의 같은 셈이다. 투자신탁은 잉글랜드와 스코틀랜드 금융시장에서 19세기에 처음 나왔고, 소액 투자자들이 몇 십 파운드만 갖고도 다수 종목에 분산 투자할 수 있다는 게 가장 큰 장점이었다.

투자신탁들은 처음에는 보수적으로 운영됐다. 그러나 질풍노도와 같은 1920년대를 지나면서 투자신탁들은 점차 차입금까지 동원해 투자하기 시작했고, 이 점에서 신용을 끌어다 쓰는 개인투자자들과 다를 바 없었다. 투자신탁들이 이렇게 레버리지 비율을 높이다 보니 개별 종목의 주가가 조금만 변동해도 이들 "차입 투자신탁들"의 주가는 큰 폭으로 움직였다.

골드만삭스는 뒤늦게 1928년 말에야 1억 달러의 자본금으로 골드만삭스 트레이딩 코퍼레이션(Goldman Sachs Trading Corporation)을 세워 투자신탁 사업에 뛰어들었다. 그런데 트레이딩 코퍼레이션은 불과 두 달 뒤인 1929년 2월 모회사가 관련된 또 다른 투자신탁인 파이낸셜 앤드 인더스트리얼 시큐리티즈 코퍼레이션(Financial and Industrial Securities Corporation)과 합병했다. 이로부터 며칠 후 새로 합병된 투자신탁의 주가는 운용자산의 두 배 가격으로 치솟았다.

대부분의 증권회사들은 사실 이 정도면 대단히 만족스러워 했겠지만, 골드만삭스는 이제 겨우 몸을 푼 셈이었다. 합병된 투자신탁은 자사 주식을 매수하기 시작했고, 이로 인해 주가는 계속 더 올랐다. 그리고는 한껏 부풀린 주식을 일반에 팔았다. 이 과정에서 제너럴 모터스(GM)의 설립자 윌리엄 크레이포 듀런트(William Crapo Durant)가 깊숙이 개입하기도 했고, 트레이딩 코퍼레이션이 또 다른 거대 투자신탁 회사인 셰난도어 코퍼레이션(Shenandoah Corporation)을 새로 설립하기도 했다. 그리고 25일 후에는 셰난도어가 또 다른 투자신탁 회사인 블루 리지 코퍼레이션(Blue Ridge Corporation)을 설립했다. 이렇게 만들어진 두 신설회사의 이사회 명단에는 존 포스터 덜레스(John Foster Dulles)라는 젊은 변호사의 이름이 올라있었다.(존 케네스 갤브레이스(John Kenneth Galbraith) 교수는 1954년 대공황에 관한 자신의 책을 집필하면서 당시 국무장관으로 있던 덜레스의 과거 잘못된 처신을 기꺼이 지적했다.) 트레이딩 코퍼레이션은 마침내 그해 8월 대형 투자신탁 회사인 웨스트 코스트(West Coast)마저 인수했다.

하지만 골드만삭스의 이 같은 타이밍은 정말 최악이었다. 몇 주 뒤 주식시장은 대폭락했고, 투자신탁 회사들은 엄청난 레버리지의 무게에 따라 설립된 순서와 반대로 무너져 내리기 시작했다: 처음에는 블루 리지가, 다음에는 셰난도어가, 마지막으로 트레이딩 코퍼레이션이 쓰러졌다. 출범 직후 36달러에 거래됐던 셰난도어의 주가는 이해 10월 말 3달러로 떨어졌고, 1932년에는 50센트까지 주저앉았다.

1929년의 주식시장 붕괴와 그 후폭풍은 미국 투자자들의 심리에 큰 상처를 주었고, 자산가치에 관한 피셔의 법칙을 잊어서는 안 된다는 아주 값비싼 교훈을 이들에게 남겼다. 이제 다시 금융시장에 투기의 바람이 불어오려면 한 세대 정도의 세월이 필요해졌다.

고고 시장과 니프티 휘프티

1960년부터 1972년까지 계속된 투기 열풍은 하나가 아니라 세 개의 거품이 연속적으로 이어졌다는 점에서 전무후무한 사례다. 하나의 거품이 터지면 곧바로 새로운 투기 거품이 등장했다. 1970년대 초로 접어들면서 주식시장의 과열 분위기가 가시화되자 소위 "안전한" 대형 성장주를 피난처로 삼으려는 투자자들이 점차 늘어났고, 결국 이들 대형 성장주 역시 자신의 무게를 못 이기고 붕괴됐다. 1973~74년의 참담한 약세장은 이렇게 시작된 것이다.

이때의 투기 열풍은 1950년대 말부터 시작됐는데, 1929년의 시장 붕괴로부터 정확히 30년이 지난 시점이라는 사실은 그리 놀라울 것도 없다. 신중한 투자자들은 30년 가까이 채권만 매수했고 주식은 가격 불문하고 무조건 멀리했다. 한 세대가 지나고 나서야 월 스트리트는 새로운 밴드에 맞춰 춤을 추기 시작했다. 바야흐로 분위기가 다시 무르익기 시작한 것이다.

이번에 새로 등장한 민스키의 "변위요인"은 우주 경쟁이었고, 투자자들을 홀린 마법의 단어는 "소닉스(sonics)"와 "트로닉스(tronics)"였다. 당시 유행했던 기업 이름들을 지금 떠올려보면 웃음이 나올 정도다: 비디오트로닉스(Videotronics), 하이드로-스페이스 테크놀로지(Hydro-Space Technology), 서킷트로닉스(Circuitronics), 심지어 파워트론 울트라소닉스(Powertron Ultrasonics)도 있다.(아마도 몇 십 년 뒤에는 닷컴 기업들의 이름이 이보다 더 우습게 들릴 것이다.) 이들 기업의 주식시장 상장은 대단한 인기를 끌어 상장 당일에 주가가 50~100% 오르는 게 예사였다. 결국 이들의 순이익 증가가 가까운 시일 안에는 힘들다는 사실을 투자자들이 깨닫게 되면서 시작된 주가 폭락은 이미 예견된 수순이었다. 그러나 "트로닉스" 투기붐은 주식시장 역사 전체적으로 볼 때 규모가 크지 않았는데, 이는 투기 대상 기업들이 다들 소규모였기 때문이다.

곧 이어 등장한 인수합병 광풍은 이보다 훨씬 더 심각했다. 인수합병 광풍은 미국 전역의 생산성 있는 대규모 자산을 집어 삼켜 비효율적이고 덩치만 큰 복합기업으로 만들었다. 1890년에 「셔먼 반독점법(Sherman Antitrust Act)」이 통과된 뒤 근 한 세기 만에 기업들은 정부의 눈치를 볼 필요 없이 규모의 경제를 달성하는 방법을 찾아냈다. 동종 산업 내의 기업은 인수합병이 법적으로 금지돼 있으므로 여러 업종에 걸친 거대 기업들을 거느린 복합기업을 만드는 방식을 고안해낸 것이다.

그러자 전혀 예상하지 못했던 일이 벌어졌다. 인수합병에 따라 이들 복합기업의 수익성이 급격히 개선될 것이란 기대가 투자자들 사이에 퍼지면서 복합기업의 가치가 올라가기 시작했다. 주가가 뛰자 이들 복합기업은 과대평가된 주가를 이용해 더 많은 기업을 인수했다. 점점 더 많은 기업들이 한데 합쳐졌고, 많은 기업을 집어삼킨 복합기업의 순이익은 빠르게 부풀려졌다. 순진한 투자자들은 급격히 늘어만 가는 복합기업의 순이익이 효율성 제고에 따른 것이라고 오판했다. 주가는 갈수록 더 상승했고, 복합기업들은 점점 더 많은 기업들을 사들였다. 복합기업들은 업계 특유의 진부한 용어들로 치장했다: 아연 광산을 인수한 뒤 "우주 광물 사업부"로 이름 붙였고, 조선소는 "해양 시스템 사업부"로, 육류 포장사업은 "영양균형 서비스 사업부"로 명명했다.

인수합병 광풍이 최고조에 달했을 무렵 A-T-O, 리튼(Litton), 텔레다인(Teledyne), 텍스트론(Textron)으로 일컬어지는 4대 복합기업의 주가수익비율(PER)은 25~56배에 달했다. 전형적인 굴뚝기업들을 모아 놓은 복합기업의 주가치고는 상당히 높은 것이었다. 마침내 1968년 리튼이 실망스러운 순이익을 발표하자 음악은 멈췄다. 인수합병으로 쌓아온 모래성들은 하나씩 무너졌고 4대 복합기업의 주가는 60%이상 떨어졌다.

이게 최악은 아니었다. 몸집을 계속 키워가다 보면 언젠가는 규모의 경제에 따른 효율성보다 관료제로 인한 비효율성이 더 큰 문제가 되는 시점이 찾아온다. 항공기나 자동차를 만드는 회사처럼 규모의 경제 효과가 가장 큰 기업들조차 너무 커지게 되면-미국 자동차 기업들처럼-이런 문제를 겪는다.(일부 산업에서는 최적 기업 규모가 100명 정도로 아주 작은데, 건강의료 업종의 경우 최근에야 기업 경영자와 주주들이 이 사실을 깨달았나.)

1960년대 중반 무렵 미국 기업들은 업종 다양화가 효율성을 높이기보다는 오히려 수익성을 급속히 떨어뜨린다는 사실을 발견했고, 1970년에는 투자자들도 알게 됐다. 이제 투자자들은 안전성과 안정성을 갖춘 아주 탁월한 기업, 즉 해당 업종에서 압도적인 시장점유율을 차지하고 있고 지속적인 성장성이 입증된 대기업에 투자하기를 바랐다.

이렇게 해서 나온 게 "한 번만 결정하면 되는 주식(one decision stock)"이었다: 일단 사놓으면 잊어버린 채 영원히 보유하는 주식이 그것이다. 투자자들은 블루칩 중에서도 최우량주들, IBM과 제록스(Xerox), 에이본(Avon), 텍사스 인스트루먼츠(Texas Instruments), 폴라로이드(Polaroid) 주식을 매수했는데, 적어도 1970년대 초 무렵에는 하나같이 "위대한 기업"으로 손꼽히는 이름들이었다. 이들 기업은 평상시에도 PER이 20~25배에 달했고 배당 수익률은 아주 낮아 결코 주가가 싼 편이 아니었다. 그런데 투기 바람까지 불었으니 어떻게 됐겠는가. 1972년 맥도날드(McDonald's)와 디즈니(Disney)의 PER은 70배를 넘어섰고, 폴라로이드는 100배에 가까웠다.

당시 "니프티 휘프티(Nifty Fifty)"로 불렸던 50개 종목의 평균 PER은 42배였다. PER이 42배라는 말은 대체 무슨 의미일까? 앞서 제2장의 표 2-1에서 설명했던 방식대로 계산해보면 이들 종목에 투자해 연 11%의 시장 수익률을 달성하기 위해서는 이들 기업의 순이익은 매년 20%씩 증가해야 한다. 사실 개별 기업 하나만 놓고 봐도 이건 매우 어려운 일이다. 하물며 미국에서도 규모가 큰 축에 속하는 대기업 50곳이 동시에 이렇게 성장한다는 것은 불가능하다. 제2장의 그림 2-4에서 봤듯이 기업의 장기적인 순이익 및 배당금 증가율은 연 5%에 불과하다.

거의 모든 기업들의 실적이 실망스러웠고, 일부 기업은 더 엉망이었다. 투자 수익률도 기대에 훨씬 못 미쳤다.

제레미 시겔 교수는 니프티 휘프티 주식의 장기 투자수익률이 시장 수익률과 거의 일치했다는 점을 들어 장기적으로 볼 때 나쁜 투자가 아니었다고 지적했다. 물론 그 점에서는 사실이다. 다만 투기붐의 여파로 고점 대비 70~95%까지 폭락하는 종목이 속출했고, 일부는 이전 고점을 영원히 회복하지 못했다. 포트폴리오를 짜면서 수익률은 시장 수익률 수준으로 하고 리스크는 시장 평균보다 훨씬 높게 한다면 결코 좋은 성과를 낼 수 없을 것이다. 이 시기에 니프티 휘프티 주식을 매수한 투자자 가운데 정말로 장기 보유한 경우는 극히 드물었다.

니프티 휘프티 주식 열풍에서 얻을 수 있는 또 다른 교훈이 있다. 당시 가장 인기 높았던 7대 기술주, 즉 IBM과 텍사스 인스트루먼츠, 폴라로이드, 제록스, AMP, 버로스(Burroughs), 디지털 이큅먼트(Digital Equipment)는 1972년 이후 25년간 연 6.4%의 끔찍한 수익률을 기록했다. 반면 니프티 휘프티 주식 가운데서도 PER이 상대적으로 낮았던 25개 종목은 이 기간 중 연 14.4%의 수익률을 거둬 S&P 500 지수 상승률 연 12.9%보다 높았다. 이들은 필립 모리스(Phillip Morris), 질레트(Gillette), 코카콜라(Coca Cola)처럼 소비재 생산기업들이었는데, PER이 25~40배였다. 이들 기업은 당대의 첨단 기술을 만들어내지는 못했지만 이런 기술의 이점을 톡톡히 누렸다. 새로운 기술이 창출하는 부는 기술을 발명한 사람이 아니라 기술을 이용하는 사람이 누린다는 점을 역사는 다시 한번 보여준 셈이다.

닷컴 광기

야후!(Yahoo!) 나는 솔직히 이 회사의 이름을 어떤 식으로 받아들여야 할지 잘 모르겠다. 당대의 기술적, 경제적 활력을 대표하는 감탄사인지, 아니면 이 회사 주인들을 의미하는 명사인지 구분이 안 된다.

인터넷 거품에 대해서는 좀더 많은 연구가 필요하지만 몇 가지는 충분히 이야기할 수 있다. 우선 지난 몇 년 사이 우리 모두는 매우 역동적인 역사의 한 페이지를 지나왔다. 이건 1906년의 샌프란시스코 대지진과 다를 바 없는 무시무시한 대사건이었다. 나는 찰스 맥케이(Charles Mackay)가 쓴 《대중의 미망과 광기(Extraordinary Popular

Delusions and the Madness of Crowds)》를 처음 읽었을 때의 당혹감을 잊을 수 없다. 이 책에서는 튤립 광기와 남해회사 및 미시시피 회사 거품을 다루고 있었는데, 이런 시대에 살았더라면 어떤 식이었을지 궁금했다. 그런데 이제 누구나 알게 됐다. 17세기와 18세기의 수중탐사회사와 거품 주식회사들만 그렇게 터무니없는 사업을 내세워 엄청난 주가 상승을 기록한 게 아니다. 비록 개인적으로 이런 거품 열풍에 휩싸인 적이 없더라도 우리 모두는 인간이 어떤 존재인지 알게 됐다.

내 컴퓨터에는 모닝스타(Morningstar)에서 2000년 4월에 내놓은 주식거래모듈이 들어있는데, 가끔 여기에 나온 기업들의 면면을 살펴보면 놀랍기 짝이 없다: 테라 네트웍스(Terra Networks)의 시가총액은 매출액의 1200배에 달했고, 아카마이 테크놀로지스(Akamai Technologies)는 매출액의 3700배, 텔로시티(Telocity)는 매출액의 5200배나 됐다. 이들 가운데 단 한 곳도 순이익을 내지 못했다. 대체 우리는 무엇을 꿈꾸고 있었던 것일까?

이 가운데서도 단연 돋보이는 기업은 ICG(Internet Capital Group)였다. ICG는 1999년 8월 5일 주당 6달러에 주식시장에 상장됐는데, 최고 212달러까지 치솟았다. 그리고는 1달러 밑으로 폭락했지만 아주 예외적인 경우는 아니었다. 투자자들이 ICG에 열광했던 이유는 이 회사가 1920년대 당시 레버리지 비율이 높았던 투자신탁의 판박이였기 때문이다. ICG는 이 무렵 인터넷 산업에서도 겨우 막 등장한 B2B(business-to-business) 사업 분야의 소규모 비상장 기업을 여러 개 거느린 일종의 지주회사였다. ICG가 이때 발행한 회사채의 신용등급은 대형 유통기업인 세이프웨이(Safeway)와 같았다. 거품이 최고조에 달했을 즈음 이 회사의 시가총액은 보유하고 있는 기업 가치의 10배에 달했다. ICG의 산하 기업 가운데는 엉망인 곳도 있었지만 어쨌든 이들까지 다 합친 가치의 10배가 된 것이다.

이번에도 어김없이 거품 형성에 필요한 모든 요소들이 갖춰졌다: 우선 민스키의 "변위요인"으로는 인터넷이라는 새로운 혁명적 발명이 있었다. 두 번째로 FRB가 유동성을 마구 풀어 흥청거리는 잔칫집 분위기를 연출했다. 세 번째로는 지난번의 거품 붕괴 이후 또 한 세대가 흘러갔다. 마지막으로 피셔의 철칙을 다시 한번 기꺼이 망각했다.

수중탐사 회사 거품으로부터 닷컴 광기에 이르기까지 모든 금융 투기극은 단순히 재미있는 이야기 거리에 그쳐서는 안 된다. 투자자라면 누구나 절대로 잊지 말아야 할 교훈으로 삼아야 한다. 시장에 투기 광풍이 휘몰아치년 오랜 세월에 걸쳐 시켜져 왔던 원칙마저 잊혀진다. 이런 조짐을 알려주는 경고에 주목하라: 기술 혁신과 새로운 금융 수단 같은 "변위요인", 과도한 신용의 팽창, 지나간 거품에 대한 망각, 어려운 수학 대신 그럴듯한 상상에 넘어가 버리는 새로운 투자자들이 시장에 넘쳐나는 것.

이렇게 네 가지 현상을 발견했다면 조용히 지갑을 닫은 다음 존 템플턴(John Templeton)의 유명한 경구를 상기하라: 이 세상에서 가장 비싼 네 개의 영어단어는 "This time, it' s different(이번에는 뭔가 달라)"다.

시장 붕괴: 고통과 기회
Bottoms: The Agony and the Opportunity

거품은 터지고 난 다음에야 비로소 그 정체를 드러낸다. 그런 점에서 앞장의 내용 역시 다소 편의적으로 서술됐음을 인정할 수밖에 없다. 1920년대의 거품이 특히 그렇다. 1920년 1월부터 1929년 9월까지 주식시장의 연평균 수익률(배당금 포함)은 무려 20%에 달했다. 달도 차면 기우는 게 자연의 이치인 것처럼 이 같은 붐이 꺾이지 않는다면 그게 이상하지 않겠는가? 하지만 이미 설명한 것처럼 1920년대의 주가 급등은 강력한 경제적 펀더멘털이 뒷받침해주었다. 더구나 10년씩 끊어서 주식시장의 연평균 수익률을 계산해보면 20% 수준의 수익률을 보인 경우가 몇 차례 더 있다: 1942~52년, 1949~59년, 1982~92년 등인데, 이때는 하나같이 주식시장 붕괴로 이어지지 않았다.

시장은 일정 기간을 두고 한번씩 발작하듯 광기에 휩싸이고 자산가격은 엄청나게 과대평가되는데, 그때마다 시장은 터무니없는 우울증에 빠져 깊은 침체에 빠져드는 것이다. 시장의 이상 과열에는 이성적으로 맞서야 한다. 마찬가지로 시장의 비관이 과도할 때 역시 적절히 대응할 줄 알아야 한다. 1990년대 말의 닷컴 광기와 그 이후의 거품 붕괴가 그 마지막 사례는 아닐 것이다. 지나간 역사를 잣대로 삼는다면, 아마도 2030년 정도가 돼 더 이상 이를 기억하지 못하는 다음 세대의 투자자들이 나타날 때까지는 말이다. 만약 현재 세대가 또 다시 거품에 휩싸인다면 너무나도 실망스러울 것이다. 지금까지 어느 세대도 그렇게 두 번씩이나 바보 같은 일을 되풀이하지 않았기 때문이다. 그러나 다시 한번 강조하지만 붐이 한번 불기 시작하면 너무나 그럴듯해 보인다. 물론 아직 시간이 많은 게 다행이기는 하지만 말이다.

장기 투자자들의 지금 당장 상황을 말해보자면 한동안 아주 낮은 수익률에 비관적인 시장 분위기까지 견뎌냈을 가능성이 높다. 이 문제는 제2장에서 고든 등식을 통해 향후 주식 수익률을 계산하면서 개략적으로 살펴봤다. 사실 과거의 높은 수익률은 미래의 수익률을 낮춘다는 수학적으로 당연한 이치를 떠올려보면 쉽게 이해할 수 있을 것이다. 일반적으로 높은 매수가격은 좋은 게 아니다. 또 기대 수익률이 낮다면 통계의 법칙상 심각한 하락세로 돌아설 가능성이 높다. 가령 기대 수익률이 11%가 아닌 6%라면 시장의 변동성이 정상적인 범위 안에서 움직이더라도 평균 수익률이 더 낮아진 만큼 약세장이 더욱 심각하게 느껴질 수 있는 것이다.

금융시장에서 활동하는 매우 노련한 인물들조차도 무시하고 지나가 버리는 개념이 하나 있다. 장기적으로 리스크와 수익률은 똑같은 것이라는 점이다. 낙관주의자들은 기간을 30년으로 늘려 잡으면 주식이 채권보다 수익률이 떨어진 경우가 단 한 번도 없었다는 사실을 내세울 것이다. 물론 이것은 앞서 살펴봤듯이 주식의 연평균 수익률이 채권보다 6%포인트 더 높기 때문이다. 이 같은 수익률 격차를 받아들인다면 앞으로도 30년이라는 연속된 기간에 걸쳐 주식이 채권보다 수익률이 떨어지는 경우는 없을 것이다. 다시 말해 주식이 장기적으로 볼 때 더 안전해 보이는 이유는 두 가지 요인의 결합이라고 할 수 있다. 하나는 연 5%의 배당금이 뒷받침해주는 주식의 높은 수익률이고, 또 하나는 예기치 못한 인플레이션으로 인한 채권의 낮은 수익률이다. 하지만 이들 두 가지 요인 가운데 어느 것도 영원히 계속될 것이라고 말할 수는 없다. 만약 주식의 기대 수익률이 채권에 비해 연 1~2%포인트 높은 정도라면 무작위로 움직이는 주식시장의 높은 변동성을 감안할 때 30년이라는 연속된 기간에 걸쳐 무조건 주식이 채권보다 더 나은 수익률을 올려줄 것이라고 장담할 수는 없다.

더구나 주식이 앞으로도 계속해서 채권보다 연 6%포인트 높은 수익률 우위를 유지한다 해도—내 생각으로는 가능성이 극히 희박한 일이지만—그래도 아주 장기간에 걸쳐 보다 안전한 자산보다 수익률이 더 낮을 수 있다. 예를 들어 1966~83년까지 주식 수익률은 국채 수익률이나 물가상승률보다 낮았다. 17년간이나 주식의 실질 수익률이 0%였던 것이다.

앞서 살펴봤던 것처럼 한 차례 거품이 지나간 다음에는 끔찍한 약세장이 뒤따르지만, 우리는 그 전과정이 아니라 일부만을 볼 수 있을 뿐이다. 그러나 왜 그런 일이 발생했는지 잘 살펴보면 이 끔찍한 시기가 어떤 모습이었으며 어떤 분위기였는지 이해할 수 있을 것이다. 또 거품 붕괴에 필요한 전제조건, 즉 "역(逆)의 민스키 범주들"을 공식화할 수도 있다. 이것들은 거품 형성에 필요한 범주들을 거울에 비춘 것이라고 말할 수 있다. 마지막으로 이런 기간에 발생한 사회적 반응과 법적 대응 조치들에 대해서도 깊이 고찰해볼 수 있을 것이다.

"주식의 죽음"

1979년 8월 〈비즈니스위크BusinessWeek〉에는 "주식의 죽음(The Death of Equities)"이라는 제목의 커버스토리가 실렸다. 당시 독자들 대부분은 이 기사가 무엇을 말하고자 하는지 충분히 이해했을 것이다. 1973년 1월 1000선을 돌파했던 다우존스 평균주가는 6년 반이 지난 이 무렵 875수준에서 움직이고 있었다. 게다가 물가상승률은 연 9%에 달했다. 1973년에 1달러를 수식시장에 투자했다면 이세 구매력을 기준으로 71센트밖에 안 된다는 말이다. 그것도 배당금을 전부 재투자했다는 전제 아래 그렇다. 그러면 당시 주식시장 상황이 얼마나 침울하고 소름 끼치는 모습이었는지 〈비즈니스위크〉의 허락을 받아 기사 내용을 그대로 옮겨보겠다:

> 대중들은 이미 오래 전에 주식을 다 팔았다. 그리고는 더 높은 수익률과 인플레이션을 방어할 수 있는 투자상품으로 옮겨갔다. 그나마 주식시장의 마지막 보루였던 연기금 펀드마저 이제 부동산과 선물, 금, 심지어 다이아몬드에 투자할 수 있는 길이 열림으로써 보유 주식과 채권을 팔 수 있게 됐다. 주식의 사망 상태는 영원히 이어질 것처럼 보인다. 어쩌면 언젠가는 소생할 수 있겠지만 빠른 시일 안에는 불가능할 것이다.

요즘 시장 분위기와 한번 비교해보라. 당시 금값을 보면 1968년 온스당 35달러에서 1979년에는 500달러를 돌파했고 다음해 정점에 다다랐을 때는 800달러마저 넘어섰다. 지금은 그래도 주식 투자로 돈을 벌었다는 사람 이야기를 들을 수 있지만, 1980년 무렵만 해도 연리 6%의 모기지 자금으로 집을 사두고 여유자금은 실물자산에 투자하는 게 현명하다고 여겼다. 주식과 채권 같은 "종이 자산"은 이미 한물간 투자수단으로 치부됐다. 〈비즈니스위크〉 기사를 계속 읽어보자:

> 1970년 이후 주식시장을 떠난 개인투자자들은 700만 명이 넘는다. 이제 주식시장은 대형 기관투자가들의 영역으로만 남게 됐다. 그러나 기관들 역시 주식과 채권에 투자했던 자금을 계속해서 다른 투자상품으로 이동시키고 있다. 거대자금을 운용하는 기관투자가들이 주식시장과 채권시장에서 한꺼번에 수십 억 달러를 빼내버린다면 미국 경제는 최악의 상황을 맞을지도 모른다. 살로먼 브라더스(Salomon Brothers)의 파트너인 로버트 S. 살로먼 주니어(Robert S. Salomon Jr.)는 이렇게 말한다: "(기관투자가마저 빠져나가 버린다면) 한 나라의 부가 움직이는 거대 시장의 유동성이 고갈돼 한낱 우표시장으로 전락할 위험마저 있다."

이건 아주 흥미로운 현상을 전해주는 대목이다. 1960년대 말에는 미국 가정의 30%가 주식을 보유했다. 그런데 1970년대 말과 1980년대 초에는 주식 보유 가구가 15%로 떨어져 바닥을 쳤다. 그리고는 다시 상승하기 시작해 처음에는 서서히 증가하다가 주식시장이 인기를 끌자 빠르게 늘어나 현재는 50% 이상이 주식을 보유하기에 이르렀다.

〈비즈니스위크〉는 이어서 주식을 현명한 투자 대상으로 여기는 사고 자체를 공격했다:

더욱 큰 문제는 이 같은 "주식의 죽음"으로 인해 더 이상 주식시장의 랠리를 바랄 수 없게 됐다는 점이다. 경기침체와 회복, 호황이 이어지는 경기 사이클처럼 주식시장에도 사이클이 있어서 랠리가 다시 찾아오려면 적어도 10년 이상은 지나야 한다. 그런데 주식 투자 인구는 1970년에 비해 700만 명 이상 줄었다. 특히 요즘 젊은 투자자들은 주식을 기피한다. 연령 계층별로 보면 1970~75년 사이 단 한 계층을 제외한 모든 연령 계층에서 주식 투자자의 숫자가 감소했다: 65세 이상 계층만 증가했다. 65세 미만 계층에서는 주식 투자 인구가 25%나 줄었는데, 65세 이상에서는 30% 증가했다. 나이 든 투자자들은 아마도 이 나라 금융시장의 흐름을 이해하지 못하고 있거나 그 변화에 적응하지 못하는 바람에 계속 주식을 들고 있는 것으로 보인다.

이 책을 다 읽은 다음에는 분명히 알겠지만 이런 식의 논리 전개는 전혀 앞뒤가 안 맞는 것이다. 1979년 무렵 주식시장에 남아있던 노년층이 세상물정을 모르고 부주의하며 망령이라도 든 것처럼 치부하다니, 이건 정말 말도 되지 않는다. 이들이야말로 주식의 가치를 산정하는 전통적인 잣대를 잊지 않았던 유일한 계층이었다. 그렇게 해서 주식의 가치를 평가해보니 주가가 아주 싸다는 사실을 알게 된 것이다. 또 최악의 약세장이 지나가면 대개 아주 강력한 강세장이 온다는 사실도 알고 있을 만큼 경험이 풍부한 투자자들이었다. 미국의 자본주의 시스템 전체가 위기에 처해있던 1932년의 바닥권에서 주식시장의 수익률이 배당금만 연 10% 수준이었다는 사실을 기억하는 투자자는 당시 우리 아버지처럼 극소수에 불과했다.

투자 세대라는 측면에서 볼 때 이와 정반대되는 현상이 2001년에 나타났다. 인터넷 거품이 터지자 은퇴한 계층이 아니라 미혼의 싱글 세대가 가장 큰 타격을 입었던 것이다. 설상가상으로 〈비즈니스위크〉는 이렇게 기사를 마무리지었다:

> 확실한 노후 대비 수단으로 우량주를 사두는 행태는 요즘 전혀 찾아볼 수 없게 됐다. 미국 기업의 한 젊은 임원의 말을 들어보자: "혹시 최근에 열린 주주총회에 가보셨습니까? 전부가 노인들뿐이에요. 주식시장은 이제 활기를 기대하기 어려운 곳이 됐지요."

여기서 얻을 수 있는 교훈은 언제든 시장은 극단으로 치달을 수 있다는 점이다.(시장이 비관적일 때 매수하고 낙관적일 때 매도해야 한다는 값진 가르침을 얻을 수 있을 것이다.) 그러나 여기에는 이보다 훨씬 더 중요한 사실들이 숨어있다. 우선 인간의 속성상 최근 10년간 혹은 20년간의 수익률에 과도한 집착을 보인다는 점이다. 1979년에 아무도 미국 주식시장을 매력적으로 보지 않았던 것처럼 2000년 무렵에는 상품시장이나 이머징마켓 주식시장을 누구도 거들떠보지 않았다.

두 번째로 주목해야 할 사실은 어떤 투자상품의 최근 수익률이 아주 높다거나 아주 낮을 경우 구할 수 있는 최장기간의 데이터를 반드시 분석해봐야 한다는 점이다. 무턱대고 최근 자료만 믿어서는 안 된다. 한 예로 〈비즈니스위크〉도 분석 기간을 1900년부터 1979년까지로 길게 잡았더라면 주식시장의 명목 수익률이 물가상승률보다 연 6%나 높았다는 점을 발견했을 것이다.

세 번째로는 자기 스스로 투자 수익률을 계산할 수 있어야 한다는 점이다. 〈비즈니스위크〉의 기사가 쓰여졌을 무렵 주식시장의 배당 수익률은 연 5%였고 기업의 순이익 성장률은 물가상승률보다 2%포인트 높았다. 따라서 주식의 실질 수익률은 이 두 가지를 합친 7%를 기대할 수 있다고 계산해야 한다. 실제로 그 이후의 투자 수익률은 11%였는데, 이는 약세장에서 회복될 때 나타나는 밸류에이션의 급격한 상향 덕분이었다.

마지막으로 나름대로의 믿음을 갖고 투자하려면 상당한 용기를 가져야 한다는 점이다. 앞서도 언급했듯이 인간이란 머리에서 발끝까지 사회적 동물이다. 모두들 빠져 나오려고 애쓰는 투자상품을 매수하기 위해서는 보통의 투자자는 감당하기 힘든 대단한 배짱이 필요하다. 하지만 만약 과감히 이렇게 행동할 수 있다면 아주 흡족한 보상을 받을 것이다.

위기에 처한 벤저민 그레이엄

질풍노도와도 같았던 1920년대의 대강세장과 그 이후의 시장 붕괴를 겪고 난 뒤 벤저민 그레이엄은 깊은 혼란에 빠졌다: 어떻게 그 많은 사람들이 그렇게 오랜 세월 동안 완전히 틀릴 수 있는가? 대혼란이 다 지나갔는데도 왜 합리적인 투자자들마저 다시 주식을 매수하지 않는 걸까? 만약 이들이 다시 주식을 산다면 어떤 기준으로 종목을 선택해야 할까? 그레이엄은 이런 질문에 대한 해답을 찾으며《증권분석Security Analysis》을 집필했다. 대공황의 한가운데서 쓰여진 이 책은 벽돌 한 장 두께의 분량에 상당히 깊이 있는 내용을 아주 미려한 문체로 담아냈다. 이 책에서 그레이엄은 무엇이 잘못됐었는지에 대해 기술한 뒤 합리적인 투자자라면 앞으로 어떤 식으로 주식과 채권 투자를 해야 할 것인지 설명했다.(이 책은 아직도 투자의 고전으로 여겨지고 있는데, 1934년 초판 발간 이후 개정판을 거듭할수록 공저자인 데이비드 도드(David Dodd)와 시드니 코틀(Sidney Cottle), 찰스 테이텀(Charles Tatham)의 색채가 더 짙어지고 있다.)

《증권분석》이 출간됐을 즈음 일반 투자자들은 거의 주식시장을 떠난 상태였다. 당시 대부분의 투자자들은 저명한 경제학자인 로렌스 체임벌린(Lawrence Chamberlain)이 쓴《투자와 투기Investment and Speculation》에 빠져 있었는데, 이 책에서는 채권만이 적합한 투자 대상이라고 강조했다. 이런 분위기는 30년 가까이 이어졌다. 1940년에 FRB가 조사한 자료에 따르면 미국인의 90%가 주식 매수에 반대하는 것으로 나타났다.

그레이엄은 늘 그랬듯이 이 문제도 그의 투자원칙 제1조에서 접근했다. 투자란 무엇인가?

투자 행위란 철저한 분석에 기초해 투자 원금의 보전과 적절한 보상을 확실히 하는 것이다. 이런 조건에 미달하는 행위는 투기다.

그렇다면 그레이엄은 1934년에 투자하기에 적당한 주식을 찾아냈을까? 틀림없이 그랬을 것이다. 그레이엄은 냉정하면서도 아주 명쾌

한 상대주의적 접근방식으로 투자에 임했다: 처음부터 "좋은 주식"이나 "나쁜 주식"은 없다. 주가가 너무 높을 때는 최고의 기업이라 해도 그 주식은 매우 투기적일 수 있다. 주가가 너무 낮을 때는 최악의 기업이라 해도 그 주식은 건전한 투자가 될 수 있다.

그레이엄은 아무리 보수적인 투자자도 포트폴리오의 최소한 25%는 주식에 투자해야 하며, 아무리 공격적인 투자자도 포트폴리오의 주식 비중을 75% 이하로 해야 한다고 강조했다. 이 말을 유추해서 해석하면 평균적인 투자자는 주식과 채권의 투자 비중을 50%씩 가져가라는 것이다. 사실 요즘 생각으로는 아무것도 아닌 것 같지만 그레이엄이 이런 조언을 내놓은 대공황 시기에는 조금이라도 주식에 투자해야 한다는 말 자체가 아주 이례적이었다.

그렇다면 1932년 무렵의 시장은 어떤 모습이었을까? 주가는 너무 떨어져 배당 수익률이 10%에 육박했고, 그 뒤 10년간이나 6%를 넘었다. 거의 모든 주식이 "장부가치" 미만에 팔렸고, 전체 상장 주식의 3분의 1이 장부가치의 10분의 1미만으로 거래됐다.(이 글을 쓰고 있는 현재 시점을 기준으로 하자면 S&P 500 종목은 장부가치의 평균 6배 가격에 거래되고 있다.) 한마디로 주식은 아무도 쳐다보지 않는 상품이 돼버렸다. 애써 번 돈으로 주식을 사려고 한다면 정신이상자 취급을 받을 정도였다.

니프티 휘프티 열풍의 후유증을 앓아야 했던 1973~74년의 약세장에서도 많은 것을 배울 수 있다. 1974년 말 상장 주식들의 PER은 평균 7배에 불과했고, 전체 종목 가운데 3분의 1은 PER이 5배에도 못 미쳤다. 심지어 니프티 휘프티 열풍을 주도했던 미국의 업종별 대표주들조차 세일가격으로 거래됐다. 1972년에 PER이 83배에 달했던 맥도날드는 1980년 무렵 9배로 떨어졌고, 디즈니의 PER은 같은 기간 76배에서 11배로, 폴라로이드는 90배에서 16배로, 휴렛팩커드(Hewlett-Packard)는 65배에서 18배로 쪼그라들었다.

이런 침체기에 뛰어들었다면 놀라운 투자 수익률을 거뒀을 것이다. 1932년에 주식시장이 바닥을 친 다음 20년간 시장 수익률은 연 15.4%를 기록했고, 1974년 바닥 이후 20년간의 시장 수익률은 연 15.1%에 달했다.

이보다 앞선 시대의 거품 붕괴 이후 수익률 데이터는 갖고 있지 않지만 틀림없이 놀라운 수준이었을 것이다. 예를 들어 남해회사 거품이 터졌을 때 이 회사 주가는 고점 대비 85%나 떨어졌고, 동인도회사 주가는 60%, 영란은행 주가는 40% 하락했다. 그 뒤에 벌어졌던 영국 철도회사와 운하회사들의 주가 폭락 사태는 이보다 훨씬 더 심각했다.

시장 붕괴의 사회적 파장은 거품이 터질 때마다 달랐다. 카터(Jimmy Carter) 대통령은 1973~74년의 침체에 대해 "불쾌"한 상황이라고 말했는데, 당시 시장 붕괴가 미국 경제에 미친 장기적인 충격은 상대적으로 작았다. 이와는 반대로 1929년의 시장 붕괴 이후 FRB가 유동성 위축에 잘못 대응함으로써 결과적으로 대공황을 야기했고, 이는 수십 년간에 걸쳐 국가 경제와 투자 심리에 큰 상처를 입혔다.

1845년의 철도주 폭락 사태 역시 끔찍한 결과로 이어졌다; 전세계적인 불황으로 인해 영란은행마저 쓰러질 지경이었다. 가치를 유지한 것은 금화와 은화밖에 없었다. 당시 영국을 덮친 철도 광기의 장기적인 후유증은 오늘날까지 이어져 철로망이 난마처럼 무질서하게 꼬여

있는 결과를 낳았다. 누가 봐도 영국과 프랑스의 철로망은 금방 비교가 될 것이다. 프랑스 철도는 먼저 군사 엔지니어들이 타당성 검토를 한 뒤 민간 건설회사가 경쟁입찰로 참여해 건설했기 때문이다.

민스키의 거품 형성 요인을 뒤집으면 거품 붕괴 요인에 그대로 들어맞는다. 시스템의 문제를 치유해 줄 것이라고 믿었던 신기술이 그 신뢰를 상실하면서 거품 붕괴는 시작된다. 곧 이어 신용 위축이 찾아오는데, 신기술에 대한 신뢰 상실과 신용 위축은 상호 강화 작용을 한다. 시장 붕괴에 이어 대개 회복세가 찾아온다는 사실을 망각하는 게 세 번째 요인이다. 마지막으로는 주가가 한창 오를 때는 주식의 가치를 수학적으로 계산해내지 못하던 투자자들이 주가가 떨어질 때는 기가 막히게 수학적 능력을 되찾는다. 헐값으로 전락한 주식은 냉정한 투자자, 분석적인 투자자, 나이든 투자자의 눈길만 끌 뿐이다.

그러나 시장 붕괴의 후폭풍이 가장 적나라하게 드러나는 것은 정치적으로, 또 법적으로 나타나는 위선들이다. 금융평론가인 프레드 슈웨드의 말은 정곡을 찌른다: "큰 손실을 본 투자자는 자신이 멍청한 놈들의 말을 들었다가 바보가 됐다고 생각하기 보다는 차라리 돈을 강탈당했다고 믿고 싶어한다." 역사를 돌아보면 한 나라 전체가 잘못된 투자 조언, 즉 이제 세상이 완전히 바뀌어가고 있다는 말에 얼마나 어리석게 대응했는지 쉽게 알 수 있다. 따라서 이런 투자 조언을 흘린 "혐의자들"은 몸을 사려야 한다.

남해회사 거품에 대한 정치적 대응은 폭력적이었다. 네 명의 상하원 의원을 포함한 이 회사의 임원 다수가 단두대로 보내졌고, 이들이 거둔 이익 대부분은 몰수됐다. 물론 이런 가혹한 조치는 실정법을 위반

한 것이었다. 하지만 아무도 세부적인 문제는 신경 쓰지 않았다. 남해회사 임원들은 죽음을 면하기 위해 외국으로 탈출하는 게 최선이라고 생각했다. 남해회사 투기극이 계기가 돼 이뤄진 법적 후속 조치들은 그 후 2세기 가까이 영국 자본시장의 발목을 잡았다. 실제로 「거품법」은 새로이 설립되는 모든 회사로 하여금 의회의 허가를 받도록 함으로써 시장 붕괴를 더욱 가속화했다.

「거품법」은 의원들의 시간과 정력을 낭비하게 만들었을 뿐만 아니라 새로운 회사의 설립을 가로막았다. 의회에서는 주식중개 행위 자체를 사실상 불법화했고, 공매도나 선물 및 옵션 거래도 법적으로 허용하지 않았다. 이런 투자수단들은 자본시장의 유동성과 효율성을 높이는 장치들인데, 이를 없애버림으로써 새로운 위기가 닥쳤을 때 제대로 대응하기가 더욱 힘들어졌다. 철도회사 광기가 바로 그런 경우였다; 만약 투자자들이 철도회사 주식을 공매도할 수 있었더라면 거품도 크지 않았을 것이며 시장 붕괴의 후유증 역시 그렇게 폭발적이지 않았을 것이다.

이와 비슷한 대응이 1929년 시장 붕괴 직후 미국에서도 그대로 나타났다. 한 편의 서사시 같은 이 이야기의 중심에는 이탈리아 시실리 출신의 재기 넘치는 검사 페르디난드 페코라(Ferdinand Pecora)가 있다. 주식시장이 바닥을 칠 무렵인 1932년 분노에 찬 투자자들이 여기저기서 들고 일어나 월 스트리트의 사기극을 철저히 조사할 것을 요구했다. 상원에서는 은행통화위원회를 소집해 당시 뉴욕 시 검찰청 차장 검사였던 페코라를 법률고문으로 임명했다. 페코라는 다음해 여론을 등에 업고 은행통화위원회를 솜씨 좋게 움직여 한 시대를 풍미했던 온갖 사기극과 탐욕의 불꽃들을 낱낱이 파헤쳤다. 페코라는 월 스트리트의 거물급 인사들까지 소환해 정중하면서도 철저하게 조사했는데, 이 가운데는 모건 가문의 후손이자 당시 감히 범접하기 힘든 인물로 꼽혔던 J.P "잭" 모건(J.P. Jack Morgan)도 끼어있었다.

그러나 진짜 드라마는 당시 뉴욕증권거래소(NYSE) 이사장이었던 리처드 휘트니(Richard Whitney)의 구속이었다. 큰 키에 냉정한 성격, 관료적인 스타일이었던 그는 증권거래소를 정부의 규제로부터 자유로운 회원사들만의 공간으로 지키고 싶어한 "보수파"의 상징이었다.

1929년 10월 주가 대폭락 당시 휘트니는 월 스트리트의 대중적 영웅으로 추켜세워지기도 했다. 주식시장의 패닉이 최고조에 달했던 검은 목요일(1929년 10월 25일) 오후 그는 거래소 플로어의 U.S 스틸 거래 구역으로 걸어가서는 금융시장 역사상 가장 유명한 주문을 냈다: U.S. 스틸 1만 주를 205달러에 매수하겠다는 주문이었다. 물론 그 시각 U.S. 스틸의 주가는 이보다 훨씬 낮았다. 그가 낸 단 한 건의 주문으로 이날 패닉은 진정됐다.

그러나 휘트니는 문제가 많은 영웅이었다. 상원 은행통화위원회에 소환된 그는 안하무인의 모습이었고 이로 인해 의원들은 물론 대중들로부터도 외면당했다. 투자자로서도 그는 결함이 많았다. 온갖 자질구레한 작전에 개입했는가 하면 성격상 손절매를 하지 못했다. 결국 부채를 안게 되자 돈을 빌리기 시작했다. 처음에는 J.P. 모건의 파트너였던 그의 형에게서 빌리다가 나중에는 J.P. 모건에서 직접 차입했고 막판에는 친구는 물론 일면식밖에 없는 사람한테서도 마구 돈을 끌어다 썼다. 심지어 은행에서 차입하면서 증권거래소의 퇴직연금 펀드를 담보로 제공했는데, 결국 이게 빌미가 돼 그는 나락으로 떨어졌다.

그가 범죄 행위를 한 것은 사실이지만 시대 분위기가 달랐다면 그렇게 가혹한 처벌을 받지 않았을 것이다. 하지만 휘트니는 잘못된 시기에 잘못된 자리에 서 있었다. 그는 1935년에 싱싱교도소에 수감됐다. 구속된 금융시장의 거물은 휘트니뿐만이 아니었다. 1920년대를 주름잡았던 시장의 큰손 여러 명이 휘트니보다 훨씬 더 치욕스런 최후를 맞았다.

최근의 인터넷 거품과 그 후폭풍이 일면서 나타나는 현상 역시 마찬가지다. 자신들이 크게 손해를 봤다는 사실을 깨달은 투자자들의 숫자가 어느 수준을 넘게 되면 반드시 희생양을 찾게 돼있다. 평상시 같으면 아무런 관심도 끌지 못했을 사소한 비리가 갑자기 주목을 받으며 심각한 범죄 행위로 비난 받는다. 엔론(Enron)의 파산과 증권회사 애널리스트들의 매수추천 보고서 파문, 그리고 이와 관련된 의회 청문회는 페코라와 은행통화위원회를 다시 보는 것 같다. 1930년대처럼 이번에도 정부의 투자업계 규제가 다시 강화되는 계기가 될 것이다.

페코라 청문회 덕분에 4건의 강력한 입법 조치가 이뤄졌다는 점은 매우 긍정적이다. 영국의 「거품법」과는 달리 새로 제정된 이들 법률은 현재 미국 자본시장의 기틀을 형성했다는 점에서 꽤 건설적인 역할을 했다. 「1933년 증권법(Security Act of 1933)」은 주식과 채권의 발행 절차를 보다 공개적이고 공정하게 만들었다. 또 「1934년 증권법(Security Act of 1934)」은 불법적인 주식과 채권 거래를 규제했고 증권거래위원회(SEC)를 출범시켰다. 투자신탁 회사들이 무너지면서 그 대응으로 제정된 「1940년 투자회사법(Investment Company Act of

1940)」은 현대적인 뮤추얼펀드 산업이 발전하는 계기를 마련했다. 마지막으로 「글래스-스티걸법(Glass-Steagall Act)」은 상업은행과 투자은행의 기능을 분리했는데, 최근 분위기는 이 법률을 개정해야 한다는 추세다. 어쩌면 조만간 우리는 70여 년 전에 왜 이런 법률을 제정했는가를 참담한 심정으로 다시 한번 배워야 할지도 모르겠다.

이 같은 법률 덕분에 미국은 세계적으로도 가장 규제가 심한 유가증권시장을 갖게 됐다. 정부의 엄격한 규제가 공공의 이익과 가장 잘 부합하는 곳은 다름아닌 금융시장이다. 미국 금융시장은 지구상에서 가장 투명하고 공정한 시장이다. 미국이 가장 앞서가는 산업을 하나 꼽는다면 금융서비스 분야가 될 것이다. 그런 점에서 우리는 페코라와 그가 단죄한 범죄자들에게 감사해야 할 것이다.

패닉을 어떻게 다룰 것인가

자본시장의 속성이라고도 할 수 있는 불가피한 시장 붕괴가 찾아왔을 때 투자자들은 어떻게 해야 할까? 한 가지 확실한 것은 패닉에 빠져 다 팔아 치워서는 절대 안 된다는 점이다. 일단 냉정을 유지하라. 그러려면 확실한 자산배분 원칙을 갖고 있어야 한다. 투자의 세계에서 프로와 아마추어를 구분하는 것은 두 가지다: 첫째, 심각한 약세장도 삶의 한 국면이며, 그 영향에서 무조건 벗어날 길은 없다는 사실을 프로는 알고 아마추어는 모른다. 둘째, 시장이 험악해져도 프로는 평소의 원칙에서 벗어나지 않는다. 그러나 아마추어는 원칙과 목표를 저버린다. 아예 그런 원칙이나 목표마저 없는 아마추어들도 많다.

자산배분 원칙을 일관성 있게 유지해나가는 게 중요하다; 시장이 등락을 거듭할 때마다 포트폴리오의 균형을 다시 맞추는 기술을 익히면 시장이 들뜬 분위기에 사로잡혀 주가가 치솟을 때 자동적으로 보유 주식을 매각하고, 시장 분위기가 착 가라앉아 주가가 형편없이 떨어졌을 때 주식을 자동적으로 매수할 수 있을 것이다.

이상적인 방법으로는 주가가 극적으로 떨어지면 주식 보유 비중을 과감히 늘려 주식을 더 많이 살 수 있어야 한다. 그러려면 아주 두둑한 배짱도 가져야 하지만, 시장이 마침내 바닥을 치기 한참 전에 당신이 갖고 있는 현금이 먼저 바닥 날 위험을 감수해야 한다. 무슨 일이 있어도 흔들리지 않으며 많은 경험으로 단련된 투자자가 아니라면 이런 방법은 권하고 싶지 않다. 굳이 이렇게 하고자 한다면 주식 보유 비중을 아주 조금 늘려야 한다. 가령 주가가 25% 떨어지면 주식 비중을 5%포인트 높이는 식이다. 그래야 수중에 현금이 바닥 나는 사태를 피할 수 있으며, 1930년대처럼 최악의 약세장이 닥쳐도 평상심을 유지할 수 있다.

이 세상에 새로운 것은 없다

제5장과 제6장을 쓰면서 내가 꼭 하고 싶었던 것은 다음 네 가지다.

첫째, 내 설명이 흥미진진하게 들렸으면 하고 바랐다. 역사를 배운 지식인이라면 반드시 광기와 패닉, 붕괴를 이해할 수 있어야 한다. 광기와 패닉, 붕괴의 과정이야말로 우리 인간과 각 나라의 심리를 적나라하게 알려준다. 이보다 더 중요한 것은 이 세상에 진짜로 새로운 것은 없다는 사실을 말해준다는 점이다. 알퐁스 카(Alphonse Karr)가 말했듯 "세상은 변하면 변할수록 더 똑같은 모습으로 남는다."

둘째, 시장은 때로 이상 과열에 들떠 흥청거리기도 하고 비정상적인 침체에 빠져들기도 한다는 점을 제대로 보여주고자 했다. 시장이 좋을 때는 모든 게 한 순간에 지옥으로 변해버릴 수 있다는 점을 기억하는 게 중요하다. 마찬가지로 시장에 비관주의가 팽배해 있을 때는 늘 그래왔듯 모든 게 반전될 수 있음을 잊지 말아야 한다.

셋째, 광기에서 패닉, 붕괴로 이어지는 사이클이 이제 없어질 것이라고 믿는다면 그야말로 어리석은 생각이다. 시장이 더 이상 극단적인 일탈 행동을 보여주지 않는다는 것은 마치 호랑이 가죽에서 무늬가 없어지는 것과 다를 바 없다. 시카고 대학교 경제학과의 리처드 탈러(Richard Thaler) 교수가 지적했듯이 모든 투자 행위는 행동주의석 산점에서 이해할 수 있다. 투자자들은 영원히 감정에 사로잡혀 임기응변으로 대응할 것이고, 영겁의 세월이 흘러도 계속 배워야 할 것이다. 이 책의 독자들은 우리들 역시 이상 과열을 경험했음을 잘 알고 있을 것이다. 그런 점에서 30년 전, 그리고 70년 전에 시장을 덮쳤던 비관적인 분위기가 머지않아 다시 찾아올 것이라는 점 역시 틀림없는 사실이다.

마지막으로 우리가 거품과 그 붕괴의 역사에서 배울 수 있는 가장 값비싼 교훈은 이것이다. 장밋빛 전망이 넘쳐흐를 때가 바로 미래 수익률이 가장 낮은 시점이고, 시장이 얼어붙을 것 같은 때가 미래 수익률이 가장 높은 시점이라는 것이다. 리스크와 수익률은 동전의 앞뒤와 같아 절대 서로 같은 방향으로 움직일 수 없기 때문이다.

세 번째 기둥

투자 심리

The Psychology of Investing

뉴턴과 셰익스피어

투자에서 성공하는 데 가장 큰 걸림돌은 자신의 거울을 통해 스스로를 바라보는 것이다. 인간의 본성이란 아주 특별한 행동 특성들로 넘쳐나 밤길에 만난 강도보다도 더 빨리 재산을 강탈해간다.

뛰어난 두뇌만으로는 투자에서 성공할 수 없다. 제5장에서 설명한 것처럼 남해회사 거품의 가장 유명한 희생자였던 아이작 뉴턴 경이 이를 잘 보여주고 있다. 윌리엄 셰익스피어가 어느 정도의 투자 수익률을 올렸는지는 기록이 없지만 인간 본성의 치명적인 약점을 꿰뚫어 보는 눈을 가졌다는 점에서 그의 수익률은 뉴턴보다 훨씬 더 좋았을 것이라고 나는 확신한다.

　제7장에서는 이런 약점들을 하나씩 짚어갈 것이다. 이 장을 다 읽고 나면 마치 투명한 유리잔을 들여다 보듯 인간 본성의 약점들이 확연히 드러날 것이다. 제8장에서는 이런 약점들을 어떻게 다뤄야 할지 그 전략을 찾아볼 것이다.

투자 행동 오류
Misbehavior

투자자가 직면한 가장 큰 문제이자 가장 두려운 적은 아마도 자기
자신일 것이다.

벤저민 그레이엄

농구 경기를 놓친 리처드 탈러

경제학의 기본 전제는 투자자들이 합리적이며 항상 자신의 이익을 위
해 행동한다는 것이다. 그런데 여기에는 한 가지 문제가 있다. 사실이
아니라는 것이다. 투자자들 역시 인간이다 보니 대개의 경우 인간 본
성에 사로잡히는 불행한 신세가 되고 만다. 벤저민 그레이엄이 갈파
했듯이 우리는 우리 자신의 가장 두려운 적이다. 하지만 아주 최근까
지도 금융경제학자들은 인간 본성에 의해 스스로 파괴해버린 안타까
운 투자의 현장을 외면해왔다.

　지금으로부터 30년 전 리처드 탈러라는 젊은 금융학자가 친구와 함

께 농구경기를 보러 갈 것인지를 놓고 고민하고 있었다. 바깥은 심한 눈보라가 휘몰아치고 있었다. 경기장까지 가려면 이 눈보라를 뚫고 차를 한 시간 이상 몰아야 했다. 두 사람은 가지 않기로 했다. 현명한 결정이었다. 친구가 탈러에게 이런 말을 했다. "그런데 말이야, 우리가 입장권을 사두었다면 틀림없이 갔을 거야." 탈러가 대답했다. "맞아, 그거 참 재미있는 생각인데?" 탈러가 재미있다고 한 이유는, 경제이론에서는 표를 미리 사두었느냐의 여부는 눈보라를 뚫고 농구경기를 보러 가는 결정에 아무런 영향도 미치지 못하기 때문이다.

탈러는 이 같은 이상(異常) 행동을 수집하기 시작했다. 그리고는 인간의 본성이 어떻게 비합리적인 경제 선택을 만들어내는지 연구했다. 그는 순전히 혼자 힘으로 행동금융론의 기초를 다진 것이다.(전통적인 금융론에서는 투사자들이 합리적인 선택만 한다고 전제한다.) 탈러는 심지어 농구경기 자체로까지 연구 범위를 넓혔다. 경기 종료 몇 초를 남기고 2점 뒤져있는 상황이라면 대개의 경우 2점짜리 슛을 던지는데, 그는 이걸 이해할 수 없었다. 2점 슛의 성공률은 약 50%다. 따라서 이 슛이 성공한 다음 연장전까지 가서 최종적으로 승리할 확률은 25%에 불과하다. 반면 3점 슛 성공률, 즉 이 마지막 슛이 들어가 승리할 확률은 약 33%로 2점 슛을 던지는 것보다 더 높다.

탈러가 농구경기를 보러 갈 것인지를 놓고 고민하던 무렵인 1970년대 초 두 명의 이스라엘 심리학자인 다니엘 카네만(Daniel Kahneman)과 아모스 트버스키(Amos Tversky)는 인간의 의사결정 과정이 얼마나 불완전한지 연구하고 있었다. 두 사람은 권위 있는 학술지인 〈사이언스Science〉에 기념비적인 논문을 발표했는데, 여기서 인간이 확률을 추정하면서 저지르는 원초적인 오류들을 소개했다. 이런 식의 수수께끼다: "스티브는 아주 내성적이며 수줍음을 잘 타고 남을 잘 돕는 성격이다. 하지만 사람들과 잘 어울리지 못하고 실생활에서도 그렇게……" 과연 스티브는 도서관 사서일까 아니면 자동차 공장에서 일하는 기술자일까? 대부분은 그가 도서관 사서일 것이라고 답한다. 그러나 아니다: 이 세상에는 도서관 사서보다 자동차 공장 기술자가 훨씬 더 많고, 이들 가운데 상당수가 수줍음을 잘 타는 성격이다. 따라서 스티브는 자동차 공장에서 일하는 기술자일 가능성이 더 높다. 그런데도 사람들은 거의 대부분 틀리게 추측하는 것이다.

카네만과 트버스키의 논문은 고전으로 자리잡았지만, 안타깝게도 그 내용은 복잡하게 꼬여있는 인간 심리를 표현하는 것으로 인식돼왔다. 투자와의 관련성은 그리 분명해 보이지 않았다. 하지만 탈러와 그를 뒤따르는 학자들은 카네만과 트버스키의 연구 결과를 경제학으로까지 그 적용범위를 넓혔고 마침내 행동금융론의 지평을 열었다.(탈러는 이런 식의 표현을 싫어한다. 그는 "무슨 다른 금융론이 있느냐?"고 반문한다.")

이 장에서는 비싼 대가를 치르고야 마는 투자 행동에 대해 집중적으로 설명할 것이다. 당신도 아마 한두 번쯤은 이런 투자 행동으로 인해 어려움을 겪었을 것이다.

군중심리와 유행

인간이란 아주 고도의 사회적 동물이다. 우리는 서로 모이기를 좋아하고, 특히 공통의 관심사를 공유하기를 원한다. 일반적으로 이런 성격은 경제적으로나 심리적, 정치적, 교육적으로 좋은 것으로 여겨진다. 그러나 투자의 세계에서는 아주 위험하다.

그건 우리의 관심사나 믿음, 행동들이 유행을 따르기 때문이다. 1950년대 남성들은 머리를 짧게 하고 다닌 반면 1970년대 남성들은 머리를 길게 하고 다닌 이유를 어떻게 설명할 수 있을까? 1960년대 초에는 도처에 지하 핵 대피소가 있었다. 그런데 핵무기의 숫자나 위력이 몇 배나 더 커진 지금은 지하 핵 대피소가 사라져버렸다. 이건 대체 무슨 이유 때문일까? 세대가 바뀔 때마다 주식과 채권의 선호가 바뀌듯 정치적으로 보수와 진보 간의 세력판도가 역전되는 이유는 무엇일까?

여기서 문제는 주식이나 채권은 훌라후프나 벌집 머리 같은 게 아니라는 것이다. 주식과 채권은 수요가 있다고 해서 마구 만들어낼 수 있는 게 아니다. 따라서 주식과 채권의 가격은 유행에 따라 오르기도 하고 내리기도 한다. 가령 1970년대 초와 1990년대처럼 모두들 마이크로소프트나 디즈니, 코카콜라 같은 대형 성장주를 보유하고 싶어한다고 하자. 이들 기업의 주가는 천정부지로 치솟을 것이고 결과적으로 미래 수익률은 줄어들 것이다. 이런 식의 주가 상승은 소수의 용감한 선구자가 계산기를 꺼내 숫자를 확인해 본 다음 군중들을 향해 "임금님은 벌거벗었다"고 소리칠 때까지 계속 이어질 것이다.

그런 점에서 전통적인 투자 상식은 틀릴 때가 많다. 만약 모두가 입을 모아 주식이 최고의 투자수단이라고 이야기한다면 그건 누구나 주식을 갖고 있다는 말이다. 결국 이 말의 의미는 두 가지다. 첫째, 모두가 주식을 매수했으므로 주가는 높을 것이고 미래 수익률은 낮을 것이다. 둘째, 이게 더 중요한 것인데, 이제 더 이상 주식을 새로 매수할 만한 사람이 없다는 것이다. 주가가 오르려면 잠재적인 매수자라는 예비군 세력이 반드시 있어야 한다.

과도한 자신감

1998년 9월 14일자 〈월 스트리트 저널〉에서 그레그 입(Greg Ip)은 1998년 여름의 주가 하락 이후 투자자들의 자세가 많이 변했다고 전했다. 그는 투자자들의 기대가 어떻게 변했는지 표로 만들어 보여주었다:

향후 1년간 기대 수익률	1998년 6월	1998년 9월
내 포트폴리오	15.20%	12.90%
시장 전체	13.40%	10.50%

이 표에서 금방 알 수 있는 건 대개의 투자자들이 자신들은 시장 평균 수익률보다 2%포인트 정도 앞설 것이라고 생각한다는 점이다. 물론 일부 투자자들은 이렇게 할 수 있겠지만, 모든 투자자들이 이렇게 한다는 것은 수학적으로 불가능하다. 이미 설명한 것처럼 평균적인 투자자들은 시장 수익률에서 거래비용을 비롯한 각종 수수료를 공제한 수익률을 거둘 수밖에 없다. 사실 인간 본성에 대해 조금이라도 알고 있다면 이 같은 역설에 별로 놀라지 않을 것이다. 사람들은 누구나 과도한 자신감을 갖는 경향이 있다.

과도한 자신감은 자연 환경에서 생존해 나가는 데 유리할 수 있지만

투자의 세계에서는 그렇지 않다. 이런 연구 결과도 있다:

- 새로 사업을 시작한 사람 가운데 81%는 자신이 성공할 가능성이 아주 높다고 생각하지만, 이들 가운데 실제로 성공하는 경우는 39%에 불과하다.
- 미국의 젊은 운전자 가운데 82%는 안전운전자 순위를 매긴다면 자신이 상위 30% 안에 든다고 생각한다.

과도한 자신감과 연관된 요인들은 매우 흥미롭다. 어떤 일이 복잡할수록 우리는 부적절하게도 더 과도한 자신감을 갖는다. 자신이 기울인 노력을 얼마나 제대로 측정할 수 있는가도 한 요인이다. 행동을 취한 다음 그 결과가 나올 때까지의 시간, 즉 "피드백 고리"가 길수록 과도한 자신감은 더 커진다. 가령 기상학자나 응급실에서 일하는 의사들은 대체로 자신의 행동과 이에 따른 결과가 나오기까지의 시간 간격이 짧기 때문에 자신의 노력을 제대로 측정할 수 있다. 그런데 대부분의 투자자들은 그렇지 못하다.

과도한 자신감은 우리의 투자 행동에서 나타나는 오류 가운데 가장 중요한 것으로, 그 이유는 다양하다. 먼저 자신은 몇 가지 간단한 투자 원칙을 지키거나 시장 소식지를 구독하기만 하면 성공적인 종목 선정을 할 수 있다는 환상이다. 일주일에 한 번쯤은 나에게도 종목 선정 기준을 묻는 이메일이 오는데, 이걸 보내는 사람은 업종 주도주 혹은 주가수익비율(PER)이나 배당 수익률, 순이익 성장률 같은 기준으로 투자 종목을 선택하면 시장을 이길 것이라고 확신하는 것 같다.

지금 당장이라도 내가 원하기만 하면 미국 주식시장에 상장돼 있는

7000개 기업을 다양한 특성에 따라, 혹은 내가 설정한 고유 기준에 따라 일목요연하게 분류할 수 있다. 컴퓨터 키보드 몇 번만 두드리면 된다. 더구나 이렇게 해주는 소프트웨어는 많은 돈을 주지 않고도 구입할 수 있고, 이미 수십만 명의 개인투자자와 기관투자가들이 이런 소프트웨어를 활용해 시장을 이기는 기술을 열심히 찾고 있다. 당신은 정말 다른 누구보다도 똑똑하고 빠르다고 자신하는가?

무엇보다 몇 만 명을 헤아리는 프로 투자자들이 이런 소프트웨어나 하드웨어, 각종 자료 및 기술적 지원, 심지어 당신이나 나는 꿈조차 꿀 수 없는 리서치 부서의 도움까지 받아가면서 일하고 있다. 당신이 주식을 사고 팔 때 그 상대방은 바로 "그들"일 가능성이 높다. 당신이 이들을 계속해서 이길 수 있는 확률은 프로 테니스 선수와 시합해서 승리할 가능성과 비슷하다.

뮤추얼펀드를 고르는 것도 이와 비슷하다. 과거의 수익률에 근거해 펀드를 선택하는 것은 아무 도움도 되지 않는다는 점은 이미 설명했다. 뮤추얼펀드는 그저 순간적인 기분에 따라 선택하기가 쉬운데, 사실 순전히 운이 좋았기 때문이라 하더라도 지난 몇 년간 시장 평균보다 높은 수익률을 올린 뮤추얼펀드를 쉽게 발견할 수 있기 때문이다.

뮤추얼펀드 선택 시 보다 질적인 기준을 사용해야 한다고 주장하는 경우도 있다. 펀드회사 대표를 찬찬히 평가해보거나 인터뷰함으로써 유능한 펀드매니저를 고를 수 있다는 것이다. 나도 최근에 한 투자자문가로부터 이런 얘기를 들었다. 그는 매년 수십 명의 펀드매니저를 인터뷰하고, 버크셔 해서웨이의 주주총회에 가서 워런 버핏의 연설도 들어보는데, 이렇게 해서 뮤추얼펀드를 고른 덕분에 국내 주식과 해외 주식 모두 시장 평균을 웃도는 수익률을 거뒀다는 것이다. 이 사람에게 한 가지 문제가 있다면, 채권과 부동산, 상품 분야에서는 펀드매니저를 잘못 골라 결국 포트폴리오 전체 수익률은 주가지수에도 못 미친다는 것이다. 앞서 소개했던 그림 3-4를 다시 자세히 봐주길 바란다. 수백억 달러의 자산을 운용하는 미국의 대형 연기금들조차 성공적인 머니매니저를 제대로 선정하지 못한다면, 과연 당신이 제대로 된 뮤추얼펀드를 고를 확률은 얼마나 되겠는가?

대부분의 투자자들은 또 자신이 시장의 타이밍을 맞출 수 있다고 믿거나, 똑똑한 전문가를 만나기만 하면 그렇게 될 수 있다고 생각한다. 나는 가끔 이런 환상을 떠올리곤 한다. 맨해튼에 있는 대형 증권회사에 가서 직원들이 마시는 물에 진실의 묘약을 타는 것이다. 그러면 전국으로 생방송되는 뉴스 프로그램에 출연한 애널리스트와 시장선략가들이 앞으로의 시장 전망을 묻는 질문에 이렇게 답할 것이다: "그걸 내가 어떻게 알겠습니까? 예측이라고 내놔봐야 일고의 가치도 없다는 걸 이미 오래 전에 알았습니다. 당신도 아마 잘 알고 있을 겁니다. 우리가 여기서 이러고 있는 건 사실 목구멍이 포도청이기도 하고, 그나마 이런 쓸데없는 말에 귀를 기울이는 멍청이들이 있기 때문이겠죠."

순전히 운이 좋았던 덕분에 어느 순간 돈 냄새를 정확히 맡은 펀드매니저나 전략가들이 등장한다. 1987년에는 일레인 가르자렐리(Elaine Garzarelli)라는 여성이 주식시장 폭락을 귀신처럼 알아 맞췄다. 논리 정연한 말투에 세련된 외모까지 갖춘 그녀는 신문과 방송으로부터 기대 이상의 스타 대접을 받았다. 하지만 이건 자살행위나 마찬가지였다. 그 직후부터 그녀가 내놓은 예측의 정확도는 곤두박질쳤다. 설상가상으로 그녀가 다니던 회사에서는 신설 펀드의 운용을 맡겼는데, 수익률이 너무 형편없어 몇 년 만에 조용히 폐쇄해버리고 말았다.

최근에 가장 유명했던 스타 전문가는 애비 조셉 코헨(Abby Joseph Cohen)이었다. 그녀는 나서는 성격도 아닌 데다 자제력이 있었고 시장전략가치고는 상당히 학구적인 성격이었다.(그녀가 일한 골드만삭스는 1929년의 치욕스러운 과거에서 벗어나 가장 존경받는 투자은행으로 부상했는데, 천재적인 수학자들을 고용하는 데 앞장섰다.) 1995년부터 1999년까지 대형 성장주와 기술주만 줄기차게 추천함으로써 시장의 주목을 한 몸에 받았다. 그러나 불행하게도 많은 전문가들에게 거품이 분명히 드러날 때까지도 그녀는 눈치채지 못했고, 결국 지난 2년간 쏟아지는 비난을 감수해야 했다.

멈춰 서버린 시계도 하루에 두 번은 맞는다는 사실을 기억하라. 월스트리트에는 이렇게 멈춰 서버린 시계가 무척 많다; 이들 가운데 몇몇은 순전히 우연히 대박을 터뜨리는 종목을 늘 정확히 예측할 것이다.

과도한 자신감의 배경에는 두 가지 오류가 작동하고 있다. 하나는 성공과 실패의 "구분"이다. 우리는 포트폴리오에서 성공한 부분은 기억하고 그렇지 않은 부분은 잊으려 하는 경향이 있다. 앞서 내가 만났던 투자자문가가 그랬던 것처럼 말이다. 또 하나의 오류는 성공을 운이 아니라 기술 때문이라고 여기기를 더 좋아한다는 것이다.

최근 선호와 평균 회귀

과도한 자신감 다음으로 투자자들이 자주 저지르는 오류는 바로 앞선 과거가 먼 미래를 예측해줄 수 있다고 믿는 것이다. 앞서 소개한 표를 보면 1998년 여름에 주가가 큰 폭으로 하락하자 9월 들어 투자자들의 주식 수익률 예측이 6월보다 많이 떨어졌음을 알 수 있다.

이건 매우 비이성적인 것이다. 이런 예를 들어보자: 1월 1일에 당신은 금화 한 개를 300달러에 샀다. 다음달 금값이 떨어져 당신 친구는 똑같은 금화 한 개를 250달러에 샀다. 10년 뒤 당신과 당신 친구는 같은 값을 받고 금화를 팔았다. 과연 누가 더 높은 수익률을 올렸을까? 대부분의 투자자들이 정답을 맞췄을 것이다. 당신 친구다. 당신 친구는 당신보다 50달러 싸게 샀으니 50달러 더 벌었을 것이다.(어쩌면 50달러 덜 손해 봤을 수도 있다.) 이제 앞서의 표와 비교해보면 놀라게 될 것이다. 주가가 낮아졌는데 기대 수익률을 더 낮춘 셈이 되니 말이다. 이렇게 된 이유는 행동과학자들이 말하는 "최근 선호" 때문이다; 사람들은 최근 데이터일수록 더 선호하고, 옛날 데이터는 그것이 더 정확한 것이라 할지라도 무시하려는 경향이 있다.

대형 성장주가 한창 잘 나갔던 2000년 무렵 투자자들은 장기적으로 연 20%의 주식 수익률을 기대해서는 안 된다는 말을 납득하지 못했다. 최근 선호가 그 이유였다. 최근의 데이터를 더 기가 막힌 것처럼 부각시키면 더 중요한 다른 자료들이 완전히 묻혀 버린다.

최근 선호를 가로막는 장벽은 "평균 회귀" 현상이다. 기간이 3년 이상일 경우 투자 자산의 수익률이 평균으로 회귀하는 경향이 있다는 것이다. 비교적 괜찮은 수익률이 이어진 다음에는 비교적 부진한 수익률이 뒤따르고, 그 반대로 부진한 수익률 다음에는 괜찮은 수익률이 뒤따른다는 말이다. 물론 반드시 그런 것은 아니다. 평균치가 확실히 있는 것도 아니다. 하지만 최근 몇 년간 아주 뜨거웠던 투자 자산을 매수한다면 높은 수익률을 올리기 어렵다는 점은 분명하다.

최근 선호에 빠져들면 어떤 일이 벌어지는지 살펴보자. 표 7-1은 1970~99년 사이 미국 대형주와 소형주, 영국 및 유럽 대륙 국가, 일본 및 태평양 연안 국가의 주식 수익률을 5년 단위로 나타낸 것이다.

표 7-1 최근 5년간 최고 수익률을 보인 자산 유형의 다음 5년간 수익률

선행 기간	최고 자산 유형	다음 5년간 수익률 순위
1970~74	일본 주식	4위
1975~79	미국 소형주	1위
1980~84	미국 소형주	6위
1985~89	일본 주식	6위
1990~94	태평양 연안국 주식	5위
1995~99	미국 대형주	?

1970~74년에는 일본이 선두였다; 하지만 곧 이은 1975~79년에 일본은 4위로 떨어졌다. 이 시기에 선두는 미국 소형주였고, 1980~84년에도 선두를 유지했다. 그러나 다음 시기인 1985~89년에는 꼴찌로 처졌다. 이 시기에는 다시 일본이 선두를 차지했지만, 일본 역시 다음 시기인 1990~94년에 꼴찌로 떨어졌다. 이번에는 태평양 연안 국가가 선두를 차지했고, 역시 다음 시기인 1995~99년에 꼴찌가 됐다. 1995~99년에는 미국 대형주가 선두를 차지했지만, 이 글을 쓰고 있는 현재 시점

(2002년)까지는 미국 대형주 역시 다음 시기에 최하위로 처질 가능성이 높아 보인다.

지금까지 최근 선호로 인한 환상이 하나의 투자 자산에서 어떻게 나타나는가를 이야기했다. 가령 1996년에서 2000년까지 일본 주식의 수익률은 연 -4.54%였다. 하지만 1970년부터 2000년까지 31년간은 연 12.33%였다. 최근의 일본 주식시장을 바라보는 국내외 투자자들의 시선은 상당히 비관적이다. 하지만 위의 두 수치 가운데 어느 것이 미래의 기대 수익률을 예측하는 데 더 정확한 지표일까?

마찬가지로 1996년부터 2000년까지 S&P 500 지수의 수익률은 연 18.35%였다. 하지만 장기적으로 보면 주식 수익률은 10% 수준이다. 과연 어느 수치가 더 나은 지표인가?

"투자를 즐기고 싶다"

인덱스 투자가 그렇게 합리적인 것이라면 왜 인덱스 투자를 활용하는 투자자는 적은가? 인덱스 투자는 따분하기 때문이다. 제3장에서 이야기한 것처럼 괜찮은 수익률을 올리면서 재산을 날릴 위험성도 최소화하고 싶다면 대박을 터뜨릴 꿈도 접어야 한다. 그런데 이보다 따분한 일도 없을 것이다.

사실 가장 치명적인 투자 성향은 짜릿한 흥분을 원하는 것이다. 도박이야말로 인간이 좋아하는 제2의 천성일 것이다. 그러니 뻔히 돈을 잃을 것을 알면서도 라스베이거스에 몰려드는 것 아니겠는가?

사람들은 단지 재미를 위해 엄청난 돈을 날려버린다. 행동금융론에서 가장 지속적으로 발견하는 것 가운데 하나는 사람들이 확률은 낮지만 판돈은 큰 도박에 끌린다는 점이다. 가령 프로 경마꾼들은 배수가 큰 고배당 경주마보다 배수가 작은 우승후보 말에 돈을 거는 게 돈 벌기가 더 쉽다는 점을 잘 알고 있다. 아마추어들은 무조건 고배당을 노려 베팅 하려는 경향이 있기 때문이다. 따라서 우승후보 말이 이길 경우 이론적인 배당보다 더 많은 상금을 받을 수 있다. 한마디로 3대1의 확률보다는 50대1의 확률에 돈을 거는 게 훨씬 더 스릴이 넘치는 것이다. 이것보다 더 자명한 사례는 뻔히 1달러짜리 복권의 평균 당첨금이 50센트밖에 안 되는데도 사람들이 매주 복권을 산다는 것이다.

제5장에서 설명했던 기업공개(IPO) 때도 똑같은 일이 벌어진다. 가능성은 적지만 대박을 터뜨릴 사업을 갖고 있는 기업에는 엄청난 돈이 몰리는 반면 훨씬 탄탄한 기업이지만 누구나 다 아는 사업을 하는 기업에는 별로 돈이 모이지 않는다. 그래서 오히려 기반이 튼튼한 기업의 주가가 낮아져 결과적으로 수익률을 높여주는 것이다. 결국 기업공개 주식에 투자하려면 좀 냉정하게 생각해봐야 한다.(제1장의 그림 1-18에서 본 것처럼 소형 성장주의 수익률이 가장 저조한 이유도 바로 이 때문이다.)

나는 이런 현상을 "투자오락 주가이론(investment entertainment pricing theory, INEPT)" 이라고 이름 붙였다. 당신이 투자에서 짜릿한 흥분을 맛보는 만큼 그 대가로 당신의 수익률은 떨어질 것이다. 극장 입장권을 예로 들자면 오락가치는 아주 높지만 투자 수익은 전혀 없다고 할 수 있다. 이와는 반대로 주가 움직임이 아주 따분한 가치주, 즉 USX나 캐터필라(Caterpillar) 같은 주식만으로 포트폴리오를 구성하면 아마도 높은 수익률로 연결될지 모른다.

근시안적 손실 기피

제1장에서 설명했듯이 리스크에는 딱 두 종류가 있다: 단기 리스크와 장기 리스크다. 단기 리스크는 1~2년 안에 포트폴리오 가치가 20% 혹은 40%씩 떨어지는 진짜로 가슴 철렁한 위험이다. 공군 조종사 출신으로 금융자문가 겸 평론가로 활동 중인 프랭크 암스트롱(Frank Amstrong)은 죽음을 눈앞에 둔 순간에도 아주 냉정했던 사람이 막상 자신의 포트폴리오 가치가 5% 떨어지자 몸살을 앓는 경우를 자주 봤다고 말한다.

대공황 이후 많은 투자자들이 한 세대 이상 주식을 멀리 한 것도 단기 손실에 대한 두려움 때문이었다. 이로 인해 그 후 30년 동안 이들은 주식에 투자하지 않는 대신 연 3%포인트의 수익률 손실을 감수해야 했다. 30년간 3%의 수익률 손실을 복리로 계산하면 주식에 투자하지 않는 바람에 30년 후의 재산이 59% 줄어든 셈이 된다. 다시 말하면 단기적으로 20% 혹은 40% 손실이 나는 것이 두려워 재산의 59% 감소를 그 대가로 치른 것이다. 금융학계에서는 이처럼 단기적인 위험에만 신경 쓰고 훨씬 더 심각한 장기적인 위험은 무시하는 것을 "근시안적 손실 기피"라고 부른다.

그렇다면 왜 이런 식으로 행동하는 걸까? 인간이란 리스크를 단기적으로 경험하기 때문이다. 본능적으로 그렇다. 자연상태에서 우리의 조상들은 지금 당장의 위험에 집중하는 능력이 장기적인 전략적 분석

능력보다 생존하는 데 훨씬 더 중요하다는 점을 몸에 익혀왔다. 그런데 현대사회에서는 이렇게 현재 혹은 여기에 감성적으로 집착하는 것은 큰 도움이 되지 않는다. 특히 투자의 세계에서는 더욱 그렇다.

장기적으로 주식이 고정소득 증권(채권)에 비해 더 낫다는 내용을 제1장에서 읽었다면 이런 질문을 해봤을 것이다. "근데 누구나 다 주식을 사는 건 아니지 않는가?" 틀림없이 장기적으로 보면 채권이 주식보다 더 위험하다. 30년 이상 단위로 누적 수익률을 비교해보면 주식은 항상 채권보다 수익률이 앞선다.

사실 많은 학자들이 이를 가리켜 "주식 프리미엄 수수께끼(The Equity Premium Puzzle)"라고 부른다. 투자자들은 왜 주식을 그렇게 값싸게 방치해 결과적으로 주식 수익률이 다른 자산에 비해 지속적으로 훨씬 더 높게 만드는가? 이 물음에 대한 답은 우리의 태생적인 본능에서 찾을 수 있다. 인간은 수백만 년에 걸쳐 진화해오면서 어느날 갑자기 유동자산의 30%를 잃는 손실이, 장기적인 재산증식 목표 달성에 실패함으로써 결과적으로 훨씬 더 큰 손실을 입는 것보다 더 아파하게 됐다. 이 문제는 얼마나 심각한 것일까? 리처드 탈러는 탁월한 연구 감각을 발휘해 리스크 프리미엄과 투자자 선호의 상관관계를 조사했다. 그 결과 대개의 투자자들이 갖고 있는 리스크의 시간 지평은 약 1년이라는 사실을 밝혀냈다. 이 얼마나 근시안적인가!

위대한 기업은 위대한 주식?

투자자의 환상 가운데 가장 위험한 것 가운데 하나는 위대한 기업의 주식은 위대한 주식이라는 착각이다. 1970년대 초 니프티 휘프티 열풍이 불던 시절이나 최근의 닷컴주와 기술주 광기가 몰아 닥쳤을 때 순이익 성장률의 중요성은 너무 과대 포장됐었다. 특히 독보적인 세계시장 점유율을 기반으로 빠르게 성장하고 있는 코카콜라나 디즈니, 마이크로소프트 같은 유명 다국적 기업들이 최우선 유망종목으로 손꼽혔다. 아주 그럴듯한 이야기였다.

바로 여기서 승자와 패자가 갈린다. 진지한 투자자들은 수학을 한다; 아마추어 투자자들은 이야기에 귀 기울인다. 이건 어디까지나 수학인데도 대부분의 투자자들은 잊어버린다.

자유시장 시스템에서는 초거대기업의 수명 역시 유한하다. 아주 짧게 끝날 수도 있다. 더구나 기업의 화려한 명성은 그야말로 순식간에 사라질 수 있다. 화려하게 빛나는 기업은 강력한 성장세와 함께 주가수익비율(PER)도 매우 높다. 가령 2000년 봄 주식시장이 정점에 달했을 무렵 코카콜라와 디즈니, 마이크로소프트의 PER은 각각 48배, 84배, 67배로 주식시장 평균치의 3~4배에 달했다. 이 말은 이들 기업의 순이익 성장 속도가 시장 평균보다 3~4배 더 빠를 것이라는 의미다.

이건 정말 마술 같은 얘기다. 주식시장의 전체 순이익이 연 5%씩 성장한다고 가정해보자. 그러면 14년 뒤에는 순이익이 지금보다 2배로 불어난다. 만약 화려한 기업들의 PER이 시장 평균보다 4배 높다면, 즉 시장 평균 PER이 20배인데 이들 기업의 PER은 80배라면 14년 뒤 이들 기업의 순이익은 지금보다 8배가 돼야 한다. 혹시 이런 마술을 현실화할 수 있는 몇몇 기업이 있을지도 모르지만 대다수 기업에게는 불가능한 일이다.

그렇다면 대부분의 화려한 기업들이 보여주는 고성장세가 지속되는 기간은 실제로 얼마나 될까? 경제적으로 보자면 그리 놀랄만한 기간이 아니다. 탈러의 제자인 러셀 풀러(Russell Fuller)와 그의 동료들은 1993년에 발표한 순이익 성장률의 지속성에 관한 기념비적인 연구에서 PER이 상위 50위 안에 드는 유명 성장주들을 조사했다. 조사 결과 주가가 꽤 비싼 편인 이들 기업의 순이익 증가율은 첫 해에 시장 평균보다 10% 높았고, 둘째 해에는 3%, 셋째 해와 넷째 해에는 각각 2%, 다섯째 해와 여섯째 해에는 각각 1%씩 높았다. 그 이후에는 시장 평균과 똑같았다.

다시 말하면 이들 성장주의 순이익 증가율은 6년간에 걸쳐 시장 평균보다 20%정도 더 높다는 것이다. 그리고는 끝이다. 현재 PER 80배의 주가로 팔리고 있는 기업이 풀러가 밝혀낸 것처럼 20%의 초과 성장률을 기록했다고 해보자. 순이익이 증가하는 동안 주가가 그대로 있었다면 PER은 64배가 되고, 이제 순이익 성장 잠재력은 다른 종목과 똑같아졌다. 그렇다면 평범한 성장 잠재력을 갖게 됐으면서도 PER은 64배나 되는 주식에 시장은 어떻게 반응하겠는가? 시장전략가들의 진부한 표현을 쓰자면 "즉시 팔아치우거나 공매도할" 것이다. 조만간 (경험에 따르면 2~3년 안에) 거의 모든 성장주에 이런 일이 벌어질 수 있다; 성장주가 시장 평균보다 낮은 수익률을 가져다 주는 가장 큰 이유가 바로 이것이다.

심지어 대부분의 전문가들조차도 순이익 성장률이 얼마나 순식간에 끝나버리는지 제대로 깨닫지 못하고 있다. 하지만 과거에 꽤 높은 순이익 성장률을 기록했던 종목들을 훑어보기만 해도 이들 주식의 미래 순이익 성장률은 시장 평균과 마찬가지로 "들쭉날쭉"하다는 사실을 발견할 수 있을 것이다. 시장 참여자들이 더 나은 미래 성장률을 가진 주식을 찾아내려면 단순히 과거의 성장률만 살펴보고(이게 초보자들이 가장 좋아하는 기술이다) 이를 통해 PER이 높은 주식을 골라서는 안 된다. 이건 절대로 좋은 방법이 아니다; 이런 주식은 실제로 거두게 될 미래 순이익 성장률에 비해 상당히 과대평가돼 있을 것이기 때문이다.

좀 헷갈린다 해도 실망할 필요는 없다; 기본적으로 쉬운 개념이 아니기 때문이다. 다른 방법으로 생각해보자. 여기 두 기업이 있다. 하나는 PER이 20배인 굴뚝 주식회사(이하 굴뚝)고, 또 하나는 PER이 80배인 첨단 주식회사(이하 첨단)다. 이 말은 두 회사의 현재 주가가 각각 100달러라면 굴뚝은 5달러의 순이익을 벌고(100달러/20=5달러), 첨단은 1.25달러의 순이익을 번다(100달러/80=1.25달러)는 의미다. 이렇게 된 건 시장이 첨단의 순이익이 훨씬 더 빨리 성장할 것으로 기대하고 있기 때문이다. 만약 굴뚝의 순이익이 연 6%씩 성장한다면 6년 후에는 순이익이 48% 늘어나 주당 순이익이 5달러에서 7.40달러가 될 것이다. 이 정도면 아주 양호한 편이다. 첨단은 어떨까? 풀러가 밝혀낸 것처럼 6년간 순이익 성장률이 시장 평균보다 20% 높다면 6년 후 순이익은 78% 늘어날 것이다.(1.48x1.20=1.78) 그러면 첨단의 주당 순이익은 1.25달러에서 2.23달러가 될 것이다. 그 이후에는 첨단의 순이익 성장률이 굴뚝과 똑같아지는데, 굴뚝의 주당 순이익은 7.40달러다. 이처럼 대개의 경우 순이익 성장률은 속도가 떨어지게 마련인데도 시장에서 첨단의 주가는 과대평가되고, 이로 인한 손실은 고스란히 투자자들이 부담하는 것이다.

그렇다고 해서 항상 성장주의 수익률이 가치주보다 떨어진다고 말하는 것은 아니다. 1995년부터 1999년까지 5년간 대형 성장주는 대형 가치주에 비해 연 10.7%포인트나 수익률이 높았다. 다만 그 뒤 15개월만에 이 기간 동안의 초과 수익률을 모두 반납했지만 말이다. 이미 눈치챘겠지만 기술주 거품이 한창인 시기에는 모두가 성장주에 주목하고 성장주의 수익률도 단연 돋보이지만, 이런 시기가 지나가면 가치주가 더 나은 수익률을 기록하는 경우가 많다.

구름 속에 숨어있는 얼굴 모습

컴퓨터라든가 다른 동물들과 차별되는 인간들만 갖고 있는 기술을 한 가지 들자면 고도의 추상적인 패턴을 인식하는 능력이다. 사과나무 아래서 만유인력의 법칙을 발견한 뉴턴이나 정원사와 농부들이 우수한 식물 종자를 선별해는 과정을 지켜보면서 진화론의 단서를 포착한 다윈의 경우는 이런 능력을 단적으로 보여주는 사례다. 우리는 출퇴근 길에서 혹은 복잡한 업무 속에서 매일같이 이런 패턴 인식 능력을 발휘한다.

그러나 투자의 세계에서 이런 능력은 대개 역효과를 낸다. 이유는 간단하다. 주가든 채권가격이든, 그것이 개별 종목이든 시장 전체든 거기에는 어떤 패턴도 없기 때문이다. 이렇듯 혼돈 그 자체로 움직이는 세상에서 패턴을 찾는 작업은 아무 소용도 없을 뿐만 아니라 상당히 위험하기까지 하다. 예를 들어 1987년 10월 19일 "블랙 먼데이" 직후 대부분의 신문에서는 1925~33년의 주식시장 등락과정과 1982~87년의 상황이 아주 흡사하다는 기사를 실었다. 이번에도 주가 대폭락 이전까지의 과정이 비슷하니 1929~33년처럼 주식시장이 추가적으로 급락할 게 아주 확실하다는 게 이런 기사가 전하고자 한 메시지였다.

다른 이유들은 차치하고라도 1987년의 주가 대폭락 사태에서는 연방준비제도이사회(FRB)가 1929년보다 훨씬 더 유연하게 대처했다는 사실만 보더라도 그런 일은 있을 수 없었다. 요점은 유가증권 가격에 절대로 반복되는 패턴이 없다는 것이다. 만약 그런 패턴이 존재한다면 이 세상 최고의 부자는 도서관 사서가 돼야 마땅할 것이다.

그렇다고 내가 금융 저널리스트들을 폄하하려는 것은 아니다. 이들은 매주 어떤 경우에는 매일 새로운 주제로 글을 써야 한다. 대개의 저널리스트라면 시장전략가나 머니매니저들의 말을 들어보지 않고는 필요한 기사의 양을 채우지 못할 것이다. 그러다 보니 신문 금융면에는 이런 표현들이 넘쳐난다: "부품 재고가 최근 6개월치 매출보다 많았던 과거 아홉 차례의 사례에서 주가는 20%이상 떨어졌다는 사실을 발견했다." 이건 전혀 사실과 다르다. 문제는 다양한 경제지표나 금융통계를 가려내는 과정에서 우연이라는 요소와 결합하는 경우가 많다는 점이다. 가령 앞서 지적했듯이 방글라데시의 버터 생산량이 S&P 500 지수와 상관관계가 높다는 말이나 마찬가지다.

물론 향후 경제활동을 미리 알려주는 자료들이 있는 게 사실이다. 대표적인 것이 FRB의 통화정책이고, 주택 착공 실적이나 근로자 평균 노동시간 같은 "선행지표"들이다. 그런데 문제는 이런 통계지표는 누구나 다 알고 있고, 나오기 전부터 주시하고 있으며, 나오면 즉시 분석

한다는 것이다. 그 결과 현재의 주가나 채권가격에는 이런 분석이 이미 반영돼 있다. FRB가 금리를 내린다면 주가에 긍정적인 영향을 미칠까? 그럴 수도 있겠지만, 세상 사람들이 전부 이 사실을 미리 알고 있다면 이를 반영한 주가는 이미 올랐을 것이다. 따라서 금리를 내릴 것이라는 정보를 듣고 주식을 매수하는 것은 아무 소용도 없다. 버나드 바루크(Bernard Baruch)가 남긴 말을 기억하기 바란다:

모두가 알고 있는 사실은 알 만한 가치가 없다.

마지막으로 덧붙일 것은 패턴이 확실히 자리를 잡은 다음이라 하더라도 얼마든 변할 수 있다는 것이다. 주식 수익률과 채권 수익률 간의 관계가 아주 좋은 예다. 1958년까지는 주식 배당 수익률이 채권 수익률 아래로 떨어지면 주가가 하락했다. 따라서 1958년 이전에는 주식 배당 수익률이 채권 수익률 아래로 떨어질 때마다 주식을 팔고, 이 두 수익률간의 관계가 역전될 때까지 기다렸다가 다시 매수하면 짭짤한 수익률을 올릴 수 있었을 것이다. 물론 1958년까지다. 바로 이해에 주식 배당 수익률은 채권 수익률 아래로 떨어져 그 뒤로 영원히 다시 역전하지 못했다. 당신이 만약 이해에 주식을 팔았다면 아직도 다시 매수할 시점을 기다리고 있을 것이다. 그리고 두 수익률간의 관계가 역전되려면 앞으로도 수십 년을 더 기다려야 할지 모른다.

정신적 회계

인간이란 손실을 감수하거나 실패를 인정하기를 무지무지 싫어한다.

가장 자주 발견할 수 있는 비합리적인 투자행동 가운데 하나인, 이익이 난 종목보다 손실이 난 종목을 팔고 싶어하지 않는다는 게 단적인 예다. 행동금융론에서는 이를 가리켜 "후회 기피(regret avoidance)"라고 말한다. 수익률이 형편없는 주식을 계속 보유하면 최종적으로 자신의 실패에서 벗어날 가능성이 조금이라도 남아있게 된다.

나는 이게 특별히 문제가 된다고는 생각하지 않는다. 사실 시장이 효율적이라면 주가가 떨어진 종목이나 크게 오른 종목이나 향후 수익률에 큰 차이가 없을 것이기 때문이다. 물론 주가가 크게 떨어진 종목은 부도를 낼 가능성이 더 높을 것이다. 하지만 이런 종목을 여러 개 보유하면 죽다가 다시 살아난 종목에서 거둔 수익이 부도난 종목에서 기록한 손실을 만회해줄 것이다. 사실 탈러가 이미 지적한 것처럼 최근에 주가가 하락한 종목이 평균적으로 시장 평균보다 기대 수익률이 더 높다. 가치주에서 이미 확인했듯이 이건 그리 놀라운 일도 아니다.

그러나 이로 인해 야기되는 훨씬 더 심각한 문제가 있으니 바로 "정신적 회계(mental accounting)"라는 것이다. 정신적 회계란 우리가 성공한 투자와 실패한 투자를 따로 생각하고, 주가가 오른 종목과 내린 종목을 구분 짓는 경향을 가리킨다. 정신적 회계가 특히 위험한 이유는 진짜로 집중해야 할 문제, 즉 전체 포트폴리오를 제대로 바라보지 못하게 만들기 때문이다. 앞서 소개했던, 국내 주식과 해외 주식 펀드매니저는 성공적으로 골라냈다고 자랑했지만 전체 포트폴리오 수익률은 형편없었던 투자자문가의 경우가 완벽한 사례가 될 것이다.

대개의 투자자들에게 요즘 투자 수익률이 어떠냐고 물어보면 아주 잘하고 있다는 대답을 들을 것이다. 왜 그럴까? 아마도 이들은 꽤 돈을 번 종목이나 펀드를 갖고 있을 것이기 때문이다. 그렇다고 전체 포트폴리오의 수익률을 계산해봤을까? 물론 아니다.(이런 현상을 보여주는 가장 최근의 유명했던 사례는 비어즈타운 할머니들일 것이다. 이 분들은 투자 수익률을 계산하면서 투자클럽 회비까지 수익으로 넣는 바람에 과대평가된 수익률을 갖고 베스트셀러《비어즈타운 할머니들의 상식투자 가이드Beardstown Ladies' Common-Sense Investment Guide》를 썼다.) 결국은 아주 인간적인 전략, 즉 성공은 보물처럼 자랑하되 실패는 파묻어버리는 수법을 쓴 것이다. 투자의 세계에서 이런 수법은 치명적일 수 있다; 전체 포트폴리오 전략의 실패를 무시해버리도록 만들기 때문이다. 전체 포트폴리오가 얼마나 나쁜 상황인지 의식하지 않음으로써 참담한 수준의 장기 수익률을 떠안을 수 있는 것이다.

컨트리클럽 증후군

이건 특히 극소수 부유층에서 자주 발견되는 현상이다. 만약 당신이 자가용 비행기를 소유하고, 환상적인 휴양지에서 휴가를 즐기고, 아이들은 귀족 스타일의 사립학교에 보낸다면 틀림없이 소액 투자자들이 똑같이 이용하는 머니매니저에게 돈을 맡기지 못할 것이다. 당신은 엘리트 계층만 이용할 수 있는 투자회사로 가야 한다. 그래야 컨트리클럽에서 만나는 다른 상류층 인사들처럼 뱅가드 따위는 거들떠보지 않는다고 말할 수 있다.

　그렇게 해서 당신은 최고의 전담 머니매니저를 따로 고용하고, 헤지

펀드와 역외펀드까지 이용한다. 하지만 당신은 너무 바쁘고 또 중요한 인물이라 수수료나 수익률 같은 것은 일일이 따져보지도 못한다.

　이런 식으로 할 경우 발생하는 공통적인 문제점은 수익률에 관한 공개적인 정보를 구할 수 없다는 것이다. 그러나 썩 좋지 않은 사실 한 가지는 분명하다. 전담 머니매니저는 언제라도 그만둘 수 있다. 이들은 다름아닌 각종 연기금 펀드를 운용하는 인력이다. 그런데 수백억 달러에 달하는 디즈니나 GE 같은 기업의 연기금 펀드가 시장 평균을 웃도는 수익률을 내지 못한다면 5억 달러를 운용하는 당신의 머니매니저가 이보다 더 나은 수익률을 올릴 가능성은 얼마나 되겠는가? 여기에는 충분한 이론적 근거가 있다: 앞서 설명한 각종 비용과 트래킹 에러 때문이다. 당신이 아무리 부자라도 이건 피해갈 수 없다. 사실 큰손 투자자들이 인덱스펀드를 이용하면 오히려 이점을 누릴 수 있다. 당신이 만약 1억 달러의 자산을 뱅가드 500 인덱스펀드에 맡길 경우 연간 비용은 0.025%에 불과하다. 이 정도라면 누구나 군침을 흘릴 법하다.

　헤지펀드는 아무나 투자할 수 없다는 점 때문에 특히 이목을 끈다. 헤지펀드 역시 뮤추얼펀드처럼 투자회사다. 그런데 투자자의 숫자를 99명 이하로 제한하는 대신 「1940년 투자회사법(Investment Company Act of 1940)」의 규제를 받지 않기 때문에 외부 차입금까지 동원해 집중 투자할 수 있고 대개의 뮤추얼펀드에게는 금지된 아주 특별한 투자전략까지 구사할 수 있다.(법적인 시각에서 보자면 헤지펀드 투자자들은 이미 상당한 지식을 갖고 있다고 전제함으로써 무슨 불상사가 벌어졌을 경우 거의 보호를 받지 못한다.)

하지만 여기에도 햇볕은 희미하다. 무엇보다 기본적으로 이들 펀드는 "헤지"하려는 게 목적이기 때문에, 자금의 상당 부분을 선물이나 옵션에 투자한다. 따라서 수익률은 아주 낮다. 리스크를 감안했을 경우 헤지펀드의 수익률이 더 좋아 보일 수도 있겠지만, 보수체계를 들여다보면 고개를 갸웃하게 된다. 헤지펀드 매니저들은 수익에 대해 엄청난 보수를 챙기는 게 예사인데, 어떤 경우에는 연 10%가 넘을 때도 있다. 이 정도 보수율은 피터 린치나 워런 버핏이 최고의 수익률을 올렸을 때조차도 누릴 수 없었던 호사다.

잘못된 헤지펀드를 고를 위험도 있다. 1998년에 전세계 경제를 위기 상황으로 몰고 갔던 롱텀 캐피탈 매니지먼드(LTCM)의 파산 당시 돈을 날린 기관투자가와 부유층 투자자들은 한마디로 미국의 최상위 투자 계층이었다. 이들에게도 그런 일이 벌어진다면 누구에게나 벌어질 수 있다는 얘기다.

내 경험에 비춰보면 부유한 고객일수록 돈을 털릴 가능성이 더 높다. 증권회사의 고객들은 회사에 얼마나 많은 돈을 벌어줄 수 있느냐에 따라 판가름된다. 소액 투자자들은 당연히 증권회사가 쏟는 시간이나 노력 면에서 큰손 투자자들의 뒷전이다. 하지만 이게 소액 투자자들에게는 유리한 점이다. 왜냐하면 이들에게는 몇 종목 혹은 몇 가지 펀드 추천해주고는 끝이기 때문이다. 반면 증권회사에 기여도가 높은 "돈다발" 같은 고객에게는 시도 때도 없이 주식이나 채권을 매매하도록 하거나 별도의 수수료를 물어야 하는 전담 매니저까지 붙여준다.

부유층 투자자는 당신이나 나 같은 사람과는 차원이 다르다: 이들의 재산을 빼앗아갈 방법이 훨씬 더 많다는 점에서 그렇다.

제7장 요약

월트 켈리(Walt Kelly)의 말을 빌리자면 "우리가 매일 부딪치는 진짜 두려운 적은 다름아닌 우리 자신이다." 나는 투자자들이 가장 자주 저지르는 행동 특성상의 실수들로 군중심리, 과도한 자신감, 최근 선호 성향, 오락을 탐하는 성격, 근시안적인 위험 회피 경향, 위대한 기업이 위대한 주식이라는 환상, 패턴이 존재한다는 착각, 정신적 회계, 컨트리클럽 증후군을 설명했다. 이런 비합리적인 행동에 빠져든다면 해변가의 모래성이 파도에 씻겨가듯 순식간에 재산이 사라질 것이다.

8 비합리적 행동에 대한 처방

Behavioral Therapy

제7장에서는 완벽할 수 없는 우리 투자자들이 물려받은 여러 가지 원죄들에 대해 살펴봤다. 그러면 이제부터는 거울 속의 적들을 무찌를 수 있는 전략을 모색해 보도록 하자. 모든 일이 그렇지만 실행하기란 계획하는 것보다 몇 배나 더 어렵다. 실제 행동으로 옮기려면 아주 근원적인 인간 본성을 극복해야 하기 때문이다. 투자의 세계에서 이건 마치 "담배를 끊는다"든가 "몸무게를 뺀다" 혹은 "절대 흥분하지 않는다"는 다짐과 같다. 하지만 충분히 노력하고 주의를 기울인다면 적어도 이런 잘못된 행동들로 인한 피해를 줄일 수 있을 것이다. 한 걸음 더 나아가 어느 정도 개선하기만 한다면 당신의 수익률은 눈에 띄게 좋아질 것이다.

군중과 결별하기

어떤 투자상품이 다수 군중들 사이에 화제로 오르내린다면 그건 이미 많은 사람들이 투자를 했다는 이유 하나만으로도 과대평가됐을 가능성이 높다는 점은 이미 설명했다. 1980년대 초 부동산과 금이 그랬고, 1980년대 말 일본 주식과 1990년대 초 "아시아의 네 마리 용", 그리고 최근에는 1990년대 말 기술주가 그랬다. 하나같이 엄청난 후폭풍이 몰아 닥쳤다. 그러므로 당신 친구들이 전부 어디 한 곳에 투자한다거나, 신문 경제면에 특정 기업에 관한 기사가 넘쳐나고, 어떤 게 유망하다는 사실을 "모두가 알고 있다"면 그때는 적색경보가 울린 시점이다. 한마디로 동시대의 모든 사람들이 상식처럼 받아들이는 것이 무엇인지 파악한 다음 그것을 무시해버려라.

내가 지금 시장 상황에서 가장 어렵게 생각하는 것은 주식의 장기 수익률이 높다는 점을 "모두가 알고 있다"는 사실이다. 이건 아무리 낙관적으로 생각해도 더 이상 주식을 매수할 사람이 남아있지 않다는 말이고, 앞으로 추가적인 주가 상승은 상당히 힘들 것이라는 의미다. 이보다 좀 덜 낙관적으로 생각해보면, 어떤 투자자산을 모든 사람이 보유하고 있을 경우 이들 가운데 다수는 경험이 없는 "새가슴" 투자자일 것이고, 이들은 뭔가 문제가 터질 조짐만 보이면 패닉에 빠져 일제히 팔아버릴 가능성이 높다.

여기서 얻을 수 있는 두 가지 전략이 있는데, 내가 보기에는 상당히 도움이 될 것 같다. 우선 동시대의 모든 사람들이 상식처럼 받아들이는 것이 무엇인지 파악했다면 그것이 틀렸다고 간주하는 것이다. 현

시점에서 가장 널리 퍼져 있는 믿음은 주식 수익률이 채권 수익률보다 훨씬 더 높다는 것이다. 과거에는 이 말이 맞았을지 모르겠지만 앞으로도 반드시 맞으리라고는 장담할 수 없다.

　두 번째 전략은 앞으로 가장 높은 수익률을 기록할 자산은 현재 가장 인기 없는 자산일 가능성이 높다고 생각하는 것이다. 이 말은 당신이 향후 최고의 수익률을 보여줄 자산을 보유하겠다면 투자에 관해서 친구나 이웃들과 다른 견해를 가져야 함을 의미한다. 사실 친구나 이웃들은 당신 생각을 인정하지 않을 것이다.(2000년대 초 귀금속 관련 주를 매수했거나 1990년대 초 정크본드를 사들인 투자자라면 이런 일을 겪었을 것이다.) 주위 사람들을 놀래주길 좋아하는 괴짜들도 있지만 대부분은 그렇지 않다.

　당신이 만약 투자에 관한 얘기를 하면서 친구들과 거리감을 느끼는 게 싫다면 아예 이 문제를 논의하는 것 자체를 피하는 게 상책이다. 누가 당신에게 투자전략을 물어보면 미소를 지으며 슬쩍 이렇게 말하라. "내 투자자문가가 다 알아서 해줘. 나는 아무것도 몰라." 그리고는 화제를 바꿔라.

당신 머리를 믿지 말라

과도한 자신감을 피하는 첫 걸음은 그것을 어떻게 인식하는지 배우는 것이다. 당신은 운전 실력이나 대인관계, 외모 면에서 평균 이상이라고 생각하는가? 이 세 가지 모두 평균 이상일 확률은 8분의 1에 불과하다. 만약 당신의 종목 선정 기술이 아주 탁월해 시장 평균을 넘어설 수 있다고 생각한다면 당신이 거래하는 상대방이 어떤 사람들인지 한번 생각해보기 바란다. 이들은 이기려는 의욕에서 당신은 상대도 안 되는 아주 똑똑한 프로들이다. 더구나 이들은 당신 같은 부류는 꿈도 못 꾸는 하드웨어와 소프트웨어로 무장하고 있을 것이다.

그러면 시장을 이겨낼 펀드매니저를 골라낼 자신은 있다고 생각할지도 모르겠다. 제3장에서 소개한 펀드 수익률 자료를 봤다면 그렇게 생각하지 않을 것이다. 당신이 만약 정말로 그렇게 해낼 능력이 있다면 당장 연기금 펀드 컨설턴트 제의가 들어올 것이다. 미국의 초거대 기업들이 당신에게 거액을 제시하면서 근로자 퇴직연금을 운용해줄 탁월한 머니매니저를 선정해 달라고 부탁할 것이란 얘기다.

과도한 자신감을 피할 수 있는 방법은 무엇인가? 매년 적어도 몇 차례는 자기자신에게 이렇게 말하는 것이다. "내가 죽었다 깨어나도 시장은 나보다 훨씬 더 똑똑하다. 투자의 세계에는 나보다 훨씬 더 훌륭한 장비를 갖추고 영원히 마르지 않는 청춘의 샘(Fountain of Youth)을 찾아 헤매는 수백만 명의 투자자들이 있다. 내가 청춘의 샘을 1등으로 찾을 가능성은 높지 않다. 내가 시장을 이길 수 없다면 내가 바랄 수 있는 최선은 가능한 한 비용이 적게 들면서도 효율적인 투자를 하는 것이다."

인덱스 투자자의 가장 큰 즐거움은 시장 수익률을 받아들임으로써, 시장을 이기려고 애쓰는 프로 투자자들 가운데 압도적 다수를 물리칠 수 있다는 점이다.

최근 10년은 무시하라

이런 사소한 실수는 합리적으로 생각해보면 쉽게 피할 수 있다. 두 가지만 늘 잊지 않으면 된다. 첫째, 모두가 상식처럼 받아들인 덕분에 최근 5년 혹은 10년간 수익률이 가장 높았던 투자상품을 매수한다면 대개 잘못될 것이다. 둘째, 가끔은 최근 10년간 최악의 수익률을 기록했던 자산을 매수하는 게 상당히 괜찮은 아이디어가 될 수 있다.

이게 무슨 의미인지는 이미 간단히 살펴봤다. 투자상품의 수익률을 1~2년이 아닌 훨씬 더 긴 장기적으로 보면 평균 회귀 성향이 어느 정도 있다. 최고의 수익률을 기록했던 자산이 최악의 수익률을 내고, 그 반대의 경우도 발생하는 것이다. 반드시 그런 것이 아니라 통계적으로 그런 추세가 있다는 말이다. 어느 자산의 20~30년도 안 되는 수익률 데이터는 아무 의미도 없다는 점을 상기하라. 지난 10년간 주식시장이 혹은 성장주가 아주 괜찮았다는 것은 사실 현명한 투자자에게 아무런 의미도 없다.(제1장에서 설명한 것처럼 1981년 이전의 50년 이상 채권 수익률 데이터가 얼마나 잘못된 정보를 알려주었는지 생각해보라.)

과감하게 바보가 돼라

투자의 세계에서는 "고기 굽는 냄새가 식욕을 자극할수록 고기의 맛은 형편없는" 역의 관계가 존재한다는 점을 이해하기 바란다. 가장 짜릿해 보이는 자산의 장기 수익률이 가장 낮고, 가장 따분해 보이는 자산의 수익률이 가장 높을 가능성이 크다는 말이다. 진짜로 흥분을 느끼고 싶다면 스카이다이빙을 하거나 극지탐험에 나서라. 투자 포트폴리오에서 흥분을 느끼려 들지는 말라. 한마디 덧붙이겠다. 당신의 포트폴리오 수익률이 변동하는 데서 어떤 식으로든 흥분을 느낀다면 무엇인가 아주 잘못하고 있는 것이다. 탁월한 포트폴리오 전략은 기본적으로 재미가 없다. 우리는 가능한 한 수익률은 높이되 포트폴리오의 변동성을 줄이기 위해 최선을 다하려 한다는 점을 상기하라. 또한 아주 흥미 있어 보이는 투자는 다수 대중의 주목을 끌게 돼 "과보유" 상태에 빠지게 된다. 즉 인지도가 높아지는 바람에 과도한 자금이 몰리는 것이다. 이렇게 되면 자산 가격은 올라가고 미래 수익률은 떨어지게 된다.

대부분의 경우 성공적인 투자전략의 궁극적인 목적은 노후에 빈궁해지는 일을 막는 것이다. 밤에 편히 잠자리에 들 수 있도록 포트폴리오의 수익률을 확보하는 것이다. 달리 말하자면……좀 따분해지는 것이다.

그래도 여전히 투자에서 뭔가 자극을 얻고 싶다거나 친구들에게 투자 얘기를 하면서 흥분을 느끼고 싶다면 포트폴리오 가운데 아주 작은 금액을 떼내 순전히 "짜릿한" 투자 용도로 운용하라. 다만 이 돈은 날리면 그뿐이라고 스스로에게 다짐해두어야 한다.

리스크를 똑바로 바라보라

근시안적인 리스크 회피, 즉 단기적인 손실에 너무 집착하려는 경향은 투자자들이 경험하는 가장 부정적인 심리현상 가운데 하나다. 소설 같은 이야기를 하나 소개하겠다: 한 투자자가 1970년대 중반 뮤추얼 펀드에 1만 달러를 투자한 뒤 잊어버리고 지냈다. 그런데 1987년 10월 19일 블랙 먼데이에 주가가 대폭락하자 패닉에 빠져 뮤추얼펀드 회사에 급히 전화를 걸었다. 큰 손실이 나지 않았느냐는 물음에 그쪽 직원은 이렇게 대답했다. "고객님 죄송합니다. 이번에 손실이 나는 바람에 고객님 잔고가 17만9623달러로 줄었네요."

리스크를 감수하면 "리스크 프리미엄(risk premium)"을 얻어야 한다. 시장의 등락을 견뎌내는 보상으로 추가적인 수익률을 받아야 한다는 말이다. 반대로 이야기하면 리스크 프리미엄을 포기하고 "무위험 벌칙(safety penalty)"을 치를 수도 있다. 리스크를 회피하는 대가로 매년 일정한 수준의 수익률을 내놓는 것이다. 보수적으로 생각해 무위험 벌칙이 연 3%라고 가정해보자. 이 말은 당신이 무위험 자산에 투자해 1달러를 버는 대신 리스크가 있는 위험 자산에 투자할 경우 10년 후에는 1.34달러, 20년 후에는 1.81달러, 30년 후에는 2.34달러가 된다는 의미다.(이 수치는 어디까지나 기대 수익률이다; 위험 자산에 투자할 경우 30년 후 1.20달러가 될 수도 있고 5.00달러가 될 수도 있다. 무조건 2.34달러로 확정해야겠다면 그것 역시 무위험 자산이 될 것이다.) 그런데 당신은 한두 달 손실이 나는 게 걱정돼, 혹은 심각한 약세장에 빠져 투자한 돈이 반토막나는 게 무서워 더 높은 수익률을 포기할지도 모른다.(항상 그런 건 아니지만 시장은 약세장에 빠졌다가도 대개는 회복한다.)

근시안적인 리스크 회피를 이겨내는 것은 어느 투자자에게든 감정적으로 가장 어려운 일이다. 나는 딱 두 가지 해결책을 알고 있다. 첫째는 포트폴리오를 너무 자주 점검하지 말라는 것이다. 행동금융론 전문가들이 실험이나 실제 관찰을 통해 발견한 사실은 똑같다. 위험 자산에 투자해놓고도 포트폴리오를 전혀 처다보지 않은 투자자가 시도 때도 없이 포트폴리오를 들여다본 투자자보다 더 높은 수익률을 거뒀다. 당신이 살고 있는 집을 생각해보자. 매일 혹은 매달 이 집이 얼마나 나가는지 일일이 따져보지 않을 것이다. 가끔씩 집값이 20% 떨어졌다가 다시 회복한다 해도 그런 사실조차 모른 채 그냥 편하게 보유할 것이다.

벤저민 그레이엄은 이 효과를 대공황 시기에 목격했다. 당시 신문에 가격조차 게재되지 않던 2~3류급 모기지 채권 투자자들은 이를 그대로 보유한 덕분에 결과적으로 괜찮은 수익률을 거둘 수 있었다. 신문에 가격이 실리지 않으니 매일매일 자신의 손실을 따져볼 필요가 없었기 때문이다. 이와는 반대로 대기업 회사채를 보유한 투자자들은 모기지 채권에 비해 가격 하락폭이 훨씬 적었음에도 불구하고 매일매일 신문에서 가격을 확인하는 바람에 거의 전부가 패닉에 빠져 채권을 팔아버렸다.

근시안적 위험 회피를 막는 두 번째 방법은 시장이 추락하더라도 전혀 흔들림 없이 냉정을 유지할 수 있도록 늘 충분한 현금을 확보하는 것이다: "그래, 나 손해 좀 봤다. 하지만 주위사람들보다야 낫지. 더구나 이렇게 싼 가격에 매수할 수 있는 현금이 있으니 얼마나 좋은가?"

결론적으로 말해 현명한 투자자는 단기 손실에 비이성적으로 대응한다는 게 얼마나 파괴적인지 잘 알고 있다. 현명한 투자자는 자신의 포트폴리오가 타격을 입을 때마다 스스로에게 이렇게 말하면서 전화위복의 계기로 삼는다: "가격이 낮아졌다는 것은 미래 수익률이 더 높아졌음을 의미하지."

위대한 주식은 없다

이건 "과감하게 바보가 돼라"는 말과 일맥상통하는 것이다. 위대한 기업의 주식과 위대한 주식을 동일시하는 우를 저지르기는 참 쉽다. 누구나 가장 화려하게 성장해가는 기업의 주식을 갖고 싶어한다. 그런데 실제로는 역사가 가르쳐주듯이 가장 지루해 보이는 기업이 가장 높은 수익률을 기록했다. 투자의 세계에서 탁월한 성장률에 대한 환상은 "어닝 서프라이즈(earnings surprise)"라는 말이 당신 입에서 나오기가 무섭게 사라져버린다. 물론 예외도 있다. 월마트나 마이크로소프트 같은 기업은 장기적으로 지속적인 순이익 성장률을 보여주었다. 하지만 이런 기업의 주식을 남들보다 먼저 고를 수 있는 확률은 아주 희박하다.

이보다는 차라리 다양한 인덱스펀드를 활용해 포트폴리오의 가치주 비중을 높이는 게 더 바람직하다. 안타깝게도 제13장에서 살펴보겠지만 이 방법이 항상 유리한 것은 아니다. 하지만 이렇게 하면 적어도 모두들 투자의 "새로운 시대(new era)"가 도래했다고 말할 때 성장주의 유혹에 넘어가지 않을 수 있다. 내 동료인 래리 스웨드로의 말을 여기에 옮겨보겠다: "시장에 새로운 것은 없어. 단지 네가 역사를 다 읽지 않았을 뿐이야."

무작위를 즐겨라

주식시장의 거의 모든 패턴은 사실상 우연의 결과일 뿐이라는 점을 명심하라. 산더미 같은 데이터를 수집해 찾아보면 금방이라도 당신을 부자로 만들어줄 것 같은 종목 선정 기술이나 시장의 타이밍을 맞추는 방법을 수없이 발견할 것이다. 그러나 당신에게 타임머신이 없다면 이것들은 아무 소용도 없다. 노련한 투자자들은 시장에서 나타나는 대부분의 움직임이 무작위적이기 때문에 어제 작동한 패턴이 내일도 작동하기는 어렵다는 점을 알고 있다.

주식시장의 패턴은 환상이라는 점을 받아들이라: 달 표면에서 사람 형상을 찾아내고, 하늘 위를 떠다니는 구름에서 할머니의 얼굴을 발견하는 것이나 똑같다. 시장을 대할 때 가장 안전하면서도 수익성과 직결되는 전제는 "패턴은 절대 없다"는 것이다. 개별 종목이나 시장 전체의 수익률을 미리 점칠 수 있게 해주는 개략적인 통계지표가 몇 가지 있긴 하지만 투자의 세계는 전반적으로 혼돈으로 가득 찬 세상이다. 어떤 시스템도, 어떤 전문가도, 어떤 패턴도 이익이 되지 않는다는 사실을 빨리 깨달을수록 당신의 수익률은 더 나아질 것이다.

무엇보다 중요한 것은 각종 경제지표와 금융통계를 갖고 시장의 방향을 예측하려는 시장 전략가들의 말을 무시하라는 것이다. 지난 70여 년간 코울스와 파마, 그레이엄, 하비 같은 이들이 우리에게 가르쳐주고 있듯이 이건 바보나 하는 짓이다. 월 스트리트에서 가장 유명한 시장전략가인 바튼 빅스(Barton Biggs)가 하는 일이란 한마디로 클레오파트라의 화장을 고쳐주는 것뿐이다.

정신적 회계를 통합하라

매달 혹은 매분기나 매년, 아니면 10년에 한 번은 틀림없이 "아, 그걸 샀어야 했는데, 바보 같으니!"라며 이런저런 투자상품을 사지 않은 것을 통탄할 것이다. 그런가 하면 "저런 건 쳐다보지도 말았어야 했는데"라며 후회하는 자산도 한두 가지 있을 것이다. 귀금속 관련주나 이머징마켓 주식처럼 변동성이 높은 자산은 1년 만에 50~75%씩 폭락할 수도 있다. 그런 일은 늘 일어난다. 당신의 포트폴리오에서 벌어지는, 불가피하지만 크지 않은 손실에 대해서는 너무 화내지 말라. 어떤 자산의 시장 수익률을 고스란히 다 가지려면 시장이 폭락한 뒤에도 계속 보유하고 있어야 한다. 이런 자산을 포트폴리오에 가만히 놔두지 못한다면 절대 성공할 수 없다. 전체 포트폴리오가 무엇보다 중요하다; 각각의 투자자산이 거둔 수익률은 가능한 한 무시하라.

대박을 터뜨린 종목이 있다고 해서 너무 기뻐하지 말고, 부진한 수익률을 올린 종목이 있다고 해서 너무 상심할 필요도 없다. 진짜 중요한 것은 전체 포트폴리오의 수익률이니 말이다. 그리고 1년에 한 번씩 이것을 계산해보라.

"돈 많은 봉"이 되지 말라

부유한 투자자들은 자신들이 투자업계의 주수입원이며, 그들에게만 허용되는 투자수단, 즉 헤지펀드나 전담 투자관리 계정 같은 것들이 실은 각종 수수료와 거래비용을 빼내가기 위해 고안된 것이라는 사실을 깨달아야 한다. "돈 많은 봉"은 아주 세련된 리서치 보고서와 트레이딩 기법, 절세 전략을 설명해주면 매우 흡족해한다. 거기에 넘어가면 안 된다. 미국 최대의 투자기관인 대기업의 연기금 펀드들도 시장 수익률을 넘어서지 못한다. 하물며 1억 달러에서 10억 달러의 자산을 가진 투자자가 그렇게 대단한 수익률을 올린다는 건 불가능하다.

그렇다면 돈이 아주 많은 투자자들은 어떻게 해야 할까? 자부심을 버리고 수수료가 싼 인덱스펀드에 특화한 뮤추얼펀드 회사에 전화를 걸라. 펀드에 맡기는 투자자금이 100만 달러 이상이면 대부분의 펀드 회사들이 우대 수수료를 적용해준다. 물론 이게 입맛에 딱 맞지는 않겠지만, 그래도 다른 소액 투자자들보다는 나은 대우를 받는 것이고, 번지르르한 전담 투자관리 계정보다 더 높은 수익률을 가져다 줄 것이다.

제8장 요약

1. 무지막지한 군중들에게서 피해 있으라. 그렇게 하지 않으면 군중들에게 짓밟혀 엉망진창이 될 것이다. 누구나 받아들이는 상식은 대개 틀린 것이다.

2. 과도한 자신감을 버려라. 당신이 거래하는 상대방은 당신보다 지식이 많고, 정보가 빠르고, 첨단 하드웨어와 소프트웨어로 무장한 투자자일 가능성이 높다. 당신이 신문 좀 읽고, 몇 가지 간단한 종목 선정 전략이나 트레이딩 기법을 배웠다고 해서 그들을 이길 것이라고 생각한다면 대단한 착각이다.

3. 어떤 자산이 최근 5년 혹은 10년간 얼마나 높은 수익률을 거뒀는지에 대해서는 너무 연연해하지 말라. 가끔은 지난 10년간 가장 부진한 수익률을 기록했던 자산이 다음 10년간 최고의 수익률을 기록하기도 한다.

4. 짜릿한 흥분을 가져다 주는 투자는 대개 잘못된 것이다. 투자를 하는 데서 뭔가 자극을 찾으려 하는 것은 빈털터리가 되는 지름길이다.

5. 단기적인 손실에 너무 상심하지 말라. 그 대신 장기적인 수익률이 나빠지지 않도록 분산 투자에 최선을 다하라.

6. 시장은 성장주를 과대평가하는 경향이 있고, 그 결과 성장주의 수익률이 낮아질 수 있다. 훌륭한 기업의 주식이 반드시 훌륭한 주식은 아니다.

7. 과거의 패턴에 기초해 예측하는 것을 주의하라. 과거의 패턴들은 대개 우연의 소산이며 다시 반복되기 어렵다.

8. 포트폴리오를 구성하고 있는 각각의 자산이 아니라 포트폴리오 전체가 중요하다. 전체 포트폴리오의 수익률은 1년에 한 번씩 계산하라.

9. 당신이 아주 부유한 투자자라면 거래하는 증권회사에서는 최선을 다해 당신에게 수수료가 비싸고 리스크가 높은 투자상품을 안겨줄 것이다.

네 번째 기둥

투자 비즈니스

The Business of Investing

흥행이 직업인 사람들

아는 사람하고만 주식이나 채권 증서를 거래할 생각이 아닌 이상 당신
은 미국 경제의 오늘을 상징하는 거상(巨像)과 대면하지 않으면 안 된
다: 다름아닌 금융산업이다. 절대로 허점을 보여서는 안 된다. 당신은
이들과 아주 냉혹한 제로섬(zero-sum) 게임을 하는 것이니 말이다. 당
신 지갑에서 나간 수수료와 각종 보수, 거래비용은 단 1센트도 다시
돌아오지 않는다.

금융산업을 움직이는 세 개의 축, 즉 증권회사와 뮤추얼펀드, 언론
은 저마다 고유한 근거를 갖고 있다. 이들의 경영 방식이나 전략은 약

간씩 다르지만 궁극적인 목표는 똑같다: 당신의 재산을 최대한 자기네 회계장부로 옮겨가는 것이다. 이 가운데서도 증권업계가 가장 위험하고 탐욕스럽지만, 그냥 건너뛸 수도 있으니 다루기에는 가장 쉽다고 할 수 있다. 당신은 펀드업계도 상대해야 하는데, 활기 넘치는 펀드업계의 상황은 제10장에서 자세히 설명할 것이다.

70여 년 전 저널리스트 프레데릭 알렌(Frederick Allen)은 이런 말을 남겼다: 이 나라에서는 광고 카피를 쓰는 사람이 역사를 서술하는 사람보다 더 큰 영향력을 행사한다고 말이다. 사실 우리가 금융관련 미디어에서 보고 듣고 읽는 것의 99%는 저널리즘이란 이름으로 포장한 광고들이다.

현대사회에서 신문이나 잡지, 텔레비전, 인터넷을 외면하기란 불가능하다. 그런 점에서 금융관련 미디어들이 어떻게 작동하고, 증권업계와 펀드업계가 생존해 나가는 데 얼마나 핵심적인 역할을 하는지 이해할 필요가 있다.

9 | 증권 브로커는 당신 편이 아니다
Your Broker Is Not Your Buddy

어느 증권 브로커의 고객들이 하나같이 현재 상황에 만족해하고 있다면, 이 브로커는 곧 다른 일자리를 알아봐야 할 것이다. 증권 브로커가 돈을 벌려면 어떤 식으로든 거래를 해야 하기 때문이다.

조셉 노세라(Joseph Nocera)

《주식으로 대박 터트리기A Piece Of The Action》

증권업계의 실상

잠시 이런 상상을 해보자. 당신은 동유럽의 어느 작은 나라에 주재원으로 발령받았다. 이 나라를 황당공화국이라고 부르자.(앞서 소개한 랜덤공화국에서 그리 멀리 떨어져 있지 않다.) 당신은 이 나라의 기후나 문화, 식생활까지 다 마음에 드는데, 법률 시스템은 도저히 납득할 수가 없다. 하지만 황당공화국이 신생 독립국이라 재산권이나 계약법에 관한 법률 정비가 제대로 이루어지지 않았으려니 하고 넘어가기로 했다.

하루는 갑자기 배가 아파 곧장 병원으로 달려갔다. 복통은 무척 심했다. 결국 당신은 위스키로 마취를 한 뒤 맹장을 잘라냈다. 수술은 순식간에 끝났고 당신은 회복되자마자 퇴원해 집으로 왔다. 그런데 당신이 자는 사이 부인이 뭔가 이상한 것을 발견했다. 배에서 째깍째깍하는 소리가 난다는 것이다. 그런 것 같기도 해서 당신은 조용한 방으로 들어가봤다. 틀림없이 당신 배에서 규칙적으로 희미한 소리가 들려왔다.

당신은 수술을 했던 의사를 찾아가 참 별일도 다 있다고 이야기했다. 의사는 당신 복부에 청진기를 대보더니 대수롭지 않다는 듯 이렇게 말할 뿐이었다. "아, 이거요. 맹장을 잘라낸 다음 이렇게 째깍째깍 소리가 나는 건 드문 일이 아닙니다." 하지만 당신은 이 말을 수긍할 수 없었다. 다시 배가 아파왔고 갈수록 심해지더니 이번에는 고열 증상까지 함께 왔다.

더 이상 황당공화국 의료진을 믿을 수 없게 된 당신은 귀국 비행기를 타야 했다. 귀국 후 병원에서 다시 수술해보니 당신 배에는 더러운 거즈에 싸인 손목시계가 들어있었다. 이번 수술은 회복하는 데 오랜 시일이 걸렸고 항생제 치료를 받느라 병실에 몇 주 동안 누워있어야 했다. 몇 달 후에야 다시 직장에 나갈 수 있었다. 당신은 법적 책임을 묻기 위해 국제법 전문가로부터 자문을 받았다.

그의 대답은 그리 유쾌한 것이 아니었다. "아시다시피 황당공화국의 의료법 체계는 우리나라와 완전히 다릅니다. 우선 황당공화국 의사들에게는 특별한 학력 요건이 없습니다. 의과대학을 가지 않아도 된다는 얘기죠. 실은 고등학교도 갈 필요가 없습니다. 오로지 객관식으로 출제되는 시험문제만 달달 외우고, 합격할 때까지 계속해서 시험을 보면 되니까요. 시험에만 붙으면 당장 병원을 개업할 수 있습니다.

하지만 이보다 더 큰 문제는 황당공화국 의사들은 환자들에게 아무런 책임도 지지 않는다는 것이지요. 이들은 돈을 벌기 위해서라면 필요 없는 수술도 서슴지 않습니다. 수술이 잘못돼도 크게 걱정하지 않습니다. 가장 중요한 건 바로 여기에 있습니다: 선생님께서 병원에 갔을 때 서명한 문서인데, 무슨 다툼이 발생할 경우 황당공화국 의사협회가 관리하는 중재위원회의 결정에 따라 합의한다는 것이지요. 유감스럽게도 선생님 같은 경우 저도 어쩔 도리가 없습니다."

너무 현실성이 떨어지는 이야기로 들리는가? 그렇지 않다. 당신이 일단 증권회사에 발을 들여놓는 순간 황당공화국에 들어선 것이나 마찬가지다:

- 증권 브로커가 되는 데는 아무런 학력 요건도 없다.(혹은 증권업계에서 말하는 투자상담사로 등록하면 된다.) 증권회사에 들어가려면 금융학이나 경제학, 법학을 전공할 필요도 없고, 심지어 고등학교 졸업장도 필요 없다. 간단한 투자상담사 시험만 통과하면 거리낌없이 연봉 두둑한 이 직업을 얻을 수 있는 것이다. 사실 이 책을 여기까지 읽은 독자라 해도 평균적인 수준의 증권 브로커보다 자본시장에 대해 훨씬 더 많이 알고 있을 것이다. 나는 아직껏 왜 소형 성장주의 수익률이 낮은지, 혹은 포트폴리오 이론의 기본 원칙이 무엇인지 제대로 알고 있는 증권 브로커를 단 한 명도 만나지 못했다. 포트폴리오 회전율이 높으면 수익률을 떨어뜨릴 수 있음을 의식하는 증권 브로커도 못 만나봤다. 고든의 등식을 이용해 수익률을 추정하는 증권 브로커 역시 아직 만나보지 못했다.
- 증권 브로커는 고객들에게 수탁자로서의 책임을 전혀 지지 않는다. "수탁

자로서의 책임"을 법적으로 정의하자면 복잡하지만 기본적으로는 고객의 이익을 늘 가장 우선해야 한다는 것이다. 의사나 변호사, 은행가, 회계사는 전부 고객들에게 수탁자로서의 책임을 진다. 증권 브로커는 그렇지 않다.(투자자문가도 마찬가지다.)

- 서비스 공급자의 이해와 고객의 이해가 증권 브로커만큼 현저히 차이 나는 전문 분야도 없다. 민간 의료보험회사의 경우에도 서비스 공급자와 소비자가 느끼는 복지가 이렇게 크게 다르지 않다. 당신 입장에서는 포트폴리오 회전율을 최소화하고 거래수수료를 비롯한 각종 비용을 절약해야 하지만 증권 브로커에게 가장 중요한 것은 이런 비용을 최대화하는 것이다. 노회한 한 증권 브로커의 말은 정곡을 찌른다: "내가 하는 일이란 고객의 재산을 천천히 내 것으로 바꾸는 것이다."

- 거의 모든 증권회사에서는 당신이 처음 계좌를 만들 때 향후 발생할 수 있는 모든 법적 분쟁은 뉴욕증권거래소(NYSE)나 전미증권업협회(NASD)의 중재 아래 해결한다는 데 동의하도록 한다. NYSE와 NASD는 원래 증권 브로커들이 유가증권 거래를 위해 만든 단체다.

그러면 이제부터 증권업계의 실상이 어떤지, 그리고 이들과 당신의 이해관계가 얼마나 대립된 것인지 살펴보자.

찰스 메릴의 "배신"

찰스 에드워드 메릴(Charles Edward Merrill)은 어느 모로 보나 정말 대단한 비전을 가진 인물이었다. 게다가 전형적인 타입은 더더욱 아니었다. 자부심 강하고 폭음을 즐긴 데다 플레이보이였던 그는 제2차 세계대전을 전후한 시기에 거의 혼자 힘으로 금융서비스 산업을 개척했다. 그의 꿈은 공식적으로 수탁자로서의 책임을 지는 증권회사를 만들겠다는 것이었고, 이 같은 야망이 불같이 타올랐다 스러져간 과정은 충분히 음미해볼 만하다.

1885년에 태어난 메릴은 암허스트 대학교를 중도에 그만두고 증권 업계에 들어가 젊은 나이에 잘 나가는 투자은행 겸 증권회사를 세웠다. 메릴은 사설 증권거래소가 난무하고 온갖 주가조작이 판을 쳤던 1920년대의 썩은 시장 분위기를 혐오했다. 그는 전혀 다르게 하고 싶었다. 당시 월 스트리트는 내부자들이 벌이는 포커 게임장 같았다. 일반 투자자들은 그저 어리숙한 봉으로만 여겨졌다. 1929년 주식시장이 대폭락하자 증권업계에 대한 투자대중들의 반감이 폭발했고, 그 결과 오늘날까지도 미국 금융산업의 큰 틀을 규정하고 있는 「1933년 증권법(Securities Acts of 1933)」과 「1934년 증권법(Securities Acts of 1934)」 「글래스-스티걸 법(Glass-Steagal Act)」이 잇달아 제정됐다. 하지만 찰스 메릴은 그 훨씬 전부터 뭔가 잘못됐음을 알고 있었고, 스스로 그것을 고치고자 했다. 1939년에 그에게 기회가 왔다. 그는 E.A. 피어스(E.A. Pierce) 등과 새로 합병한 회사의 최고경영자가 돼 이름을 메릴 린치(Merrill Lynch)로 바꿨다.

메릴은 의욕적으로 회사를 이끌어갔을 뿐만 아니라 증권업계가 대중의 신뢰를 회복할 수 있도록 애썼다. 그의 사명은 "월 스트리트를 메인 스트리트로" 가져오는 것이었다. 이것은 무척이나 힘든 일이었고 가히 혁명적인 과업이었다. 무엇보다 그는 증권 브로커들에게 수수료가 아닌 정규 급여를 주었다. 17세기 말 영국 런던의 체인지 앨리에 있는 커피하우스에서 "주식 업자들"이 처음 거래를 시작한 이래, 증권 브로커들은 고객들로 하여금 더 많이 거래하도록 "유도해" 두둑한 보수를 챙겨왔다.

메릴은 투자 대중들에게 자기 회사에서 일하는 증권 브로커들은 경쟁사 증권 브로커들처럼 수수료에 굶주린 늑대가 아님을 알리고자 했다. 또 고정 급여를 받는 증권 브로커들 역시 고객의 자산을 수탁자로서의 책임을 다해 객관적이고 사심 없이 대할 것이었다. 메릴은 다른 증권회사들이 고객들에게 물리는 각종 수수료를 없앴고 거래 비용도 최소화했다. 오늘날 수준과 비교하면 높은 편이지만 어쨌든 메릴린치 고객들의 거래수수료율은 다른 증권회사에서 큰손 고객들에게 적용하는 수준이었다. 메릴린치의 증권 브로커들은 특정 주식에 회사가 어떤 이해관계를 갖고 있는지 늘 공개했다. 이건 법적으로 강제된 것도 아니고 다른 어느 산업에서도 볼 수 없는 일이다. 고객들에게 몰래 제공했던 비밀정보는 사라지고 애널리스트의 리서치 자료가 그 자리를 대신했다.

찰스 메릴의 혁명은 성공했다. 그가 세상을 떠난 1956년 메릴린치는 미국 전역에 122개의 사무소와 5800명의 직원, 44만 명의 고객을 거느린 미국 최대의 증권회사로 성장했다. 하지만 메릴은 편히 눈을 감지 못했다.

무엇보다 메릴린치가 주식시장을 투자 대중이 이끌어가는 시장으로 바꾸어놓기는 했지만, 월 스트리트의 나머지 회사들은 여전히 메인스트리트로 넘어오지 않았다. 찰스 메릴은 자신의 말년까지도 증권업계가 이렇게 후진적이라는 사실에 실망했다. 메릴로 하여금 이보다 더 분통터지게 만든 것은 월 스트리트의 나머지 회사들이 고객들을 예전과 똑같이 대했다는 사실이다: 고객을 존중하고, 가장 효과적이고 효율적인 투자상품을 고객들에게 제공하는 것이 아니라 고객을 단지 "수익의 원천"으로 여긴 것이다.

하지만 더욱 실망스러운 일은 그 다음에 벌어졌다. 1968년에 도날드 리건(Donald Regan, 나중에 미국 재무부 장관이 된다)이 메릴린치의 최고경영자로 임명됐다. 주식시장이 한창 달아오른 무렵이었다. 그때도 기술주가 시장을 주도했고, 거래량 역시 당시 기준으로 보면 폭발적이었다. 수수료에 비례해 수입을 올리는 다른 증권 브로커들은 과거와는 비교도 안 될 만큼 엄청난 돈을 챙겼다. 그러나 고정 급여를 받는 메릴린치에는 이런 낙이 없었다. 불만이 터져 나왔고, 취임한 지 얼마 안 된 리건은 다른 증권회사를 따라갈 수밖에 없었다. 결국 메릴린치의 증권 브로커들도 수수료를 기반으로 활동하는 대열에 합류한 것이다.

이로써 찰스 메릴의 유업은 물론 메릴린치의 고객들마저 배신을 당한 셈이 됐다. 리건은 잠시 동안 회사를 구할 수 있었다; 불만은 멈췄고 회사 이익도 다시 좋아졌다. 메릴린치의 거래량은 다른 증권회사들처럼 폭발적으로 증가했다. 하지만 이와 동시에 메릴린치는 고객의 이익을 신성한 신탁처럼 여기던 데서 벗어나 고객을 수수료를 짜내는 현금인출기로 취급하게 된 것이다.

오늘날의 증권회사가 사회적으로 유익한 기업으로서 역할을 한 것은 이게 마지막이었다. 이제 그 역할은 저 유명한 피델리티의 네드 존슨과 뱅가드의 잭 보글에게 넘어갔다. 이들은 보통 투자자들이 저렴한 비용으로 주식시장에 참여할 수 있는 길을 열어준 선봉장이었다. 뮤추얼펀드 산업의 부상에 대한 이야기는 다음 장에서 할 것이다.

증권 브로커의 음흉한 이면

증권산업만큼 아무도 깊이 있게 연구하지 않는 분야도 없을 것이다. 증권 브로커들의 이전 경력이나 그들이 거둔 수익률, 포트폴리오 회전율, 각종 비용 등에 대한 아주 기초적인 데이터조차 존재하지 않는다. 자본시장에 참여하는 투자 대중의 이익을 보호할 책임이 있는 증권거래위원회(SEC)가 증권업계의 이 같은 수익률이나 회전율, 각종 비용에 대해 거의 아무런 정보도 수집하지 않고 있다는 게 놀라울 따름이다. 게다가 증권 브로커들의 훈련이나 지식 수준을 높이는 데도 전혀 관심이 없는 것 같다. 그냥 투자상담사 시험만 통과하면, 손톱관리사 자격증을 딴 사람보다 더 빨리 다른 사람이 평생 동안 모아놓은 재산을 관리하는 일을 시작할 수 있으니 이 얼마나 한심한 일인가?

증권업계는 각종 보수나 수익률, 업계 관행에 대해 입이 무겁기로 유명하다. 이 때문에 간접적인 증거, 즉 증권 브로커의 자격이라든가 이들에게 제공되는 훈련과 인센티브, 대형 증권회사의 문화 등을 살펴볼 수밖에 없다. 하지만 아주 대충만 들여다봐도 왜 이렇게 철저히 비밀을 지키는지 금방 드러난다.

한눈에 봐도 그 이유는 분명해진다. 이미 설명한 것처럼 당신의 투자 수익률은 평균적으로 시장 수익률에서 각종 비용을 뺀 것이다. 당신의 증권 브로커는 이 비용을 그냥 놔두고 싶어할까? 자신의 소득 대부분이 바로 거기서 나오는데, 이 비용을 최대한 늘리고 싶어할 것이라고 굳이 말할 필요가 있을까? 정 확인하고 싶다면 증권 브로커들이 고객에게 무엇을 추천하고 무엇을 추천하지 않는지 살펴보라. 국채를 추천하는 경우는 아주 드물다. 수수료가 그야말로 아주 적기 때문이다. 판매수수료가 없는 펀드를 추천하는 증권 브로커도 거의 못 봤을 것이다.

그런가 하면 당신의 증권 브로커가 어떻게 추천종목을 내놓는지 궁금해 했던 적이 있을 것이다. 증권 브로커가 아주 신중하게 주식시장 전반과 각 종목 하나하나를 분석하고, 각 기업의 기본적인 재무구조와 업종의 흐름, 마케팅 데이터를 꼼꼼히 조사할 것이라고 생각한다면 그건 큰 오산이다. 절대 그렇지 않다. 대개의 증권 브로커들은 금융전문가가 아니라 영업직원이다. 당신이 거래하는 브로커가 추천하는 종목은 그가 일하는 증권회사에서 사내 통신망을 통해 전 지점과 본점에 알려주는 것이다. 하루에도 몇 번씩 증권회사의 업종별 애널리스트와 시장전략가들이 전국에서 일하는 수천 명의 자기회사 브로커들에게 자신의 분석 결과를 알려준다. 그러면 그날 오후나 며칠 뒤에 당신은 브로커로부터 "따끈따끈한" 정보를 얻는 것이다.

문제는 소액 투자자인 당신이 바로 이 정보 유통 라인의 맨 마지막에 있다는 것이다. 연기금이나 뮤추얼펀드 같은 대형 기관투자가들이 당신보다 훨씬 먼저 뉴스를 손에 쥔다. 증권 브로커가 당신에게 전화를 걸어 추천종목을 알려줄 때는 이미 주가가 오른 다음이다. 이런 식의 포커판이라면 당신은 "곰바우"밖에 안 되는 것이다. 그렇다고 당신만 속는 것은 아니다. 애널리스트의 추천 자체가 이미 여러 번 손을 탔기 때문이다. 증권업계의 주식 애널리스트들이 활동하는 세계는 아주 좁은 곳이다. 그 중심에는 자기회사의 재무정보를 애널리스트들에게 넘겨주는 기업 임원이 있다. 모든 애널리스트들이 정보를 얻는 소스가 똑같을 뿐만 아니라 해당 기업에 잘 보이지 않으면 정보를 제대로 얻을 수 없는 묘한 구조다.

만약 어느 애널리스트가 담당 기업에 너무 비판적이면 결정적인 정보를 놓칠 수 있다. 애널리스트 입장에서는 치명적인 것이다. 따라서 애널리스트가 처음 작성해 사내 통신망을 통해 전달한 것을 브로커가 다시 당신에게 추천종목이라고 알려준 내용은 이미 상당히 탈색됐을 가능성이 높다.

애널리스트에서 브로커를 거쳐 당신에게 흘러가는 정보의 흐름에는 또 한 가지 결정적인 왜곡의 소지가 있다. 증권회사에는 새로 발행되는 신주 및 채권을 인수하는 투자은행 부서가 있는데, 이곳은 수익성이 매우 높아 황금알을 낳는 거위 대접을 받는다. 새로이 발행되는 신주와 채권의 경우 수요가 적어 잘 안 팔리는 경우가 가끔 있다. 공공연한 비밀이지만 이런 경우 증권회사의 애널리스트들은 자기가 담당하는 기업과 결탁해 브로커들에게 이 기업을 추천종목으로 소개하도록 하고, 고객들은 이 추천종목을 매수하는 일이 벌어진다.

그래서 애널리스트들은 자기회사에서 신주나 채권을 인수하는 기업의 주식을 추천할 때 엄청난 압박을 받는다. 애널리스트들은 종종 자신이 담당하는 기업에 대해 부정적인 의견을 내놓기도 하는데, 그럴 때는 "시장 수익률 하회" "보유" 같은 용어를 쓴다. 혹시라도 나중에 신주나 채권을 인수할 고객 기업에게 나쁜 인상을 줄 수 있는 "매도" 의견은 거의 내지 않는다. 추천의견으로 "보유"가 나오면 그게 가장 나쁜 것이라고 보면 된다.

이런 복잡미묘한 관계가 있기 때문에 당신은 증권 브로커가 전해주는 추천종목을 믿을 수 없다. 그렇다면 브로커에게 추천종목을 알려주는 애널리스트는 자신의 매수 추천종목을 믿는 것일까? 아니면 단지 투자은행 부서가 인수 업무를 따낸 기업에 잘 보이기 위해 그럴듯하게 꾸미기만 한 것일까? 혹은 애널리스트가 보기에 매도해야 할 종목이지만 투자은행 부서의 고객이라 섣불리 의견을 내지 못하는 종목이 있는 것일까? 이런 문제들은 몇 해 전 닷컴 광기가 최고조에 달했을 무렵 아주 뜨거운 논쟁을 불러일으켰다. 이 무렵 투자은행들은 인수 업무만 따내면 벌어들일 수 있는 막대한 이익에 정신이 팔려 증권회사 개인 고객의 이익은 아예 무시해버렸다. 투자자들은 대형 증권회사의 유명 기술주 애널리스트가 내놓은 추천종목들이 고객의 이익을 위해서가 아니라 인수 업무를 따내기 위한 것이었다는 사실을 한참 뒤에야 알아차렸다.

이런 식의 잘못된 유인이 도처에 있다 보니 증권업계의 시스템 자체가 왜곡돼 있는 것은 어쩌면 당연할지도 모른다. 내부에서 바라보면 증권중개 사업의 수입은 거의 전적으로 과도한 거래와 거기서 비롯되는 보수 및 스프레드(호가차이)에서 나온다. 증권중개 사업의 가장 놀라운 점은 브로커들이 자기 고객의 투자 수익을 올려줄 방법을 생각하는 것은 차치하고라도 수익률 자체를 아예 계산해보지 않는다는 것이다. 최근 몇 년 사이 이들의 접근방식이 약간 변하고 있는 것도 사실이다. 거래수수료를 포함한 포트폴리오 운용비용을 전부 하나의 보수로 묶은 "랩 어카운드(wrap accounts)"가 인기를 끌고 있는 것이나, 일정 수수료를 내면 무제한 거래할 수 있게 해주는 것 역시 새로운 혁신이라고 할 수 있다. 하지만 결국 대부분의 증권회사가 고수하는 것은 "2% 원칙"이다. 어떤 식으로든 고객의 자산 가운데 2%를 거래수수료와 각종 보수로 받는다는 것이다.

내 경험에 비춰보면 2%는 사실 아주 적은 것이다. 연 5%까지 빠져나가는 경우를 심심치 않게 발견할 수 있다. 혹시 2%가 그렇게 많지 않다고 생각할지도 모르겠다. 만약 앞으로 당신의 포트폴리오가 거둘 실질 수익률이 연 4%라면 증권회사에 2%를 떼주고 나머지 2%만 당신이 가져간다는 말이다. 이렇게 30년이 지나간다고 생각하면 원래 당신 돈이어야 할 1달러가 55센트밖에 남지 않게 된다.

증권 브로커들은 이렇게 항변할 것이다. 이게 모두 장기적으로는 고객을 위한 것이니 고객들은 자신들을 떠나가서는 안 된다고 말이다. 하지만 이건 사실이 아니다. 안타깝게도 증권 브로커가 고객을 정직하게 대할 경우 10년간 벌 수 있는 수입보다 딱 1년만 각종 수수료와 보수를 챙겼을 때 벌 수 있는 수입이 더 많다. 잘못된 길로 접어들고 싶은 유혹에 넘어갈 수밖에 없는 것이다.

이번 장에서 전하고자 하는 메시지는 분명하다: 어떤 상황에서도 증권회사에 "모든 일"을 맡겨서는 안 된다. 하지만 유감스럽게도 이게 말처럼 쉽지 않다. 당신이 거래하는 증권 브로커가 이웃일수도 있고, 모임을 함께 하는 사람일 수도 있고, 어쩌면 가족일지도 모른다. 더구나 거래하다 보면 결국 친구가 된다. 당신의 경제적 생존을 위해 꼭 필요한 일이기는 하지만 어쨌든 일로 맺은 관계를 끊어버린다는 것은 상당히 고통스러운 과정이다.

이 책을 처음부터 끝까지 다 읽고 나면 외부의 도움 없이도 스스로 돈을 관리할 수 있을 것이다. 하지만 꼭 투자자문가를 두어야겠다면 이 점을 명심하라. 그 사람은 자문의 대가로 당신이 지급하는 보수를 직접 받아야지 펀드 같은 투자상품의 판매수수료 식으로 보수를 챙겨서는 안 된다. 그 이유는 간단하다: 증권 브로커든 투자자문가든 자기가 투자 방법을 결정하는 데 따라 보수를 받는 사람이라면 절대로 당신 재산 근처에는 얼씬거리게 해서는 안 되기 때문이다.

뮤추얼펀드도 우리 편은 아니다
Neither Is Your Mutual Fund

투자 비즈니스의 첫 번째 축인 증권업계가 얼마나 믿을 수 없는 곳인지 충분히 이해했을 것이다. 투자 비즈니스의 두 번째 축인 뮤추얼펀드 업계는 상대하기가 이보다는 훨씬 수월한 곳이다. 증권회사와는 달리 뮤추얼펀드 회사에게는 당신이 한 푼의 돈도 주지 않을 수 있으니 말이다. 물론 여기에도 함정이 곳곳에 도사리고 있지만 쉽게 발견할 수 있는 데다 피하기도 한결 용이하다.

로드 펀드와 노로드 펀드

앞서 살펴본 것처럼 뮤추얼펀드는 상당히 많은 종류의 주식과 채권에 분산 투자한 포트폴리오를 소액 투자자들도 가질 수 있도록 고안된 투자상품이다. 뮤추얼펀드는 1920년대에 처음 등장해 당시 금융 지형을 바꿔놓았다. 하지만 초창기의 과도한 열기와 불완전한 규정으로 인해 「1940년 투자회사법(Investment Company Act of 1940)」이 제정되기에 이르렀고, 그 결과 현대적인 "개방형(open-end)" 뮤추얼펀드가 탄생했다. 개방형 뮤추얼펀드는 투자자들이 언제든 추가로 돈을 불입하거나 환매할 수 있는 반면, 1920년대의 투자신탁처럼 주식시장에 상장돼 거래되는 "폐쇄형(closed-end)" 뮤추얼펀드는 추가 불입이나 환매가 쉽지 않다. 개방형 뮤추얼펀드는 이처럼 폐쇄형이 갖고 있던 문제의 소지를 많이 없애기는 했지만 그렇다고 완벽한 형태는 아니다.

뮤추얼펀드 투자자가 가장 먼저 피해야 할 함정은 판매수수료가 있는 로드 펀드(load fund)다. 이런 펀드는 대개 증권 브로커나 보험설계사가 판매하는데, 이들은 펀드 판매에 따른 수수료를 받는 데다 펀드 투자자가 낸 돈의 일정 부분을 이런저런 보수로 챙기는 경우가 많다. 판매수수료에는 선취형(펀드 투자 시점에 판매수수료를 떼는 "클래스 A")과 환매후취형(일정 기간 이전에 펀드를 환매할 경우 환매수수료를 떼는 "클래스 B")을 비롯해 여러 형태가 있다.

그러면 판매수수료의 대가로 무엇을 얻을 수 있는가? 아무것도 없다. 표 10-1은 9가지 펀드 유형에 걸쳐 판매수수료가 있는 로드 펀드와 판매수수료가 없는 노로드 펀드(no-load fund)의 10년간 수익률을 나타낸 것이다. 로드 펀드의 평균 수익률이 노로드 펀드에 비해 연 0.48%포인트 낮다. 이 차이는 대부분 펀드 비용에 가산되는 12b-1 보수 때문이다. 그러면 12b-1 보수는 무엇인가? 광고선전비로 비용의 일정 부분을 추가 지출해도 증권거래위원회(SEC)가 인정해주는 것이다.

표 10-1 로드 펀드와 노로드 펀드의 10년간 수익률 및 보수
(1991년 4월~2001년 3월)

유형	연평균 수익률	보수	연평균 수익률	보수	12b-1
대형 성장주	14.30%	0.98%	13.33%	1.70%	0.64%
대형주 혼합	14.07%	0.83%	13.58%	1.65%	0.63%
대형 가치주	13.98%	0.96%	13.66%	1.64%	0.63%
중형 성장주	14.21%	1.06%	13.53%	1.82%	0.67%
중형주 혼합	13.76%	1.09%	12.83%	1.72%	0.66%
중형 가치주	14.36%	1.12%	15.09%	1.84%	0.66%
소형 성장주	−4.67%	1.17%	11.86%	1.92%	0.66%
소형주 혼합	13.07%	1.07%	12.96%	1.84%	0.62%
소형 가치주	13.48%	1.17%	16.14%	1.82%	0.58%
평균	**13.95%**	**0.98%**	**13.47%**	**1.72%**	**0.58%**
	노로드펀드		로드 펀드		

이론적으로는 광고를 해서 펀드 자산이 늘어나면 규모의 경제 덕분에 펀드 투자자들 각자가 부담하는 전체 보수는 적어질 것이다. 그런데 표 10-1에서 볼 수 있듯이 이건 웃기는 얘기다. 로드 펀드의 비용에서 12b-1 보수를 차감해도 로드 펀드의 비용은 여전히 노로드 펀드보다 많다.

이보다 더 심각한 사실은 표 10-1에 나와있는 로드 펀드의 비용과 수익률에는 로드, 즉 판매수수료가 빠져있다는 점이다. 전형적인 로드 펀드의 판매수수료는 약 4.75%다. 이를 10년간 비용으로 나누면 매년 0.46%의 수익률 손실을 감수해야 한다는 말이 된다.

그러면 누가 이런 허접쓰레기를 살까? 무지한 투자자들이다. 그러면 누가 이런 허접쓰레기를 팔까? 증권 브로커와 투자자문가, 보험설

계사들이다. 합법적인가? 그렇다. 하지만 문제가 많다.

　로드 펀드와 가까운 친척 뻘 되는 게 연금보험이다. 이 연금보험은 보험회사에서 판매하고 보험상품으로 설계돼 있다. 로드 펀드처럼 대부분의 연금보험이 높은 판매수수료와 각종 보험료를 받아가는데, 이런 비용은 로드 펀드보다도 더 많은 게 보통이다. 이런 보험상품은 사실 사는 게 아니라 파는 것이다. 투자자들이 누리는 유일한 이점은 원금을 회수하기 전까지의 세제 혜택인데, 실은 이것도 각종 보수를 합친 금액과 비교하면 미미한 수준이다. 설상가상으로 연금보험의 주 판매대상은 주로 퇴직 연기금이기 때문에 이런 세제 혜택도 사실 아무런 실익이 없다. 캠퍼 애뉴어티즈 앤 라이프(Kemper Annuities & Life)에서 최근 투자자문가들을 상대로 〈파이낸셜 플래닝Financial Planning〉이라는 잡지에 낸 광고를 보자:

　이 순간에도 연금은 계속 지급되고 있습니다. 그리고
　또 지급되고
　또 지급되고
　또 지급되고
　또 지급되고
　또 지급되고……

　이 광고는 자사의 연금보험이 판매자에게 선취 판매수수료로 최초 납입금의 4%를 지급하고, "계속" 보수로 매년 추가 납입금의 1%를 준다고 이야기한다. 한마디로 잡지의 주 독자층인 노련한 투자자문가들에게 "계속해서 수입을 올릴 수 있는 더 멋진 연금보험을 팔아보라"고독려하고 있는 셈이다.

판매자에게 돌아가는 보수는 정말 대단하다. 그러나 이 멋진 연금보험을 산 사람은 처음에 4%의 판매수수료를 내야하고, 계속해서 매년 1%의 "계속" 보수를 지불해야 한다. 나는 분명하게 말하고 싶다: 뮤추얼펀드든 연금보험이든 거기에 붙는 판매수수료와 각종 보수를 확실히 파악하라. 12b-1 보수를 포함해 어떤 명목으로든 따로 보수를 챙기지 않는 진짜 노로드 펀드만 사라. 미국에서 현재 노로드 펀드를 취급하는 메이저 회사로는 피델리티와 뱅가드, 야누스(Janus), T. 로우 프라이스, 아메리칸 센추리(American Century), 인베스코(Invesco) 등이 있다.

햇볕으로 나왔지만 숲이 그리 멀지 않다

일단 로드 펀드와 연금보험이라는 함정을 피했다면 거의 무사히 빠져나온 셈이다. 뮤추얼펀드 업계와 증권업계를 구분 짓는 가장 뚜렷한 차이는 얼마나 많은 햇빛이 비추느냐는 점이다. 펀드업계의 투명성은 매우 고무적이다. 아침에 신문을 펼쳐 들면 수천 가지 주식형 펀드와 채권형 펀드의 수익률을 한눈에 비교할 수 있다. 조금만 시간을 더 들이면 각각의 펀드가 부과하는 비용이 얼마나 되는지 자세히 알 수 있다. 반면 당신이 거래하는 증권회사에 전화를 걸어 그 회사의 브로커들이 올리는 수익률과 각종 보수를 알려달라고 해보자. 저쪽에서 조용히 웃으면서 "너나 잘 하세요"라고 대답한다면 당신은 운이 좋은 편일 것이다.

이처럼 정보를 쉽게 구할 수 있다는 점은 펀드회사와 당신의 이해관계가 매우 밀접하게 우호적으로 연결돼 있음을 의미한다. 펀드 수익률 정보를 어디서나 구할 수 있기 때문에 펀드 투자자들은 단기적인 펀드 수익률은 물론 중기적인 수익률에도 무척 민감하다. 펀드업계도 증권업계와는 달리 투자 수익률에 말할 수 없을 정도로 신경을 쓴다.

하지만 당신과 당신이 돈을 맡긴 펀드회사는 여전히 한배를 탄 운명은 아니다. 양측의 이해관계가 확연히 구분되고 벌어지는 영역은 바로 운용 보수다. 그림 10-1을 보면 이해가 더 빠를 것이다. 이 그림은 미국의 2404개 대형주 펀드의 2000년도 수익률을 나타낸 것이다. 펀드 수익률이 천차만별이라는 점에 주목하기 바란다. 310개 펀드는 수익률이 20%를 넘은 반면 223개 펀드는 10%이상 손실을 기록했다. 이처럼 펀드 수익률이 워낙 크게 차이 나다 보니 펀드회사가 0.5%쯤 되

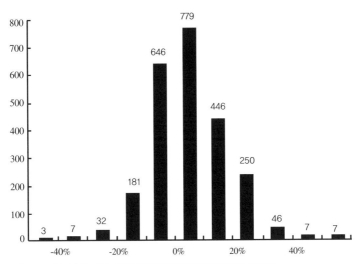

그림 10-1 2044개 미국 대형주 뮤추얼펀드의 2000년도 수익률

는 보수를 더 가져가도 투자자들이 개의치 않는 것이다.

　펀드회사들도 이 점을 아주 잘 이해하고 있다: "알다시피 우리가 작년에는 꽤 높은 수익률을 올렸잖아. 우리가 운용 보수를 약간 더 가져간다고 해서 투자자들이 뭐라고 하진 않을 거야. 그러니 어때?" 이렇게 운용 보수는 계속 올라간다: 1981년부터 1997년 사이 주식형 펀드의 평균 비용은 운용 자산의 0.97%에서 1.55%로 높아졌다. 여기에는 비효율적으로 운영되는 펀드나 규모가 아주 작은 소액 펀드가 포함됐다는 점에서 이 수치는 약간 과장됐을 수도 있지만, 어쨌든 운용 보수가 계속해서 늘어나고 있는 건 분명한 사실이다. 지난 10년간 운용 자산이 폭발적으로 증가했으므로 규모의 경제를 감안하면 운용 보수도 줄어야 하는 게 자명한 이치다. 그런데도 운용 보수가 계속 늘어나고 있다는 건 참으로 어처구니없는 일이 아닐 수 없다.

간판 펀드 내세우기

현재 6000억 달러가 넘는 자산을 운용하고 있는 피델리티 인베스트먼츠를 살펴보자. 피델리티에게 2000년은 썩 좋지 않은 해였다. 피델리티가 운용하는 주식형 펀드 가운데 단 하나도 20%이상 수익률을 거둔 310개 대형주 펀드에 들지 못했다. 더구나 피델리티의 대형주 펀드 72개 중 플러스 수익률을 거둔 건 22개에 불과했다. 그나마 최고 성적을 거둔 게 배당 성장주 펀드로 12.25%의 수익률을 기록했다. 특별히 내세울 것은 없지만 그래도 전체 대형주 펀드의 평균 수익률 –6%보다는 좋았다는 점을 위안으로 삼아야 했다.

그러면 이런 부진한 실적을 낸 2000년에 피델리티는 어떻게 했을까? 배당 성장주 펀드를 대대적으로 선전했다. 대개의 펀드 투자자들은 과거 수익률이 계속 이어지지 않는다는 점을 알지 못하므로 광고만 보고 이 펀드에 투자한다. 물론 운용 보수가 얼마인지도 모른 채 말이다. 어쨌든 2000년만 놓고 보면 대형주 펀드 평균치보다 18%포인트나 높은 수익률을 기록했는데, 비용을 약간 더 부담한다고 해서 무슨 대수란 말인가?

피델리티 내부에서는 이런 전술을 "간판 펀드 내세우기(gunning the fund)"라고 부른다. 이런 전술을 처음 선보인 것은 20년 전이지만 당시의 사례는 지금까지도 회자되고 있다. 2000년과는 달리 1982년과 1983년은 피델리티에게 괜찮은 해였다. 갓 서른이 된 펀드매니저 마이클 카센(Michael Kassen)에게는 특히나 그랬다. 그가 운용하는 유망 기술주 펀드는 1983년 6월까지 1년간 수익률이 무려 162%에 달했다. 피델리티의 최고경영자로, 나서기 싫어하는 성격이었던 네드 존슨 3세는 사실 이 무렵까지도 언론을 활용하는 데 소극적이었다. 하지만 참모들의 의견을 좇아 카센으로 하여금 〈머니Money〉의 커버스토리 취재에 협조하도록 했다. 카센은 표지 사진을 찍기 위해 보스턴 시내에서 반바지에 스쿼시 라켓을 들고 몇 시간이나 포즈를 취해야 했다.

스쿼시 라켓을 든 반바지 차림의 카센이 나온 커버스토리의 헤드라인은 멋졌다: "뮤추얼펀드에는 어떻게 투자해야 하는가. 급등장에 투자하는 가장 안전하고 확실한 방법이 여기 있다." 그 다음에 벌어진 일은 피델리티가 꿈꿔왔던 것 이상이었다. 신규 투자자들이 물밀듯이 몰려와 뭉칫돈을 맡기는 바람에 펀드 자산은 불과 몇 주 만에 6억5000

만 달러로 세 배나 불어났다. 당시로서는 엄청난 규모였다.

소름이 돋을 정도였지만 막상 카셴 자신은 흥분을 느낄 여유가 없었다. 카셴으로서는 이렇게 엄청나게 쏟아져 들어오는 막대한 자금을 자신이 집중 투자하는 소규모 기술기업에 도저히 투자할 수가 없었다. 곧 이어 기술주 시장까지 붕괴됐으니 카셴의 펀드에 새로 돈을 맡긴 투자자들은 자본시장이라는 학교에 아주 비싼 수업료를 지불한 셈이 됐다. 신규 자금 유입이 최고조에 달했던 1983년 중반부터 1년 만에 카셴의 펀드는 자산가치가 4분의 1로 쪼그라들었다.

나는 이런 일련의 과정을 "뮤추얼펀드 행복 서열(mutual fund hierarchy of happiness)"이라고 부른다. 피라미드의 꼭대기에는 펀드회사가 있다. 피델리티는 운용자산이 6억5000만 달러에 달하는 유망 기술주 펀드에서 수익률과는 상관없이 1%의 운용 보수와 3%의 선취 판매수수료를 받았다. 펀드매니저의 행복지수는 이보다 약간 낮다: 쏟아져 들어오는 엄청난 현금을 시장의 특정 부분에 투자한다는 것 자체가 불가능한 데다 굳이 그렇게 하려면 만만치 않은 시장 충격 비용을 각오해야 한다. 다행히 펀드매니저의 이런 고민은 꽤 두둑한 연봉과 더불어 새로운 슈퍼스타 펀드매니저의 반열에 올랐으니 그의 보기 드문 "재능"을 다른 데 가서 발휘하겠다는 위협으로 더 높은 연봉까지 요구할 수 있다는 점에서 쉽게 해소된다.

이제 피라미드의 맨 아래가 남았는데 이번에도 역시 펀드 투자자들이다. 수익률을 좇기만 하는 투자자들에게 남는 것이라고는 순식간에 사라져버리는 펀드매니저의 희미한 명성뿐이다. 피델리티의 유망 기술주 펀드가 그 후 어떻게 됐는가는 시사하는 바가 매우 크다. 1983년과 1984년에 거의 10억 달러의 신규 자금이 유입됐지만 곧장 기술주 시장이 곤두박질쳤고, 그 후 6년간 S&P 500 지수보다 매년 평균 20% 포인트나 낮은 수익률을 기록했다. 급기야 1989년에는 펀드 자산이 7100만 달러까지 주저앉았다. 마침내 이 시점부터 펀드 수익률은 다시 좋아지기 시작해 펀드 자산도 불어났고 1998년에는 10억 달러에 도달했다. 그해 유망 기술주 펀드는 S&P 500 지수보다 66%포인트나 높은 수익률을 보였고, 1999년에는 닷컴주 열풍 덕분에 96%포인트의 초과 수익률을 기록했다. 기술주 거품이 꺼진 2000년까지 불과 1년 만에 펀드 자산은 52억 달러로 5배나 늘어났다.

유망 기술주 펀드가 지나온 과정은 펀드 흐름의 본질을 상징적으로 보여준다. 첫째, 대개의 경우 모순적인 지표라는 점이다. 높은 수익률을 보이는 유형의 펀드에는 엄청난 자금이 유입된다. 업계에서는 이를 가리켜 "핫머니(hot money)"라고 부른다: 과거의 높은 수익률에 현혹된 순진한 투자자들이 뭉칫돈을 들고오는 것이다. 이럴 때는 천정이 가까워졌다는 신호인 경우가 많다. 그렇지 않다 하더라도 펀드 수익률은 상당히 떨어질 게 확실하다. 한꺼번에 막대한 자금이 몰려들면 기존의 한정된 기업을 대상으로 투자하기가 어려워지기 때문이다.

둘째, 실은 이게 가장 중요한데 바로 투자자와 펀드회사 간의 이해의 충돌을 여실히 보여준다는 점이다. 마치 증권회사가 고객들로 하여금 가능한 한 많이 거래하도록 하는 것처럼 펀드회사 역시 반드시 달성해야 할 목적이 있다: 펀드의 수익률이 어떻든 최대한 자금을 끌어 모아 규모를 키우는 것이다.

대부분의 펀드 투자자들은 1980년대 유망 기술주 펀드에 무턱대고 뛰어든 투자자들처럼 비쌀 때 사서 쌀 때 파는 "핫머니" 투자자들이다. 네드 존슨의 천재성은 그때그때 시류에 딱 맞는 펀드를 만들어 투자 대중을 끌어들이는 것이다. 만약 아르헨티나와 터키 채권의 수익률이 높다는 얘기를 듣는다면 당신 역시 이머징마켓 채권에 투자하는 펀드에 돈을 맡기고 싶지 않겠는가? 아시아 주식은? 당연히 그럴 것이다. 이동통신회사 주식은? 바이오 기술주는? 아무 문제없다. "우리는 제조기업입니다. 펀드를 만들어내지요." 피델리티의 한 임원이 말한 그대로다.(그런데 피델리티 임직원들 가운데 자신들이 만든 펀드를 보유한 경우는 그리 많지 않을 것이다.)

이 같은 시스템은 단지 성공적으로 자본을 끌어들이는 데 그치지 않는다; 바퀴벌레 퇴치용 끈끈이처럼 한번 돈이 들어오면 절대 나갈 수 없도록 만드는 것이다. 피델리티가 선전한 작년의 간판 펀드에 돈을 맡겼다가 데인 투자자들이 돈을 찾으면 또 다시 네드 존슨이 자랑하는 올해의 간판 펀드에 투자하는 식이다.

마지막으로 꼭 이야기하지 않고 넘어갈 수 없는 게 있는데, 내가 "모닝스타 비인기 펀드 전략"이라고 부르는 것이다. 모닝스타는 스포츠 도시인 시카고에 본사가 있는 데다 직원들도 스포츠 팬이 많아서인지 패자에 대해 상당한 연민을 느끼는 것 같다. 모닝스타에서는 1987년 이래 매년 펀드 자금 흐름을 기준으로 가장 인기가 높은 펀드와 비인기 펀드를 나눠 발표하고 있다. 덧붙여 3년 단위로 가장 인기 있는 펀드 3개와 가장 인기 없는 펀드 3개의 평균 수익률을 조사한다. 그런데 아홉 번 중 여덟 번이나 비인기 펀드가 인기 펀드를 앞질렀고, 아홉 번 중 일곱 번은 비인기 펀드가 전체 펀드의 평균 수익률보다도 좋았다.

또 인기 펀드가 전체 펀드의 평균 수익률에 못 미쳤던 경우가 아홉 번 중 일곱 번이나 됐다. 물론 내가 이것을 무슨 투자 전략으로 추천하는 것은 아니지만, 무조건 수익률을 좇을 경우 어떤 위험이 도사리고 있는지 분명히 보여주는 사례다. 한마디로 "평균 회귀" 성향이 있는 투자상품은 과거의 뛰어난 수익률이 부진한 수익률로 이어지고, 그 역도 성립한다.

투자회사와 마케팅 회사

이제 확실히 알았겠지만 당신과 펀드회사 간의 이해 대립은 당신과 증권회사 간의 관계처럼 직접적이다. 두 경우 모두 당신은 제로섬 게임을 벌이고 있는 것이다. 당신이 펀드회사나 증권회사에 지불한 각종 수수료와 보수는 단 1달러도 당신에게 다시 돌아오지 않는다. 하지만 증권업계는 펀드업계보다 아주 유리한 점이 있다; 증권회사로 흘러들어가는 현금의 강물은 펀드회사가 받는 운용 보수에 비해 숨기기가 훨씬 쉽다. 이런 비유가 적당할 것이다. 맛있는 과자 상자를 애들 방에 숨겨놓으면 부엌에 숨겨놓았을 때보다 훨씬 더 빨리 과자가 없어지는 것과 같은 이치라고 말이다.

　앞서 설명한 것처럼 증권회사의 계좌에서는 평균적으로 매년 2~5%의 과자가 사라지는 반면 펀드회사에 맡겨둔 과자는 이보다는 훨씬 더 적게 없어진다. 펀드회사의 각종 보수는 신문이나 혹은 의무적으로 투자자에게 발송해야 하는 사업보고서를 통해 정기적으로 공개되기 때문에 단 몇 개의 과자라도 함부로 숨길 수 없다.

그러나 이 과자 상자를 가만히 지켜보는 것만으로도 펀드회사가 좀 더 성실한 곳임을 확실히 알 수 있다. 가령 거의 대부분의 대형 펀드회사들이 합리적인 배당을 지향하는 "안정 수익형(equity income)" 펀드를 내놓고 있다. 뱅가드의 안정 수익형 펀드는 보수비용 비율이 0.41%, 피델리티는 0.67%, 스커더(Scudder)는 0.87% 등이다. 또 대규모 해외 성장주 펀드도 판매하고 있는데, 뱅가드가 0.53%, 피델리티가 1.05%, 스커더가 1.12%의 운용 보수를 받는다. 소형 성장주 펀드에서는 뱅가드가 0.42%, 피델리티가 0.80%, 스커더가 1.70%다. 끝으로 귀금속 펀드에서는 뱅가드가 0.77%, 피델리티가 1.41%, 스커더가 1.81%다.

지금 소개한 네 가지 펀드 유형은 세 펀드회사가 공통적으로 판매하고 있는 펀드 가운데 무작위로 뽑은 것이다. 여기서 무엇을 알 수 있는가? 펀드회사들간에는 상당한 문화적 차이가 있다는 것이다. 스커더는 틈만 나면 과자 상자에 손을 집어넣는다. 피델리티는 이보다는 낫지만 그렇게 자제하는 편은 아니다. 뱅가드가 그 중에 가장 나아 보인다.(여기서 소개하지는 않았지만 뱅가드의 인덱스펀드는 보수율이 훨씬 더 낮다. 여기서는 일목요연한 비교를 위해 액티브 펀드의 보수율만 나타낸 것이다.)

그러면 펀드회사들간의 보수비용 차이는 어디에서 비롯된 것일까? 소유구조에 그 원인이 있다. 오늘날 대부분의 펀드회사들은 대형 금융지주회사가 소유하고 있다. 스커더의 경우 도이치 방크(Deutsche Bank)의 자회사가 된 취리히 스커더 인베스트먼츠(Zurich Scudder Investments)의 계열이다. 당연히 펀드회사는 모회사의 수익 창출을 위해 존재한다. 이들의 최우선 목표는 루이 14세가 세무관리들에게 내린 유명한 지시와 똑같다. "거위의 깃털을 최대한 많이 뽑아내되 울음소리는 가장 적게 나오도록 하라." 물론 이 드라마에서 거위 역은 당신이다.

피델리티의 소유구조는 대형 금융회사치고는 상당히 예외적인데, 네드 존슨과 그 일가가 지분 거의 전부를 보유한 개인기업이다. 존슨 일가는 다른 경쟁업체들보다 욕심이 덜한 것 같다; 피델리티의 보수율이 조금이라도 낮으니까 말이다. 그런데 뱅가드의 소유구조는 곧 살펴보겠지만 아주 낮은 보수율이 가능할 수 있게 설계됐다.

저널리스트 제이슨 즈웨이그(Jason Zweig)는 1997년 펀드업계 포럼에서 행한 연설에서 이 문제를 정확히 짚어냈다. 그는 연설을 이렇게 시작했다:

> 지난 2월 두 명의 포트폴리오 매니저, 수잔 자크(Suzanne Zak)와 덕 플랫(Doug Platt)이 미니에폴리스에 본사를 둔 한 펀드회사를 떠났습니다. 수잔 자크는 〈월 스트리트 저널〉에 이런 말을 남겼습니다: "마케팅 기계의 부속품으로 살아가는 대신 이제 다시 기본으로 돌아가야 할 때가 됐다." 자신의 아버지가 창업한 IAI를 그만둔 덕 플랫은 이렇게 덧붙였습니다: "나의 아버지는 20년 전에 은퇴했고, 지금 회사의 소유구조나 목표는 옛날과 완전히 달라졌다. IAI는 기본적으로 투자상품을 파는 마케팅 기업이 돼버렸다."

즈웨이그는 곧 이어 참석자들에게 그들 자신이 투자회사를 운영하는지, 아니면 마케팅 회사를 운영하는지 생각해 보았느냐고 물어봤

다. 즈웨이그에 따르면 그 차이는 꽤 많았다:

- 마케팅 회사는 자사의 가장 수익률 좋은 펀드의 과거 기록을 광고한다. 투자회사는 그렇게 하지 않는다.
- 마케팅 회사는 좋은 투자수단이라서가 아니라 그들이 팔 수 있다는 생각만 들면 새로운 펀드를 내놓는다. 투자회사는 그렇게 하지 않는다.
- 마케팅 회사는 "인큐베이터 펀드들"을 만든 다음 수익률이 좋지 않은 펀드들은 죽여버리고 살아남은 펀드만 선전한다. 투자회사는 그렇게 하지 않는다.
- 투자회사는 고객들에게 시장은 때로 하락할 수 있음을 지속적으로 경고한다. 마케팅 회사는 그렇게 하지 않는다.
- 투자회사는 과도한 충격 비용이 발생하기 시작하면 더 이상 신규 투자자금을 받지 않는다. 마케팅 회사는 그렇게 하지 않는다.
- 투자회사는 펀드 자산 규모가 불어나면 각종 보수와 비용을 재빨리 줄인다. 마케팅 회사는 펀드 자산 규모가 아무리 불어나도 각종 보수를 높은 수준으로 계속 유지한다.

즈웨이그의 정의에 따르면 뮤추얼펀드 회사 가운데 불과 10%정도만이 투자회사다. 나머지는 전부 마케팅 회사다. 판단은 투자자의 몫이다.

존 보글, 무리에서 이탈하다

피델리티의 소유구조가 이례적이라면 뱅가드의 소유구조는 유례가 없는 것이다. 앞에서 소개한 네 가지 뮤추얼펀드 사례는 하나도 틀리지 않는다. 당신이 이름 붙일 수 있는 어떤 자산 유형에서든 뱅가드는 비교 가능한 어느 펀드회사보다 운용 보수가 낮고 때로는 그 격차가 상당히 크다. 왜 그럴까? 찰스 메릴과 네드 존슨에 대해 이야기했으니 이제 진짜로 신화처럼 전해져 오는, 존 보글과 뱅가드 그룹에 관한 이야기를 해보자. 왜 이렇게 거창하게 소개하는가 하면 보글이야말로 "월 스트리트를 메인 스트리트로" 가져오겠다는 메릴의 꿈을 마침내 실현시킨 인물이기 때문이다.

존 보글은 프린스턴 대학교 재학 시절 처음부터 두각을 나타낸 학생은 아니었다. 신입생 때는 정말 엉망이었지만, 4학년이 되면서 투자산업에 대한 그의 통찰력에 교수들이 주목하기 시작했다. 특히 "투자회사의 경제적 역할(Economic Role of the Investment Company)"이라는 제목의 졸업논문 주제는 결코 우연의 산물이 아니었다.(보글은 1949년 〈포춘Fortune〉에 실린 뮤추얼펀드에 관한 기사가 자극제가 됐다고 말한다.) 그의 졸업논문은 1951년 당시 이제 막 개화하려는 뮤추얼펀드 산업의 한 단면을 그려냈다는 점보다는 오히려 그의 운명을 예견했다는 점에서 더 큰 의미가 있다. 그는 프린스턴을 우수한 성적으로 졸업한 뒤 투자업계를 휘젓기 시작한다.

당시 몇 곳에 불과했던 펀드회사 가운데 하나였던 웰링턴 매니지먼트 컴퍼니(Wellington Management Company)의 월터 모건(Walter Morgan)이 이 기고만장한 젊은이를 채용했다. 보글은 그야말로 야망이 넘치는 젊은이였다. 자신의 열정을 마음껏 펼쳐 보이기에는 뮤추얼펀드 산업의 규모가 너무 작다고 생각했을 정도다. 하지만 걱정할 필요는 없었다. 투자 비즈니스가 어떠해야 하는지 자신의 비전을 스스로 개척해나가는 과정에서 그는 투자 대중의 눈높이를 몇 계단 올려놓았기 때문이다.

보글은 웰링턴에서 빠르게 승진해 10년 만에 모건의 후계자 자리에 오른다. 그러나 1960년대 중반 "고고 시대"의 흥분에 휩싸여 있던 그는 "자기" 회사라고 생각했던 웰링턴에서 쫓겨나게 된다.

하지만 웰링턴이 그를 쫓아낸 것은 실수였다. 정글과도 같은 펀드 세계의 규칙을 보글만큼 잘 아는 경영자는 없었다. 무엇보다 「1940년 투자회사법」에서는 펀드의 운영권을 투자자문 서비스회사가 가질 수 없도록 했는데, 이에 따라 웰링턴 매니지먼트는 펀드를 직접 운용할 수 없었다. 우연이었는지 당시 웰링턴 산하 펀드의 임원 가운데 웰링턴 매니지먼트 임직원은 몇 명 안 됐다. 몇 달에 걸친 논란 끝에 웰링턴 펀드는 웰링턴 매니지먼트에서 독립하기로 결정했고, 1974년 9월 24일 보글이 새로운 회사의 최고경영자를 맡으면서 뱅가드가 탄생하게 된다. 이제 자신의 꿈을 마음껏 펼칠 수 있게 된 보글은 곧장 위대한 투자회사의 낙원을 만들어가기 시작했다.

새로운 회사가 처음으로 수행한 과업을 보면 보글의 천재성을 알 수 있다. 그는 지금까지 투자업계에서 누구도 본 적이 없는 독특한 소유구조를 만들어냄으로써 혁명을 선도했다. 여기에는 펀드와 관련된 업무, 즉 펀드 투자자의 입출금 및 회계를 전담하는 서비스 회사의 설립과 펀드가 펀드회사를 소유한다는 획기적인 개념이 포함됐다. 뱅가드는 펀드가 독점적으로 소유한 서비스 회사고, 펀드는 당연히 투자자들의 소유이므로 펀드 투자자들은 뱅가드의 소유자이기도 했다. 그런 의미에서 뱅가드는 펀드 투자자들이 주인인, 최초이자 유일한 진짜 "뮤추얼" 펀드회사가 된 것이다. 펀드 투자자들이 뱅가드의 소유자다 보니 다른 투자회사들처럼 투자자들로부터 억지로 각종 보수나 수수료를 짜낼 필요가 없었다. 이 시스템에서 관심을 갖는 것은 오로지 비용을 낮추는 것뿐이었다.

어쨌든 이런 독특한 구조는 민간기업에서 매우 보기 드문 형태인데, "상호(뮤추얼)" 보험회사의 경우 대부분 보험계약자가 회사를 소유한다. 그러나 이런 소유구조는 기존의 보험계약자가 회사 주식을 받음으로써 점차 사라지고 있다. 또 교직원 퇴직펀드인 TIAA-CREF는 일반인을 상대로도 뮤추얼펀드를 운용하고 있는데, 뱅가드처럼 펀드 투자자의 소유 형태는 아니지만 비영리기관으로서 뱅가드 수준의 낮은 보수를 받고 있다.

마침내 1976년에 개인투자자를 대상으로 한 인덱스펀드가 처음으로 나왔다. 보글은 이미 액티브 펀드의 실패 사례를 여러 소스를 통해 익히 알고 있었다: 제3장에서 소개한 마이클 젠센의 연구와 저명한 경제학자인 폴 새뮤얼슨(Paul Samuelson)과 찰스 엘리스의 논문, 또 자신이 뼈저리게 겪었던 웰링턴에서의 경험을 통해서였다.(아이러니하게도 새뮤얼슨의 경제원론은 보글이 대학 신입생 시절 고전했던 과목이다. 그가 만약 이 과목에서 학점이 조금만 더 나쁘게 나왔더라면 장학금 수혜대상에서 제외돼 학교를 그만둬야 했을 것이다. 그랬다면 뱅가드 그룹 역시 빛을 보지 못했을 것이다.)

보글은 대형 뮤추얼펀드들의 평균 수익률을 계산해봤다: S&P 500 지수보다 연평균 1.5%포인트나 낮았다. "그래 이거야! 현장이 이론을 뒷받침해주잖아." 그가 이끄는 새로운 회사는 투자자들에게 시장 수익률을 제공하되, 투자자들이 내는 비용은 최소화할 것이었다. 보글은 몇 해 전 웰스 파고가 기관투자가 고객들에게만 판매했던 인덱스펀드와 똑같은 상품을 개인투자자들에게 팔기로 했다. 비용은 아주 적어 당시 기준으로 봐도 무척 낮은 0.46%에 불과했다.

판매 보수 문제를 짚고 넘어가지 않을 수 없다. 보글은 인덱스펀드의 경우 판매 보수가 군이 필요하지 않은 데다 각종 비용도 최대한 낮출 수 있다고 생각해 그의 펀드를 전부 "노로드" 펀드로 만들었다. 당시 최고 8.50%까지 받았던 판매수수료를 아예 없애버린 것이다. 물론 보글이 최초는 아니었다: 아이러니하게도 앞서 소개했던 스커더를 비롯해 여러 펀드회사들이 이미 노로드 펀드를 선보이고 있었다.

보글이 내놓은 잇단 조치는 그 시절 미친 짓이나 다름없었다. 많은 사람들은 그가 제정신이 아니라고 생각했고 그의 회사도 조만간 무너질 것이라고 내다봤다.

어쨌든 보글은 웰링턴을 떠난 지 2년도 채 되지 않아 새로운 회사에서 투자의 세계를 영원히 변화시킬 세 가지 획기적인 장치를 마련했다: 뮤추얼펀드의 소유구조와 시장 지수를 추종하는 인덱스펀드, 판매수수료를 없앤 펀드 영업 시스템이 그것이다.

뱅가드는 비록 처음 10년간은 대단한 돌풍을 일으키지 못했지만 투자자들이 뱅가드의 낮은 보수율과 안정적인 수익률을 알게 되면서 꾸준히 성장해나갔다. 게다가 일단 펀드 규모가 커지기 시작하자 지속적인 선순환 과정을 만들어냈다: 불어난 자산 덕분에 펀드 투자자들은 규모의 경제 효과는 물론 비용 절감과 이에 따른 추가적인 수익성 제고 같은 혜택을 한껏 누릴 수 있었고, 그 결과 신규 자금이 유입돼 펀드 자산이 더욱 늘어난 것이다. 1983년에 뱅가드 S&P 500 인덱스 트러스트 펀드의 비용은 자산의 0.30%로 떨어졌고, 1992년에는 0.20% 밑으로까지 내려왔다.

재미있는 사실은 뱅가드의 특장점이 투자 대중들에게 처음으로 각인된 것은 채권형 펀드였다는 점이다. 여기에는 두 가지 이유가 있다. 첫째, 뱅가드 S&P 500 인덱스 트러스트 펀드는 거의 최악의 시점인 1970년대 말에 출시됐는데, 이때는 소형주 수익률이 대형주를 압도할 때였다. 던의 법칙에서 설명하고 있듯이, 특정 자산 유형을 대상으로 한 인덱스의 운명은 다른 자산 유형과 비교한 이 자산의 상대적 수익률에 따라 결정된다. 다시 말해 대형주가 상대적으로 부진한 수익률을 올리게 되면 대형주를 대상으로 한 인덱스 역시 형편없게 된다. 이런 이유로 뱅가드의 첫 번째 인덱스펀드는 출시 후 처음 2년 동안 전체 주식형 펀드 가운데 바닥권을 맴돌았고, 6년이나 더 지난 뒤에야 비로소 상위 25% 안에 들 수 있었다.(그 이후에는 줄곧 그 자리를 지키고 있다.)

둘째, 그림 3-1, 3-2, 10-1에서 볼 수 있듯이 주식형 펀드의 수익률 격차는 상당히 크다. 펀드매니저가 거둔 한두 해의 수익률을 비교할 때 0.50%포인트정도의 비용 절약은 금방 무시해버릴 수 있다. 그런데 채권형 펀드는 그렇지 않다. 국채의 경우 특히 더 하다. 장기 국채나 GNMA(모기지) 채권에 투자하는 펀드는 포트폴리오 구성이 똑같다. 그런데 뱅가드의 GNMA 펀드는 비용이 0.28%인 반면 경쟁사의 펀드는 평균 1.08%에 달했다.

채권형 펀드에서는 0.80%포인트의 비용 차이면 도저히 따라잡을 수 없는 천문학적인 격차다. 아마도 투자의 신이 있어서 직접 GNMA 채권으로 포트폴리오를 구성한다 해도 GNMA 시장 평균 수익률을 0.80%포인트나 앞서지는 못할 것이다. 당연히 뱅가드의 GNMA 펀드는 2001년 4월까지 10년간 수익률 조사가 가능한 36개 모기지 채권 펀드 가운데 1위에 올라있다. 뱅가드의 국채 펀드 역시 전체 국채 펀드들 가운데 단연 1위로, 자산 규모는 2위 펀드의 두 배가 넘는다.

사실 처음에는 뱅가드의 도전을 많은 사람들이 비웃었고, 여기에 뱅가드 S&P 500 인덱스 트러스트 펀드의 초창기 수익률 부진까지 겹쳤다. 하지만 입소문이 퍼지고, 뱅가드 투자자들의 만족도가 높아지고, 무엇보다 운용자산 규모가 커지면서 더 이상 누구도 뱅가드를 무시할 수 없게 됐다. 1991년에는 피델리티도 어쩔 수 없이 비용을 낮춘 인덱스펀드를 내놓았고, 찰스 슈왑(Charles Schwab)도 뒤따랐다. 현재 미국에는 잠시 후 설명할 신종 상장지수펀드(ETF, Exchange Traded Fund)를 제외하고도 300개가 넘는 인덱스펀드가 출시돼 있다.

물론 인덱스펀드를 내놓는 펀드회사들이 전부 보글과 같은 사명감을 갖고 있는 것은 아니다. 인덱스펀드의 20%는 최고 6%의 판매수수료를 부과하고 있고, 30%는 매년 최고 1%의 12b-1 마케팅 보수를 받고 있다. 인덱스펀드 투자자에게 이런 비용을 내라고 하는 것은 펀드업계의 치부를 드러내는 비열한 짓이 아닐 수 없다.

최근 ETF가 폭발적으로 늘어나면서 인덱스펀드의 지형도 바뀌고 있다. ETF는 뮤추얼펀드와 매우 유사하지만 1920년대의 투자신탁이나 오늘날의 폐쇄형 펀드처럼 주식시장에 상장돼 거래된다는 점이 다르다.

ETF의 장단점은 그리 중요한 문젯거리가 아니다. 장점이라면 ETF는 개별 펀드 투자자들에게 일일이 서비스할 필요가 없으므로 기존의 개방형 뮤추얼펀드에 비해 운용비용이 훨씬 더 적게 들 수 있다. 또 기존의 뮤추얼펀드가 하루에 한 번 오후 늦게 가격이 결정되는 데 반해 ETF는 주식시장에서 거래되므로 실시간으로 가격이 변동한다. 단점으로는 다른 주식들처럼 ETF를 거래할 때도 거래수수료와 스프레드를 부담해야 한다는 게 있다. 거래량이 아주 적은 ETF의 경우 이 문제는 좀 심각해질 수 있는데, 거래량이 적으면 스프레드가 커지고 소규모 주문에도 높은 충격 비용을 부담해야 한다. 이렇게 되면 수익률을 떨어뜨릴 수밖에 없다.

그러나 ETF의 앞날은 아주 밝다. ETF를 둘러싼 환경은 빠르게 진화하고 있고, 이 책을 읽고 있는 순간에도 아마 결정적인 변화가 이루어지고 있을 것이다. 이제 순전히 ETF만 갖고도 글로벌 포트폴리오를 균형 있게 구축할 수 있을 정도다. 하지만 적어도 현 시점에서는 기존의 개방형 인덱스펀드가 더 유리하다는 게 내 판단이다.

제10장 요약

1. 뮤추얼펀드든 연금보험이든 절대로, 무슨 일이 있더라도 판매수수료를 지불하지 말라. 또한 매년 떼가는 뮤추얼펀드의 12b-1 보수나 과도한 연금보험 보수도 부담하지 말라.
2. 액티브 펀드매니저의 과거 수익률을 좇지 말라. 과거 수익률은 펀드

매니저의 미래 수익률을 알려주지 못할 뿐만 아니라, 오히려 뛰어난 수익률로 인해 갑자기 펀드 자산이 불어나면 충격 비용이 커져 미래 수익률이 떨어질 수 있다.

3. 당신이 돈을 맡긴 펀드회사의 소유구조와 문화가 어떤지 확실히 알아 두라. 펀드회사의 이익은 누구에게 돌아가는가? 펀드회사는 투자회사 인가 아니면 마케팅 회사인가?

저널리스트와 월 스트리트가 만나다
Oliver Stone Meets Wall Street

아무리 냉소적인 인간이 되려 해도 도저히 그냥 넘어갈 수가 없어.

릴리 톰린(Lily Tomlin)

"전직 뮤추얼펀드 전문기자의 고백"

투자 비즈니스의 세 번째 축은 그 모습을 잘 드러내지 않는 언론이다.
언론의 주요 구성원들인 기자와 편집자, 발행인은 대중의 투자 패턴을
알려주고 부추기는 역할을 한다. 증권업계 및 뮤추얼펀드 업계와 언
론 간의 관계는 복잡 미묘하면서도 매우 강력하다. 1983년에 마이클
카센이 〈머니〉의 커버스토리를 장식했을 때 그 위력이 얼마나 대단했
는지 앞서 소개한 바 있다. 잡지에 기사 하나 실렸을 뿐인데 10억 달러
가까운 돈이 몰렸다는 사실에 20년 전 당시 모두가 경악했다. 지금은
1년 혹은 5년 수익률 순위에서 1위를 차지한 펀드에 수십 억 달러가
몰려도 누구 하나 눈도 깜짝 하지 않는다.

증권업계와 펀드업계로 흘러들어가는 자금의 동력은 금융관련 매체가 제공한다. 가수 폴 사이먼(Paul Simon)이 말한 것처럼 우리는 "단말마처럼 쏟아지는 끊임없는 정보"에 푹 파묻혀 살아간다; 〈머니〉 〈월 스트리트 저널〉〈USA 투데이〉혹은 CNBC에서 도망치려 해도 소용없다. 신문과 잡지 구독을 중단하고, 텔레비전 플러그를 뽑아버리고, 라디오는 없애버리고, 인터넷은 끊어버리고, 친구도 안 만난다 해도 비즈니스 저널리즘의 세계에서 벗어날 수는 없다. 차라리 비즈니스 저널리즘과 사이 좋게 지내는 게 당신의 금융생활을 더 편하게 해줄지 모른다.

금융 저널리스트가 글을 쓸 때 기본 재료가 되는 것은 "성공적인" 펀드매니저와 시장전략가, 시장 소식지 필자들이다. 여기까지만 읽고 나면 벌써 금융 저널리즘에 어떤 흠결이 있는지 분명히 눈치챘을 것이다. 소위 "성공적인" 시장전략가들이란 단지 동전 던지기를 억세게 잘하는 사람들일 뿐이다. 성공적인 펀드매니저들 역시 기술이 아니라 순전히 운이 좋아 그 자리에 오른 사람이 거의 대부분이다. 그렇다면 지금 읽고 있는 기사들은 복권 당첨자에 관한 얘기나 마찬가지인 셈이다. 이들에 관한 얘기가 매우 흥미진진할 수는 있지만, 그렇다고 이들에게 돈을 맡길 필요는 전혀 없다.

〈뉴스위크Newsweek〉의 개인금융 칼럼니스트인 제인 브라이언트 퀸(Jane Bryant Quinn)은 이런 류의 저널리즘에 "파이낸셜 포르노그래피"라는 이름을 붙였다. 사람을 현혹시키기는 하지만 다시 돈 주고 살 만한 가치는 전혀 없다는 이유에서다. 그런데도 왜 투자자들은 이런 기사를 진지하게 받아들이고 자신들의 투자 결정에 영향을 받는 걸까? 그건 이 책을 읽는 당신이 알고 있는 사실조차도 모르고 있기 때문이다. 이 세상에 투자의 달인은 없다. 머니 매스터도 없다. 설사 있다 하더라도 그런 사람은 뮤추얼펀드를 운용하거나 시장 소식지에 글을 쓰지 않을 것이며, 아무 대가도 없이 수천만 명의 시청자 앞에서 어떤 투자상품이 좋은지 알려주지도 않을 것이다.

정곡을 찌르는 질문을 던져보자. 그러면 저널리스트들은 왜 이런 쓰레기 같은 기사를 계속해서 만들어내는 걸까? 대답하자면 좀 복잡하다. 우선 현장을 직접 발로 뛰는 대부분의 기자들은 사실 수학 실력이 부족하다. 기자들은 원래 아주 뛰어난 언어구사 능력으로 사람들을 사로잡는다. 하지만 기술과 운을 구분할 수 있을 정도로 수학 실력을 갖춘 기자는 거의 보지 못했다. 수학을 모르면 금융을 말할 수 없다. 일류 금융 저널리스트가 되려면 숫자에 대해 확실히 알아야 하고 금융 전문가들이 무슨 말을 하는지 이해해야 한다. 그런데 이렇게 할 수 있는 저널리스트는 그리 많지 않다.

둘째, 경쟁력 있는 금융 저널리스트는 투자에 관한 학문적 소양을 갖춰야 한다. 여기서 학문적 소양이란 이 분야의 학문적 연구 결과가 발표되는 정기간행물 정도는 읽어야 한다는 말이다. 가령 의사들은 최근의 의학 연구 현황을 〈뉴잉글랜드 저널 오브 메디신〉 같은 잡지를 통해 파악한다. 이런 잡지는 기사 하나하나에 대해 아주 꼼꼼하게 검토하고 조사하고 편집하기 때문에 "내용을 세밀하게 살핀 정기간행물(peer-reviewed journal)"이라고 부른다. 만약 당신을 치료하는 의사가 일간신문이나 읽으면서 의학 지식을 보충한다면 어떻게 생각하겠는가? 유감스럽게도 대부분의 금융 저널리스트들은 이렇게 하고 있다.(소위 금융 전문가라고 하는 사람들도 대부분 그렇다.) 이들은 대중적인 금융 매체만 보고 읽을 뿐 금융 분야의 "내용을 세밀하게 살핀 정기간행물", 즉 〈저널 오브 파이낸스〉나 〈저널 오브 포트폴리오 매니지먼트Journal of Portfolio Management〉 같은 건 처다보지도 않는다.

이와는 반대로 금융 저널리즘의 상층부에 있는 사람들, 가령 메이저 신문사의 저명한 칼럼니스트들은 정확한 종목 선정이나 시장의 타이밍 예측이 쓸모 없다는 사실을 잘 알고 있다. 하지만 이들에게도 한 가지 문제가 있으니, 바로 정기적으로 한 번씩 쓰고 싶은 기사가 있다는 것이다. 이런 기사는 얼마든지 쓸 수 있을 것이다: "시장을 사라, 비용을 최대한 낮추라, 너무 큰 기대를 갖는 것은 금물이다." 그런데 꼬박꼬박 정기적으로 발표되는 "이달의 펀드매니저"에 관한 기사는 독자들이 궁금해하는 말랑말랑한 기사다.

마지막 고리는 안타깝게도 대부분의 투자자들이 이런 기사를 보고 자신이 투자할 뮤추얼펀드나 거래할 증권회사를 선택한다는 사실이다. 이렇게 해서 순환 고리가 완성되는 것이다. 머니매니저들과 금융 관련 매체 간의 관계는 그렇게 "음모적"이지는 않다.(가끔 그런 경우도 있다.) 하지만 한쪽이 다른 한쪽을 절실히 필요로 한다는 점은 분명하다. 액티브 펀드매니저가 없으면 재미있는 기사를 만들기가 어렵다; 스타 펀드매니저를 거창하게 띄워주는 기사가 안 나오면 그가 운용하는 펀드에 뭉칫돈을 맡길 "봉"도 없을 것이다.

머니매니저와 언론 간의 공생관계가 아주 특별한 것은 아니다; 패션 의류나 자동차, 여행 관련 기사를 보라. 하지만 경제적 파급이라는 측면에서 보자면 금융 저널리즘에 비할 바가 못 된다. 많은 신차 구매자들이 자동차 전문지에 실린 기사를 보고 사듯이, 머니매니저에 관한 화려한 기사는 엄청난 자금을 몰아준다.

이 정도는 저널리스트와 투자업계 간의 관계에 관해 아주 관대하게 해석해준 것이다. 유감스럽게도 최근 들어 "감시 기능"을 가진 언론과 감시 대상이 되어야 할 업계 사이에 점점 더 강한 유착관계가 형성돼가고 있는 추세다.

예를 들면 1980년대 말 〈머니〉는 한 메이저 펀드회사와 합작사업을 벌이기 시작했다. 두 곳 모두 결국 같은 사업을 하고 있다는 게 이들이 내건 이유였다. 정말 그런가? 대부분의 펀드회사가 하는 사업은 투자자들로부터 보수를 받는 것이다. 〈머니〉의 사업목적도 그렇다는 말인가? 거의 모든 금융관련 매체들이 펀드회사로부터 얻는 광고수입이 계속해서 더 커지고 있다는 점을 감안하면 많은 부분에서 이들이 같은 팀이 될 가능성이 높은 게 사실이다.

저널리스트는 매우 냉소적인 경향이 있지만, 지적으로 엄격하면서도 성공을 거둔 저널리스트는 그리 많이 발견할 수 없다. 그들은 자기가 쓰는 기사가 독자들에게 좋은 게 아니라는 사실을 알면서도, 마감시간에 쫓겨 또 생업이다 보니 그냥 넘어가곤 한다. 1999년에 〈포춘〉에 실린 "전직 뮤추얼펀드 전문기자의 고백"이라는 제목의 기사가 화제가 됐었다. 익명의 기자가 쓴 이 기사에서는 "바이 앤드 홀드(buy-and-hold) 전략을 옹호하는 척 하면서도 난리법석을 떨고 있는 인기펀드에 편승할 것을 암묵적으로 부추겼다"는 점을 인정했다. 왜 그랬을까? "안타깝게도 냉정하게 인덱스펀드 편을 드는 기사를 쓰면 아무도 잡지를 안 사보고 웹사이트에도 들어오지 않고 구독률도 떨어지기 때문이다." 이 기사에서는 또 대부분의 뮤추얼펀드 칼럼니스트들이 인덱스펀드에 투자하고 있다고 덧붙였다.(인덱스펀드에 투자하는 증권 브로커와 애널리스트, 헤지펀드 매니저의 숫자도 늘어나고 있다.)

금융 저널리즘의 최정점에는 선택받은 소수의 필자가 있다. 이들은 대중적 인기와 뛰어난 글재주를 겸비해 현실 세계가 어떻게 돌아가는지 있는 그대로 그때그때 알려준다. 앞서 소개했던 〈뉴스위크〉의 제인 브라이언트 퀸이나 〈월 스트리트 저널〉의 조나단 클레멘츠가 대표적인 진실 전달자들이다. 하지만 이들이 쓰는 기사는 그렇지 않은 그야말로 쓰레기 같은 기사 더미에 파묻혀 잘 보이지도 않는다. 차라리 신문이든 텔레비전이든 인터넷이든 모든 매체를 무시해버리는 게 더 낫다.

그러면 좀더 피부에 와 닿는 사례를 살펴보자. 〈워스Worth〉 1998년 8월호에는 예의 눈길을 사로잡는 제목의 기사가 실렸다: "최상위 5개 펀드로 S&P 500 지수를 이긴다." 이 기사에서 추천한 펀드는 에클립스 에쿼티(Eclipse Equity), 배런 어셋(Barron Asset), 뱅가드 윈저 II(Vanguard Windsor II), MFS 매사추세츠 인베스터스 그로스 스톡(MFS Massachusetts Investors Growth Stock), GAM 인터내셔널(GAM International) 등이었다. 이들 펀드는 과거 수익률이 탁월했을 뿐만 아니라 잡지 측에서 펀드매니저와 그들이 구사하는 기술에 높은 점수를 준 덕분에 뽑힌 것이었다. 이 기사가 나가고 2년 뒤 두 개 펀드는 S&P 500 지수를 이겼지만 세 개는 이기지 못했다. 다섯 개 펀드의 2년간 평균 수익률은 23.17%로 S&P 500 지수의 33.63%에 비해 한참 뒤졌다. 이 정도면 그냥 신문에 난 펀드 비교표에서 아무거나 찍는 것과 크게 다를 바 없다. 시장 수익률을 넘어서는 승자는 적은 반면 시장 수익률에 못 미치는 패자는 많고, 전체 수익률은 시장 평균을 밑도는 것이다.

가장 권위 있는 펀드 순위는 〈포브스Forbes〉가 발표하는 명예의 전당 리스트다. 이건 아주 독보적인 펀드 랭킹 시스템이다. 여기에 들어가려면 오랜 기간 탁월한 수익률을 기록하고 펀드 관리 면에서도 우수해야 할 뿐만 아니라 반드시 약세장에서 시장 평균 이상의 수익률을 기록해야 한다. 이 분야에서 〈포브스〉 수준의 전문성과 선별 능력을 가진 신문이나 잡지는 거의 없다. 누구든 펀드를 하나 선택하겠다면 명예의 전당 리스트를 꼭 확인해봐야 할 정도다.

그러면 이들 펀드의 성적은 어떤가? 뭐 그렇게 나쁜 편은 아니다. 1974년부터 1998년 중반까지 명예의 전당 리스트에 오른 펀드의 연평균 수익률은 13.6%로 전체 액티브 펀드의 연평균 수익률 13.3%보다 약간 높았다. 〈포브스〉는 아주 신중한 선정기준으로 펀드를 고른 덕분에 그래도 평균보다 조금 나은 뮤추얼펀드를 리스트에 올릴 수 있었던 셈이다. 하지만 불행하게도 시장 평균 수익률 연 14.3%보다는 낮았다.

이제 안 좋은 소식을 살펴보자. 먼저 명예의 전당 리스트에 오른 펀드 가운데 상당수가 판매수수료를 부과하는데, 수익률 계산에는 빠졌다. 따라서 위의 연평균 수익률에서 1%정도를 빼야 할 것이다. 둘째, 이들 펀드의 회전율은 인덱스펀드보다 훨씬 더 높아 자본이득세 부담이 클 것이다. 마지막으로 명예의 전당 리스트가 너무 자주 바뀐다. 10년 이상 이 리스트에 계속 올라있는 펀드는 손으로 꼽을 정도다. 이런 식으로 리스트가 자주 바뀐다면 펀드 선정기준을 누가 믿겠는가? 성공적인 펀드매니저가 계속해서 성공을 거둔다면 그가 운용하는 펀드는 당연히 계속 리스트에 올라있을 것이다. 하지만 이미 살펴본 것처럼 이런 식의 지속적인 수익률 우위는 존재하지 않는다.

누구 말을 들어야 하나?

이처럼 인기 있는 대중매체가 기껏해야 아무 쓸모도 없고, 최악의 경우 아주 위험한 투자 가이드일 수 있다면 현명한 투자자는 과연 누구한테서 정보를 얻어야 한단 말인가? 어디에서 시장의 진정한 해답을 찾을 것인가? 시장 그 자체가 최고의 안내자다. 그 이유는 너무나도 자명하다. 당신이 시장을 산다면 그건 금융 분야의 가장 똑똑하고 정보에 밝은 사람들이 내린 판단의 "총합"을 따르는 것이다.(핵잠수함 스콜피온 호의 실종 사건을 떠올려보라. 내로라하는 분석가들도 잠수함이 침몰한 지점을 정확히 알지 못했다. 하지만 이들이 내린 판단의 총합은 놀라울 정도로 정확했다.) 인덱스 투자를 함으로써 당신은 투자의 세계에서 가장 탁월한 선지자, 즉 시장 그 자체의 지혜의 총합과 조우하는 것이다.

　당신이 진짜 필요로 하는 도움은 다음 두 가지뿐이다:

- **전체적인 자산 배분**: 이 문제는 앞서 살펴본 것처럼 수익률과 리스크에 결정적인 영향을 미친다.
- **자기 수양**: 모두가 이성을 잃더라도 당신은 냉정해야 한다. 시장의 타이밍을 잴 필요도 없고, 천정이나 바닥을 맞출 필요도 없으며, 한번에 몇 배짜리 대박을 터뜨릴 필요도 없다. 두 가지만 기억하면 된다. 첫째, 머지않은 장래에 놀라운 신기술이 등장해 다시 한번 이런 노랫소리를 듣게 될

것이다. "이번에는 정말 달라. 옛날 상식은 더 이상 통하지 않는다고." 당신의 친구와 이웃들이 이런 광기에 휩쓸릴 것이고, 혹시 당신보다 더 높은 수익률을 올릴지도 모른다. 하지만 그건 잠시일 뿐이다. 당신이 해야 할 일은……아무것도 없다. 평상심을 유지한 채 당초 계획을 고수하는 것 뿐이다. 재미는 없지만 당신이 예전부터 보유해온 가치 있는 주식과 채권을 첨단 기술주로 교체해서는 절대로 안 된다. 둘째, 시장의 대혼돈에 휩싸이게 되면 또 다른 노랫소리가 들려올 것이다. 이번에는 슬픈 곡조다. "종말이 다가왔다. 이제 바보들만 주식을 들고 있다." 이번에도 당신이 해야 할 일은……아무것도 없다. 혹시 당신에게 두둑한 배짱이 있다면 현금을 조금 꺼내 주식을 추가로 매수할 수 있을 것이다.

투자에 너무 신경 쓰지 말란다고 해서 아예 관심도 갖지 말아야 한다는 얘기는 아니다. 사실 이 책을 읽고 있다는 것 자체가 투자에 어느 정도 흥미를 느끼고 있다는 것이기도 하다. 세상에는 아주 유용한 투자 지식들이 많고, 이걸 자기 것으로 만드는 것은 각자의 몫이다. 그런데 놀랍게도 우리가 알아야 할 지식은 대부분 오래된 것들이고, 아주 옛날 것들도 있다. 가령 내가 굳이 둘 중 하나를 선택해야 한다면, 지난 10년간 나온 금융연구 논문 전부보다 나온 지 70년 전도 더 지난 피셔의 《이자론》을 집어들 것이다.

내가 추천하는 투자의 고전

그러면 이제 어떻게 공부해야 하는지 설명하겠다. 첫째, 더 이상 투자에 관한 신문기사나 잡지기사는 읽지 말고, 가능하다면 CNBC 같은 텔레비전 방송도 시청하지 말라. 그렇게 매주 한두 시간만 절약하면 규칙적으로 책을 읽을 수 있다. 우선 고전 두 권부터 시작하자:

1. 버튼 맬키엘의 《랜덤워크 이론A Random Walk Down Wall Street》은 최고의 투자서적이다. 주식과 채권, 뮤추얼펀드의 기초를 설명해주고, 효율적 시장이라는 개념을 확실하게 인식시켜줄 것이다.

2. 존 보글의 《뮤추얼펀드에 관한 상식Common Sense on Mutual Funds》은 당신이 뮤추얼펀드에 관해 알고 싶어하는 것보다 더 많은 정보를 제공할 것이다. 보글은 펀드업계의 중요한 인물이자 글을 잘 쓰기로 유명하다. 자기 주장이 분명하고 또 내가 강력히 추천하는 책이다.

서두를 건 없다. 저녁때 10~20쪽만 읽고 나가서 운동도 하라. 이 두 권을 다 읽었다면 증권 브로커와 투자 전문가라는 사람들 대부분보다 더 많은 지식을 갖게 됐을 것이다. 그러면 이제 평생에 걸친 "대학원" 과정에 도전할 차례다. 당신이 배워야 할 대부분의 지식은 오랜 과거의 역사며 때로는 문학이 될 수도 있다는 점을 명심하라.

제5장과 제6장에서 살펴본 것처럼 투자의 세계에 새로운 것은 없다; 17세기 런던 체인지 앨리의 커피하우스에서 활동하던 사람들이 최근 월 스트리트에서 일어난 사건들을 본다면 전혀 놀라지 않을 것이다. 역사는 많이 알수록 좋다. 투자의 묘미는 바로 여기에 있다. 최고의 금융 역사가는 타고난 문재(文才)를 지녔다. 다음에 소개하는 책들은 꼭 읽어볼 만한 것들이다:

- 존 로스차일드의《어리석은 자의 돈은 금방 사라진다A Fool and His Money》와 프레드 슈웨드(Fred Schwed)의《고객들의 요트는 다 어디로 갔는가?Where are the Customers' Yachts?》: 1980년대와 1930년대의 월 스트리트를 적나라하게 묘사한 책들이다. 당시 자본시장의 실상을 이해할 수 있는 열쇠를 제공한다.
- 존 브룩스의《골콘다Once in Golconda》: 대공황이 휩쓸고 지나간 자리에서 월 스트리트 세력가들과 워싱턴 권력자들 간에 펼쳐진 숨겨진 드라마, 그리고 어떻게 해서 미국 정부가 월 스트리트를 물리치고 모두에게 혜택이 돌아갈 수 있게 만들었는지 보여준다.
- 에드워드 챈슬러(Edward Chancellor)의《금융투기의 역사Devil Take the Hindmost》: 수 세기에 걸친 광기와 시장 붕괴의 역사. 이 책에서 다음 거품의 단서를 찾지 못한다면 아무것도 얻은 게 없을 것이다.
- 제임스 그랜트(James Grant)가 쓴《버나드 바루크Bernard Baruch》《마음속의 돈Money of the Mind》《시장을 잘 살펴라Minding Mr. Market》《번영의 걸림돌The Trouble with Prosperity》: 제임스 그랜트는 내가 아는 그 누구보다 자본시장의 역사를 제대로 이해하고 있다. 그가 구사하는 멋진 문장은 때로 홀린 듯한 기분이 들 정도다.
- 피터 번스타인의《투자 아이디어Capital Ideas》: 현대 금융이론이 금융시장에 얼마나 큰 영향을 미쳤는지에 관한 매력적인 역사서다.
- 찰스 엘리스의《패자의 게임에서 승리하기Winning the Loser's Game》: 미국에서 가장 존경받는 자산관리자 가운데 한 명인 저자가 자산 운용의 핵심을 아주 간결하게 설명한다.

지금까지 소개한 책들은 대부분의 독자들이 쉽게 읽을 수 있는 것들이다. 만약 숫자에 거부감이 없고 좀더 힘들여 공부할 생각이 있다면 두 권 더 추천하겠다:

- 개리 브린슨(Gary Brinson)과 로저 이보슨(Roger Ibbotson)의 《글로벌 인베스팅Global Investing》: 전세계를 무대로 주식과 채권, 상품, 인플레이션을 개관한 책이다. 출간된 지 10년이 넘었지만 시간이 흘러도 읽을 만한 가치가 충분함을 여실히 보여준다.
- 로저 깁슨(Roger Gibson)의 《자산 배분Asset Allocation》: 포트폴리오 이론과 효율적 자산 배분으로 이어지는 수학적 방식을 설명한 탁월한 서적이다.

그러면 투자의 분야에서 나오는 새로운 지식들은 어떻게 "따라잡을" 것인가? 혹시 누가 "투자지식 발전연감"을 매년 펴낸다면 대부분 두께가 아주 얇을 것이다. 수학을 잘 한다면 〈저널 오브 파이낸스〉의 웹사이트에 접속하거나 정기구독 할 수도 있을 것이다.

끝으로, 매일 접하는 신문과 잡지에서 추천할 만한 두 가지 칼럼이 있는데, 하나는 〈월 스트리트 저널〉에 실리는 조나단 클레멘츠의 칼럼이고, 또 하나는 월간지 〈머니〉에 나오는 제이슨 즈웨이그의 칼럼이다.

지금까지 금융관련 매체와 관련된 내용을 설명했는데, 다시 한번 두 가지를 강조하겠다. 첫째, 당신이 신문이나 잡지, 텔레비전, 인터넷에서 보고 듣는 것은 거의 전부가 서로 공생관계를 맺고 있는 투자업계

와 금융 저널리스트들의 필요에 의해서 만들어지는 것이다. 당신에게
는 아무 쓸모도 없다. 둘째, 자본시장의 기본적인 움직임에는 새로울
게 거의 없으므로 투자의 전문성을 높이기 위한 가장 유용한 방법은
가능한 한 시장의 역사를 많이 배우는 것이다.

12 마지막 당부의 말
A Final Word

먼 길을 여행한 기분일 것이다. 이 책은 개인투자자를 대상으로 한 시중의 투자 관련서에 비해 그 범위가 훨씬 더 넓다. 부디 이번 여행이 풍성한 결실을 맺기를 기원한다. 투자의 네 기둥(투자 이론과 역사, 심리, 비즈니스)에 관한 설명은 하나하나가 그 자체로 의미가 있지만, 현명한 투자자라면 꼭 알아둬야 할 내용으로 절대 빠질 수 없는 것들이다. 그러면 지금까지 배운 것들을 하나씩 되짚어보자.

첫 번째 기둥: 투자 이론

- 리스크와 수익률은 서로 떨어질래야 떨어질 수 없는 불가분의 관계다. 겁나는 리스크 없이는 높은 수익률도 기대할 수 없다. 안전한 투자

를 바란다면 낮은 수익률을 감수해야 한다. 매력 없는 기업의 주식은 매력적인 기업의 주식보다 반드시 더 높은 수익률을 제공해야 한다; 그렇지 않다면 아무도 그 주식을 사지 않을 것이기 때문이다. 똑같은 이유로 정치적으로 불안정한 저개발 국가의 수익률은 선진국보다 높아야 한다. 리스크는 낮으면서 높은 수익률을 보장하겠다는 제안은 무조건 사기다.

- 주식시장의 장기 수익률을 추정하기는 비교적 쉽다. 주식시장의 배당 수익률과 장기적인 주당 순이익 성장률을 더하면 된다. 신용등급이 높은 우량 채권의 장기 수익률은 배당(이자) 수익률과 동일할 수밖에 없다. 채권 발행자가 지급하는 이자는 늘어나지 않기 때문이다.

- 시장은 냉혹할 정도로 효율적이다. 시장은 제아무리 현명한 개별 참여 자보다도 더 똑똑하다. 정확한 종목 선정이나 시장의 타이밍을 맞추려고 애쓰는 것은 아주 비싸고 위험하며 궁극적으로는 쓸데없는 짓이다. 시장의 무서운 힘을 길들이는 방법은 인덱스 투자를 통해 시장 전체를 보유하는 것이다.

- 어떤 식의 포트폴리오 구성이 앞으로 최고의 성과를 가져다 줄지 미리 예측할 수는 없다. 다만 윌셔 5000(Wilshire 5000)처럼 범위가 넓은 인덱스에 투자하고, 소형주나 외국 주식의 투자 비중을 줄이는 것도 신중한 포트폴리오 구성의 한 방법이다. 자신의 나이와 경제환경이 양호하고, 수익률 오차(시장 평균 수익률과의 차이)도 어느 정도 견딜 수 있다면 소형 가치주와 대형 가치주, REITs(부동산 투자신탁)를 포트폴리오에 편입할 수도 있을 것이다.

두 번째 기둥: 투자 역사

- 투자의 역사는 아무리 배워도 끝이 없는 주제다. 많이 알면 알수록 투자자들을 정기적으로 내리치는 자본시장의 충격에 대비할 수 있을 것이다.

- 시장은 일정한 간격을 두고 한 번씩 어느 방향으로든 미친 듯이 날뛸 수 있다. 신기술이 경제와 문화를 송두리째 바꿔놓을 것 같고, 여기에 편승하면 큰 이익을 챙길 수 있을 것 같은 시기가 있다. 이런 일이 벌어지면 절대로 지갑을 열지 말라. 그런가 하면 하늘이 무너질 것만 같을 때가 있다. 이런 시기는 대개 매수 적기다.

세 번째 기둥: 투자 심리

- 당신의 가장 강력한 적은 당신 자신이다. 자신의 종목 선정 능력이나 뮤추얼펀드 매니저를 고르는 안목을 실제보다 과신할 가능성이 높다. 시장이란 가능한 한 많은 투자자들을 바보로 만드는 것을 유일한 낙으로 삼는 괴물 같은 존재라는 점을 명심하라.

- 당신의 이웃이나 친구들과 똑같은 자산에 투자했다면 아마도 낮은 수익률을 감수해야 할 것이다. 당신은 사회적 본능에 따라 모두가 보유하고 있는 자산을 갖고 싶어할 것이고, 그렇게 함으로써 수익률은 떨어질 것이다. 성공적인 투자는 아주 고독한 것이다.

- 최근 5년 혹은 10년간의 투자 수익률은 무시하고 당신이 구할 수 있는 최대한의 장기 데이터에 집중하라. 가까운 사례를 보자. 2001년까지

몇 년 동안 대형 성장주가 아주 높은 수익률을 기록했지만, 역사적으로 보면 대형 성장주는 여전히 대형 가치주나 소형 가치주보다 수익률이 더 낮다. 물론 이런 수익률 차이가 앞으로도 계속될 것이라고 장담할 수는 없지만 아주 장기간에 걸쳐 수집된 데이터는 확률적으로 항상 우세하다.

- 인간이란 없는 패턴을 자꾸만 상상하려고 하는데, 이런 욕구를 억제하라. 어떤 유형의 자산이든 수익률은 기본적으로 무작위로 움직인다. 뒤돌아보면 뚜렷해 보이는 패턴이 앞으로 되풀이될 가능성은 거의 없다.

네 번째 기둥: 투자 비즈니스

- 증권 브로커가 고객에게 하는 서비스란 은행강도가 은행에게 해주는 서비스와 비슷하다. 증권 브로커가 두둑한 수입을 올리려면 고객의 계좌에서 수수료와 스프레드를 짜내야 한다. 더구나 증권 브로커들은 투자 지식에 관해서도 아는 게 별로 없다. 이 책을 여기까지 읽었다는 사실 하나만으로도 당신은 어떤 증권 브로커보다 더 많이 알고 있다고 말할 수 있다.

- 뮤추얼펀드 회사 대부분의 기본적인 목적은 운용 자산을 키우는 것이지 돈을 제대로 운용하는 것이 아니다. 펀드회사의 소유구조와 각종 보수 체계를 주의 깊게 살펴보라. 또한 펀드의 보수비용 비율(expense ratio)은 빙산의 일각이라는 점을 명심하라.

- 신문이나 잡지에 실리는 투자 기사의 99%, 텔레비전에서 방송되는 내

용의 100%는 아무런 가치도 없을 뿐만 아니라 오히려 해악이 될 수 있다. 대부분의 금융 저널리스트들은 진지한 분석기사보다는 이달의 펀드매니저나 올해의 시장전략가에 관한 기사를 만들어내는 게 훨씬 더 쉽다는 점을 잘 알고 있다.

이 책에서 전하고자 하는 메시지는 매우 강력하면서도 단순한 것이다: 비교적 적은 노력만 기울여도 최소의 비용으로 넓은 범위의 분산 투자가 가능한 투자 포트폴리오를 설계하고 실행할 수 있다. 이렇게 함으로써 대부분의 프로 머니매니저들보다 뛰어난 성과를 거둘 수 있다. 긴 가방끈과 행운은 없어도 된다. 성공적인 투자자에게 필요한 덕목은 존 보글이 말한 것처럼 "꾸준히 제 갈 길을 갈 수 있는" 역량과 자기수양뿐이다.

투자가 최종 목적지는 될 수 없다. 투자란 계속해서 이어지는 여행길이며, 투자 이론과 투자 역사, 투자 심리, 투자 비즈니스가 그 동반자가 돼줄 것이다. 그럼 당신의 여행길이 즐겁고 보람차기를!

《참고문헌》

Ambrose, Stephen E., Undaunted Courage. Simon and Schuster, 1996.

Anonymous, "Confessions of a Former Mutual Funds Reporter." Fortune, April 26, 1999.

Anonymous and Harper, Timothy, License to Steal. Harper Business, 1999.

Barber, Brad M., and Odean, Terrence, "Trading is Hazardous to Your Wealth: The Common Stock Performance of Individual Investors." Journal of Finance, April 2000.

Bary, Andrew, "Vertigo: The New Math Behind Internet Capital's Stock Price is Fearsome." Barrons, January 10, 2000.

Benzarti, S., and Thaler, Richard H., "Myopic Risk Aversion and the Equity Premium Puzzle." Quarterly Journal of Economics, January 1993.

Berkshire Hathaway Annual Report, 2000.

Bernstein, Peter L., Against the Gods. Wiley, 1996.

Bernstein, Peter L., Capital Ideas. Macmillan, 2000.

Bernstein, Peter L., The Power of Gold. Wiley, 2000.

Bogle, John C., Common Sense on Mutual Funds. Wiley, 1999.

Bogle, John C., John Bogle on Investing. McGraw-Hill, 2001.

Brealy, Richard A., An Introduction to Risk and Return from Common Stocks. MIT Press, 1969.

Brinson, Gary P., Hood, L. Randolph, and Beebower, Gilbert L., "Determinants of Portfolio Performance." Financial Analysts Journal, July/August 1986.

Brinson, Gary P., Ginger, Brian D., and Beebower, Gilbert L., "Determinants of Portfolio Performance II: An Update." Financial Analysts Journal, May/June 1991.

Brooks, John, The Go-Go Years. Wiley, 1973.

Brooks, John, Once in Golconda. Wiley, 1999.

Chamberlain, Lawrence, and Hay, William W., Investment and Speculation. New York, 1931.

Chancellor, Edward, Devil Take the Hindmost. Penguin, 1999.

Clayman, Michelle, "In Search of Excellence: The Investor's Viewpoint." Financial Analysts Journal. May/June 1987.

Clements, Jonathan, "Can Peter Lynch Live up to his Reputatin?" Forbes, April 3, 1989.

Clements, Jonathan, "Getting Going." The Wall Street Journal. April 10, 2001.

Cooley, Phillip L., Hubbard, Carl M., and Walz, Daniel T., "Retirement Savings: Choosing a Withdrawal Rate That Is Sustainable." American Association of Individual Investors Journal, February 1998.

Crowther, Samuel, and Raskob, John J., interview, Ladies' Home Journal. August 1929.

DeBondt, Werner F.M., and Thaler, Richard H., "Further Evidence On Investor Overreaction and Stock Market Seasonality." Journal of Finance, July 1987.

Dreman, David N., Contrarian Investment Strategy: The Psychology of Stock Market Success. Random House, 1979.

Edleson, Michael E., Value Averaging. International Publishing, 1993.

Ellis, Charles D., Investment Policy: How to Win the Loser's Game. Irwin, 1992.

Ellis, Charles D., Winning the Loser's Game. McGraw-Hill, 1998.

Erb, Claude B., Harvey, Campbell R., and Viskanta, Tadas E., "Political Risk, Economic Risk, and Financial Risk." Financial Analysts Journal, November/December 1996.

Fama, Eugene F., "The Behavior of Stock Prices." The Journal of Business. January 1965.

Fama, Eugene F., and French, Kenneth R., "The Cross-Section of Expected Stock Returns." Journal of Finance, June 1992.

Fama, Eugene F., and French, Kenneth R., "Value versus Growth: The International Evidence." Journal of Finance, December 1998.

Fisher, Irving, The Theory of Interest. Macmillan, 1930.

French, Kenneth R. online data library. http://web.mit.edu/~kfrench/www

Fuller, R.J., Huberts, L.C., and Levinson, M.J., "Returns to E/P Strategies: Higgledy Piggledy Growth: Analysts Forecast Errors: and Omitted Risk Factors." The Journal of Portfolio Management, Winter 1993.

Galbraith, John K., The Great Crash. Houghton Mifflin, 1988.

Gibson, Roger C., Asset Allocation. McGraw-Hill, 2000.

Graham, Benjamin, and Dodd, David, Security Analysis: Principles and Techniques. McGraw-Hill, 1934. Reprinted 1996.

Graham, John R., and Harvey, Campbell R., "Grading the Performance of Market Timing Newsletters." Financial Analysts Journal, November/December 1997.

Homer, Sidney, and Sylla, Richard, A History of Interest Rates. Rutgers University, 1996.

Ibbotson, Roger G., and Brinson, Gary P., Global Investing. McGraw-Hill, 1993.

Jensen, Michael C., "The Performance of Mutual Funds in the Period 1945-64." Journal of Finance, 1965.

Johnson, Paul M., The Birth of the Modern: World Society 1815~1930. Harper Collins, 1991.

Jorion, Philippe, and Goetzmann, W., "Global Stock Returns in the Twentieth Century." Journal of Finance, June 1999.

Kahneman, D., and Tversky, A., "Judgment under Uncertainty: Heuristics and Biases." Science, September 1974.

Keynes, John M., The Economic Consequences of the Peace. Harcourt Brace, 1920.

Kindleberger, Charles P., Manias, Panics, and Crashes. Wiley, 2000.

Leinweber, David, "Stupid Data Miner Tricks." Annotated slide excerpts, First Quadrant Corporation.

Lewis, Michael, "Jonathan Lebed's Extracurricular Activities." The New York Times, February 24, 2001.

Lowenstein, Roger, "Exuberance is Rational." The New York Times, February 11, 2001.

Lowenstein, Roger, When Genius Failed. Random House, 2000.

Mackay, Charles, Extraordinary Popular Delusions and the Madness of Crowds. Harmony Books, 1980.

Maddison, Angus, Monitoring the World Economy 1820~1992. OECD, 1995.

Malkiel, Burton G., A Random Walk Down Wall Street. W. W. Norton, 1996.

Modigliani, Franco, and Miller, Merton H., "The Cost of Capital, Corporation Finance, and the Theory of Investment." American Economic Review, Vol. 48, No. 3(June) 1958.

Morningstar Principia Pro Plus, April 2001.

Nocera, Joseph, A Piece of the Action. Simon and Schuster, 1994.

Norwich, John J., A History of Venice. Alfred A. Knoph, 1982.

Peters, Thomas J., and Waterman, Robert W. Jr., In Search of Excellence: Lessons from America's Best Companies. Harper Collins, 1982.

Pressler, Gabriel, "Buying Unloved Funds Could Yield Lovable Returns." Morningstar Fund Investor, January 2001.

Quinn, Jane B., "When Business Writing Becomes Soft Porn." Columbia Journalism Review, March/April 1998.

Ritter, Jay R., "The Long Run Performance of Initial Public Offerings." Journal of Finance, March, 1991.

Rothchild, John, A Fool and His Money, Wiley, 1997.

Santayana, George, The Life of Reason. Scribner's, 1953.

Schlarbaum, Gary G., Lewellen, Wilbur G., and Lease, Ronald C., "The Common Stock Portfolio Performance Record of Individual Investors: 1964~70." The Journal of Finance, May 1978.

Schwed, Fred Jr., Where Are the Customer's Yachts? Wiley, 1940.

Siegel, Jeremy J., Stocks for the Long Run. McGraw-Hill, 1998.

Smith, Edgar L., Stocks as Long Term Investments. Macmillan, 1924.

Sobel, Dava, Longitude. Walker & Co., 1995.

Strouse, Jean, Morgan: American Financier. Random House, 1999.

Surz. Ronald, Unpublished data, 2001.

Templeton, John, interview, Forbes. 1995.

Wanger, Ralph, Acorn Funds Annual Report. 1996.

White, Eugene N., ed., Crashes and Panics. Dow Johns Irwin, 1990.

Williams, John B., The Theory of Investment Value. Harvard University Press, 1938.

Zweig, Jason, Unpublished speech.

《역자후기》

독자들이여, 투자를 많이 하지 않는 법을 배우기 위해 이 책을 읽으시길.

아무나 투자에 관한 글을 쓰고, 많은 사람들이 주식시장에서 주워들은 지식들로 길고 긴 논리를 편다. 시장의 붕괴를 경험해보지 못한 수많은 목소리들이 도처에 가득하다. 마치 시장의 모든 이치를 다 꿰뚫은 양 자신 있게 떠들어대는 전문가들이 활개를 친다. 그런 세상에 또 한 권의 투자서적을 번역해 내놓는다.

흔히 주식투자와 관련된 책이라면 독자들의 눈길을 사로잡는 "단기간에 수천 퍼센트의 투자 수익률을 올렸다"는 무용담을 소개하거나 "큰손들의 아무도 모르는 투자전략을 처음으로 공개한다"고 자랑한다. 그런데 이 책에서는 그 흔한 "연속 상한가를 터뜨리는 종목 선정 비밀"이나 "투자 고수들의 천문학적인 수익률 비법" 따위는 눈을 씻고 찾아보려 해도 발견할 수 없다.

이 책은 오히려 "버려야 할" 게 많은 책이다. 대박 욕심을 버려야 하고, 과도한 자신감을 버려야 하고, 화려한 투자상품과 높은 수수료를 버려야 한다. 그러면 무엇이 남는가? 이 책의 저자인 윌리엄 번스타인 박사는 그래도 많은 게 남는다고 말한다. 실제로 전세계 각국의 인덱스펀드와 각종 채권, 온갖 유형의 상품자산이 있고, 유익한 것이 너무 많아 고르기가 어려울 지경이다.

이 책을 쓴 번스타인 박사는 참 재미있는 인물이다. 그는 투자 이론가가 되기까지 매우 특별한 길을 걸어왔다. 화학박사이자 의학박사며, 신경과 전문의로 활동하기도 했다. 그는 첫 번째 책 《현명한 자산 배분자》에서 투자자의 수익률은 어떤 자산 혹은 어느 주식 종목을 선택하느냐가 아니라 포트폴리오의 자산 배분에 따라 결정된다는 점을 분명하게 보여주었다.(사실 종목 선정이나 시장 타이밍은 투자자가 자의적으로 선택할 수 있는 영역이 아니다.)

이번에 번역한 번스타인 박사의 두 번째 책 《투자의 네 기둥》은 투자자가 꼭 알아야 할 투자의 이론과 역사, 심리, 비즈니스를 논리 정연하게 풀어 쓴 해설서다. 그는 이 책에서 투자의 세계에 널리 퍼져 있는 기존의 통념이나 상식을 완전히 무너뜨렸다. 피터 린치 같은 소위 스타 펀드매니저들의 놀라운 수익률도 결국은 운이 좋았기 때문이며, "뭉칫돈"이 몰리는 인기 펀드는 장기적으로 수익률 침식을 피할 수 없다고 설명한다. 과학자이자 의사답게 수많은 통계적 데이터와 역사적 자료에 근거해 자신의 주장을 논증하고 있다는 점이 두드러진다.

그러나 이보다 더 돋보이는 점은 그의 책에 나오는 한 문장 한 문장을 읽을 때마다 저자의 아주 독특하면서도 재기가 번뜩이는 개성을 만날 수 있다는 사실이다. 언뜻 따분해 보일 수 있는 패시브(수동적) 투자를 적극적으로 옹호하지만, 자신이 감수할 수 있는 리스크를 먼저 이해하고 그에 상응하는 수익률을 추구하라는 대목에서는 액티브(적극적) 스타일의 냉정함을 읽을 수 있다.

개인적으로 특히 깊은 인상을 받은 내용은 민스키의 거품 형성 요인을 뒤집으면 거품 붕괴 요인에 그대로 들어맞는다는 대목이다. 신기술이 그 신뢰를 상실하면서 거품 붕괴가 시작되고, 곧 이어 찾아오는 신용 위축과 신기술에 대한 신뢰 상실이 상호 강화 작용을 한다는 부분이다. 여기에 투자자들이 시장 붕괴에 이어 대개 회복세가 찾아온다는 사실을 망각하고, 주가가 한창 오를 때는 주식의 가치를 수학적으로 계산하지 못하다가 주가가 떨어질 때는 귀신같이 계산한다고 저자는 덧붙인다. 정말로 예리하면서도 통렬한 분석이 아닐 수 없다. 끝으로 이 책에서 번스타인 박사가 전하고자 하는 메시지를 간단히 몇 문장으로 요약하면 이런 정도가 될 것이다:

대박 종목을 잡겠다거나 시장의 타이밍을 정확히 맞추겠다는 생각은 버려라. 슈퍼스타 펀드매니저나 시장전략가들과도 작별을 고하라. 투자자들이여 이제 잃을 것이라고는 당신을 얽어 맸던 사슬밖에는 아무것도 없다.

2009년 7월
박정태